U0610228

国家社科基金重大项目《中国战略性三稀矿产资源供给风险治理机制研究》（19ZDA111）的子课题

全球战略性关键矿产贸易与产业链格局及对策研究

黄先明　邬佩琳　著

中国商务出版社
·北京·

图书在版编目（CIP）数据

全球战略性关键矿产贸易与产业链格局及对策研究 =
Research on Global Critical Resource Trade &
Industrial Chain Patterns and Countermeasures / 黄
先明，邬佩琳著. -- 北京 ： 中国商务出版社，2024.
ISBN 978-7-5103-5545-5

Ⅰ. F752.654

中国国家版本馆CIP数据核字第2024PD6811号

全球战略性关键矿产贸易与产业链格局及对策研究

QUANQIU ZHANLÜEXING GUANJIAN KUANGCHAN MAOYI YU CHANYELIAN GEJU JI DUICE YANJIU

黄先明　邬佩琳　著

出版发行：中国商务出版社有限公司
地　　址：北京市东城区安定门外大街东后巷 28 号　　邮编：100710
网　　址：http://www.cctpress.com
联系电话：010-64515150（发行部）　010-64212247（总编室）
　　　　　010-64243016（事业部）　010-64248236（印制部）
策划编辑：刘姝辰
责任编辑：韩冰
排　　版：德州华朔广告有限公司
印　　刷：北京明达祥瑞文化传媒有限责任公司
开　　本：787 毫米×1092 毫米　1/16
印　　张：20.75　　　　　　　　　　字　　数：381 千字
版　　次：2024 年 12 月第 1 版　　　印　　次：2024 年 12 月第 1 次印刷
书　　号：ISBN 978-7-5103-5545-5
定　　价：88.00 元

凡所购本版图书如有印装质量问题，请与本社印制部联系
版权所有　翻印必究（盗版侵权举报请与本社总编室联系）

P前言
REFACE

当前，百年未有之大变局加速演进，新一轮科技革命和产业变革深入推进，各国对战略性矿产资源的争夺走向政治化。受新冠疫情、俄乌冲突等事件的影响，全球战略性资源供应链中断风险加剧、矿产资源股价溢出效应增强。百年未有之大变局下，全球战略性矿产资源供给分布不均匀和强劲的需求推动其产业链、供应链竞争持续升级，并发生结构性变化，各国资源获取向全产业链蔓延，双边合作向集团化和区域化国际组织联盟等多边合作演变，使战略性矿产产业链、供应链逐渐全球化和复杂化，资源民族主义、供应链本土化、出口管制等因素将加大资源供应脱钩断链的风险，因此，各国陆续评估战略性矿产清单和发布安全保障政策，以维护国家经济稳定发展。中国作为战略性矿产资源生产和消费大国存在供需缺口，严重依赖进口，资源安全问题及供应链结构存在失衡。在此背景下，研究全球战略性矿产资源贸易格局、供应链和股价溢出风险，有助于合理制定战略性矿产资源安全保障国家战略，对提升战略性矿产资源供应链安全保障能力具有重大的现实意义。

本书主要采用文献分析法、复杂网络分析法和实证分析法，以复杂网络理论、社区探测算法、供应链风险管理理论和系统动力学理论为基础，应用UCINET、Gephi、Stata等统计计量软件，借鉴国内外最新研究成果，运用社会网络模型、QAP分析、SI传染病模型和风险溢出测度等方法，分别研究全球战略性矿产资源贸易格局和安全发展对策。本书共分为八章，具体章节如下：

第1章为导论。主要包括研究背景与意义，文献综述与评述，理论依据、核心内容与研究框架，研究方法与本书贡献等。

第2章为全球战略性稀有矿产资源贸易格局演变分析。本章选择碳酸锂、碳酸锶、铍矿、铌钽钒矿和锆矿5种稀有矿产资源为研究对象，首先运用UCINET软件建立稀有矿产资源有向加权和无向加权贸易网络，使用Gephi软件对稀有矿产全球复杂网络进行可视化分析，对贸易网络进行社区探测，从社团内部特征和外部特性探究战略性稀有矿产资源模块化属性。其次，通过网络模型QAP分析法，对稀有矿产资源全球贸易网络的影响因素等进行回归分析，探究其对稀有矿产全球贸易网络的影响程度。最后，立足于中国视角，对2012—2021年中国在5种稀有矿产全球贸易网络中的贸易参与程度、贸易额和主要贸易对象进行对比分析找出其中介特征。

第3章为全球战略性稀散矿产资源贸易格局演变分析。本章选择铟、镓、锗、镉、铊、碲、硒7种稀散矿产资源为主要研究对象，首先，构建2011—2021年稀散矿产资源产品的有向加权网络和有向无权网络；通过Gephi软件绘制全球复杂网络贸易图，对稀散矿产资源产品贸易特征进行可视化分析；运用网络探测技术对网络进行社团划分，深入探索社团内部特性，并对稀散矿产资源产品社团的演变和成团特征进行系统总结。其次，采用QAP分析方法，对2011—2021年影响稀散矿产资源贸易的因素进行回归分析，并研究其影响程度和演变过程。最后，探究中国在稀散矿产资源世界贸易中的地位。

第4章为全球战略性稀土矿产资源贸易格局演变分析。本章以中国稀土贸易安全评价为研究主线，构建安全评价体系，对战略性稀土矿产资源贸易理论、现状和安全发展进行梳理，探究中国稀土贸易现状，评价中国稀土贸易安全情况。研究发现，中国稀土贸易安全受外部冲击、内部产业因素、贸易结构、国际市场参与度和贸易效益等因素共同影响。因此，中国应从贸易结构、贸易政策、技术水平和产业安全等方面加强维护稀土贸易安全，根据贸易安全理论制定保护政策，促进全球稀土产业的结构升级。

第5章为全球战略性三稀矿产资源全球供应链风险分析。本章选择稀有金属锆、稀散金属锗、稀土金属钕供应链产品为研究对象，探究全球三稀矿产资源供应链网络格局演变特征和供应链风险传播过程。通过构建三稀矿产资源供应链网络模型，运用复杂网络拓扑相关指标，分别对2000年、2005年、2010年、2015年、2020年锆、锗、钕全球供应链整体网络和节点重要性进行分析。同时，基于SI传染病模型，以2020年锆、锗、钕供应链产品贸易量为基础，建立三稀矿产资源供应链网络风险传播的模型，模拟了锆、锗、钕供应链产品在供给短缺情境下风险的传播过程，分别对锆、锗、钕供应链产品关键国家在不同抗风险能力下和不同供给冲击下的风险传播影响程度进行仿真分析。

第6章为全球战略性矿产资源股票价格跨国风险溢出效应分析。本章选择稀土、锂、镍等战略性矿产资源的股票价格，采用战略性矿产资源丰富和金融市场较具影响力的6个国家的股票指数（金属与矿产类指数）对各国战略性矿产资源的股价风险传递与联动程度进行研究，建立基于溢出指数的溢出网络，分别对全时段时期、2015年股市大震荡时期和新冠疫情时期进行溢出网络对比分析，以探究战略性金属矿产股价的关联性和风险溢出效应。

第7章为对共建"一带一路"国家锡产业链贸易格局分析。锡金属是推动国民经济发展的战略性矿产资源，锡资源分布不均衡，因此探究共建"一带一路"国家锡产业链贸易格局具有重要意义。本章基于2013—2021年共建"一带一路"国家锡产业链上关键产品的贸易数据，采用复杂网络理论方法构建"一带一路"锡产业链贸易网络模型，用Gephi软件制作"一带一路"锡产业链贸易网络图，并对其贸易特征进行分析。通过社区探测算法对共建"一带一路"国家锡产业链贸易网络进行社团划分，并对社团内部特征及演化规律进行分析。最后从经济、地理、文化、科技和制度5个维度出发，运用QAP分析法探究2013—2021年共建"一带一路"国家锡产业链贸易格局特征演化规律的影响因素。

第8章为全球战略性三稀矿产资源安全发展的对策。在前7章研究的基础上，本章认为，中国亟待提升战略性矿产资源的全球化配置能力，打造资源友好型可持续战略性矿产资源，提升战略性矿产资源供应链韧性，加强风险防范机制和应急管理水平，建立中国战略性矿产资源安全发展体系，促进中国经济更快、更好发展。

本书为国家社科基金重大项目《中国战略性三稀矿产资源供给风险治理机制研究》（19ZDA111）的子课题《全球战略性关键矿产贸易与产业链格局及对策研究》的成果，参与者分别为：黄先明、邬佩琳、李泽雯、王奇、淦涵菁、赵丹颖、曹思远、谢应鸿、孙婷和刘烈瑾。

编者

2024年8月

目录
CONTENTS

1　导论

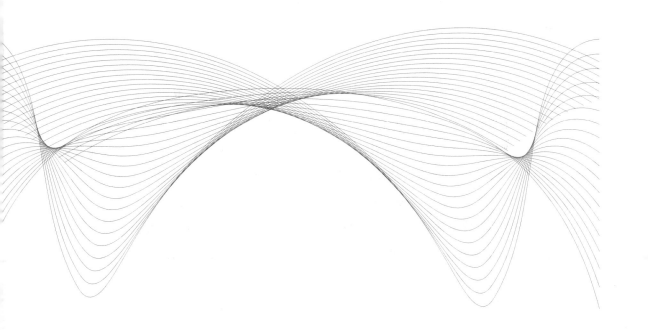

1.1 研究背景与意义

1.1.1 研究背景

背景一 战略性矿产资源的重要地位

中国财政部和国土资源部①于2011年4月联合印发了《2011年矿产资源节约与综合利用专项资金申报指南的通知》。该通知首次将三稀矿产资源纳入国家专项资金扶持范围，并以此为基础，推动了三稀矿产资源开发利用的新技术、新工艺。至此，三稀矿产资源从一个"附属品"成为一个完整的概念。2014年10月，中国地质调查局在报告中指出了三稀矿产的分类，明确指出稀有金属是指锂、铍、铌、钽、锆、铪、锶、铷、铯等。党中央十分重视发展战略性新兴工业，并于2021年提出"加快发展战略性新兴工业和未来工业"的要求。三稀矿产是稀有金属、稀散金属和稀土金属的简称，是国家战略性新兴工业所必需的重要原料。

在稀有金属中，锂、铍、铌、钽、铪等被列入美国、日本、欧盟和中国的战略性矿产资源名单，是国家经济、国防、航天、半导体、特种钢、耐热合金、高科技兵器等领域的主要原材料。近年来，全球经济增速放缓，以稀有金属为原材料的高附加值工业产业是各国现阶段发展的重要方向，是低碳环境下国家经济高速增长的关键。全球新一轮技术革命与工业转型加速演化，使矿产资源的竞争日益激烈。为确保矿产资源安全，在提升其利用率的同时，更要加强我国对其产业链的控制能力，以提升我国在全球战略性矿产资源贸易网络中的地位。

背景二 战略性矿产资源供应安全的相关政策

中国作为世界最大的发展中国家和第二大经济体，出台了保障我国三稀矿产资源供应安全的相关政策。2021年3月12日，国家五部委联合印发《新一轮找矿突破战略行动》"十四五"实施方案，推动矿产资源勘查开发高质量发展。2021年以来，以全国矿产资源规划为纲要，各省陆续出台了《矿产资源总体规划（2021—2025年）》，将促进矿产资源可持续发展落到实处。2022年9月21日，自然资源部在《中国矿产资源报告（2022）》中提到，矿产资源领域国际合作要做到积极务实，并进一步夯实友好合作

---

① 2018年改为自然资源部。

关系。"十四五"时期是提升我国经济高质量发展，推进"碳达峰""碳中和"等政策的关键时期，矿产资源消耗较多且部分资源依赖进口，研究战略性矿产资源全球供应链风险并提出相应的资源安全保障对策，对于中国式现代化的发展有着举足轻重的作用。

背景三　全球突发事件频发

在新一轮能源革命的背景下，世界上许多国家重视并加速对非常规资源的开发与利用。在《中共中央关于制定国民经济和社会发展第十四个五年规划和二〇三五年远景目标的建议》中已经清楚地指出，要贯彻"以人为本"的方针，以"保护能源、战略性矿产资源"为核心的国家安全战略。

近年来，局部的战争与冲突、恐怖主义、重大自然灾害、疾病暴发等非常规突发事件以及非传统安全威胁都在高频率多频次地发生，并出现了多个领域混杂的情况。2020年年初，新冠疫情导致全球范围内的停产和停工，世界锂矿供应量呈现下降趋势，这对下游工业的原料供应及相关行业的股票价格造成了严重的影响。同时，在新能源领域，我国2020年上半年的新能源汽车的产量同比下降37%，销售量同比下降39%，并且新冠疫情对于全球钢铁、铜等大宗战略性矿产资源股价格局的改变正在持续加深。2022年，乌克兰危机引发国际矿产股票价格明显变动，众多金属矿产相关股票价格在短期内上涨10%，对全球矿产资源供应和国际矿产资源的股票价格产生了冲击。这些事件和威胁爆发前兆不明显，形成随机性大，发展速度快，常规方法难以有效处理，易对战略性金属矿产产生影响。

1.1.2 研究意义

1.1.2.1 理论意义

当前，关于战略性矿产的研究主要集中在工业采集和贸易安全两个方面，对贸易格局和贸易地位相关方面的研究较少。首先，复杂网络理论与方法已经广泛地应用在供应链风险领域，本书引入社会网络模型，用网络指标来衡量各个贸易主体在贸易网络中的地位，体现其对贸易网络的控制能力，为贸易控制力的量化提供了思路。其次，基于SI传染病模型，构建三稀矿产资源全球供应链风险传播模型，模拟了三稀矿产资源供应链产品在供给短缺情境下的风险传播过程，以及关键国家在不同抗风险能力和不同供给冲击下的风险传播影响程度。再次，通过各国战略性矿产资源股票价格做基于 VAR 模型 DY 溢出效应检验，在一定程度上扩展了皮尔逊系数的关联性应用，丰富了矿产资源股价间关联性的理论研究，尤其是深化了矿产股票市场关联性和风险信息传导等方面的研究，并将其与复杂网络模型联系起来。最后，以重点战略性矿产资源锡为例，探究其贸易格局，并与前文理论和实证研究相呼应，使全书研究更深入透彻。这些不仅能丰富我国战略性矿产产业国际贸易格局的研究，也为我国矿产品贸易及相关政策的制定提供了理论基础。

1.1.2.2 现实意义

目前，供需紧张、竞争加剧仍是战略性矿产资源全球贸易在一段时期内存在的问题。越来越多的国家参与到全球战略性矿产资源贸易的竞争中来，全球贸易规模不断扩大。面对错综复杂的战略性矿产资源上、中、下游产品的国家竞争关系，如何确定矿产资源供应链网络的结构特征和主要进出口国的地位变化，显得尤为重要。同时，全球战略性矿产资源信息和风险转移的有效性是衡量市场有效性的重要因素，对于防范重大突发事件、提升全球矿产资源供应链风险抵抗力和韧性具有重要的现实意义。

1.2 文献综述

1.2.1 战略性矿产资源发展研究回顾

1.2.1.1 战略性矿产资源概念界定

"战略性矿产""关键矿产""危机矿产"等概念源于 20 世纪 30 年代后期美国罗斯福政府制定的矿物原材料供应储备政策。此后，随着世界经济形势与科学技术发展的变化，战略性矿产概念不断扩展和深化，并逐渐成为国际矿业市场上一种具有战略意义的重要矿产。值得一提的是，战略性矿产资源为军事领域服务，一般指基于美国本国的资源禀赋以及矿产开采、处理的技术条件，以应对战争战乱的危机等威胁，而成为美国国防军工领域生产所需的矿产资源。

欧盟于 2008 年第一次公布关键矿产资源清单，之后每 3 年进行一次更新。2011 年欧盟公布的关键矿产资源为 14 种，2014 年增加到 20 种，2017 年增至 26 种（不包括橡胶）。2020 年 9 月，欧盟公布了最新修订的关键矿产资源清单，共有 29 种对欧盟具有重大经济和战略价值的矿产被列入该清单（不包括橡胶）。与 2017 年相比，本次清单删除了氦，新增了锂、锶、钛和铝土矿。欧盟 2020 版关键矿产资源清单如下：锶、钛、铝土矿、锂、锑、轻稀土元素、磷、重晶石、镓、镁、钪、铍、锗、天然石墨、含硅金属矿物、铋、铪、钽、硼酸盐、铌、钨、钴、重稀土元素、铂族金属、钒、焦煤、铟、磷酸盐岩、萤石。

2017年12月20日，美国前总统特朗普发布第13817号行政命令——《确保关键矿产安全和可靠供应的联邦战略》。2018年5月，美国内政部发布"关键矿产"最终名单，确定35个矿种为最终但非永久性清单：铝土矿、锑、砷、钡、铍、铋、铯、铬、钴、镓、锗、萤石、天然石墨、铪、氦、铟、锂、镁、锰、镍、铂族金属、钾、稀土元素组、铼、铑、锶、铌、钽、碲、锡、钛、钨、铀、钒和锆。2021年11月4日，美国地质调查局（USGS）公布了一份新的清单草案，增加至50种关键矿物。

战略性矿产是我国官方使用的用于突出某些特殊或重要矿产的专业术语。"战略性"包括两层含义，一是与战争有关，二是具有全局性。王昶等（2017）、徐德义等（2023）学者认为，战略性矿产资源的纳入标准有两个：一是指中国严重依赖进口，由于政治因素、经济因素、环境因素，以及技术因素等原因导致其供应中断，将对经济安全和国防造成重大影响的矿产资源。二是包括中国相较于其他国家具有资源优势的矿产，使其能够影响全球市场（如稀土和钨）。

2001年4月11日，国务院批准《全国矿产资源规划》，并授权原国土资源部发布实施，要求"实施重要矿产储备，对战略性矿产资源实行保护性开采"。《全国矿产资源规划（2008—2015年）》明确要"实行战略矿产储备制度"，"推进建立石油、特殊煤种和稀缺煤种、铜、铬、锰、钨、稀土等重点矿种的矿产资源储备"。2016年，国务院批复通过的《全国矿产资源规划（2016—2020年）》中，第一次将油、气等24种矿物纳入国家战略矿产资源目录。到目前为止，24种战略矿产资源是：能源矿产——石油、天然气、页岩气、煤、煤层气、铀；金属矿床——铁、铬、铜、铝、金、镍、钨、锡、钼、锑、钴、锂、稀土、锆；其他矿物——磷、钾、晶体石墨、萤石等。

陈从喜等（2024）学者认为，从总体来看，美国、欧盟、日本等国家或地区关键矿产、关键原材料和重要矿产的定位是发展高新技术产业和推动低碳转型；中国和俄罗斯战略性矿产的定位是关乎国家经济稳定发展和国防安全的。中国和俄罗斯的战略性矿产内涵最为接近，均同时关注国家安全和经济发展，是一个全局性、地域性概念。美国、欧盟、澳大利亚、加拿大定义的关键矿产或关键原材料更加关注矿产资源对新技术和新兴产业的支撑作用；日本定义的重要矿产则强调对高尖端产业的支撑作用和对低碳转型的推动作用。不同国家或地区战略性矿产的评估方法也存在差异，但矿种目录均已形成相对固定的更新机制和更新周期。

1.2.1.2 战略性矿产资源国际贸易

在战略性稀有矿产资源方面，赵玉敏等（2016）梳理了我国稀缺矿产资源历年贸易政策变化情况，发现我国在矿产资源紧缺的领域，缺乏从整体上对工业与市场发展进行长期思考，尤其是忽略了对工业与贸易发展的影响问题；从而提出我国应该以更广阔的视野来看待当前经济发展所面临的严峻局面，更加注重运用市场化手段来解决贸易纠纷，在多边贸易规则框架下，建立一个更加开放、透明、稳定的政策体系；此外，还要加强资源节约、环境保护等方面的管理，提高矿产资源利用效率。许明和杨丹辉（2019）对我国6类稀有矿产资源行业的全球竞争力进行了全面、深入的研究，发现我国在稀土以及稀有非金属行业具有很强的国际竞争力，其他类型稀有金属产业竞争力则比较薄弱；从我国稀有矿产资源行业的各个产业链来看，上游产业竞争力较强而下游产业竞争力较弱。李鹏飞等（2015）在分析稀有矿产资源全球供需关系变化及应用领域的基础上，量化评估了稀有矿产资源供应风险，发现钨矿全球供应风险最高、铯矿供应风险最低，于是提出我国应加快实施稀有矿产资源全球供给保障战略，保障新兴产业发展关键原材料长期稳定供应。安彤等（2018）通过对世界及我国石墨产业的发展状况与存在的问题进行研究，认为我国具有丰富的石墨资源储备，在国际市场上占据重要地位，但是仍然存在"高进低出"现象，导致我国石墨产业出现低附加值与产业发展滞后等问题；从而提出要提升我国在全球石墨产业中的地位，就必须加大对相关产业的规范力度，同时提出要加大对技术、产品的开发力度，提升产品附加值的建议。余绍泽（2009）从国内外稀有矿产资源现状及其存在的问题入手，发现我国稀土资源产量高、出口量大，但是对稀土贸易价格控制力较弱，从而形成对我国稀土产业发展的不利局面；提出加快构建稀有矿产资源贸易安全管理体系、加大稀有矿产资源储备和促进产业整合等意见来提升我国稀有矿产资源全球贸易地位。杨丹辉等（2014）使用环境优先策略分析法，发现我国在铂族金属开发利用中会对环境产生严重影响，石墨开采对环境影响则较小；认为立足于稀有矿产开发过程中产生的环境代价，我国有理由采取更高标准的管控政策，以缓解我国在战略性矿产资源贸易领域产生的摩擦。

在战略性稀散矿产资源方面，文博杰（2019）等认为，我国矿产资源需求将由全面快速增长转向差异化增长；多数大宗矿产将在2025年前陆续出现需求峰值；当一次能源在2030年达到需求峰值后，能源结构会发生重大演化；2035年多数战略性新兴矿产将维持需求增长态势，世界供需结构和格局将发生重大变化；今后较长时期内我国将是世界上矿产生产与消费大国之一。翟明国等（2021）称，我国对矿产资源的需求呈现人均矿产占有量较低、需求和消费量较大、对外依存度和安全风险相对较高、国内资源供应能力和资源保障均出现下降的趋势，而且这些因素共同促进了我国对矿产资源的需求不断攀升。同时，在全球范围内，我国也是矿产资源短缺较严重的国家之一。我国众多大宗矿产资源的探明储量已经濒临枯竭，新兴的关键矿产资源尚未被完全探明，因此开采和选冶技术亟须提升。这些要求我们必须重新思考矿产资源管理问题，特别是对稀缺矿产的管理要有新的认识。赵玉敏等（2016）在梳理我国稀缺矿产贸易政策的演变历程时发现，该行业未能充分考虑整个产业和市场的长远发展，特别是忽视了贸易伙伴在产业和贸易发展中所扮演的角色。在此基础上，他们分析了当前全球矿业格局下我国矿产资源贸易现状及其存在的问题。在当前经济发展的严峻形势下，他们认为，我国应该以更加宏观的视角来看待，采用市场化的手段来解决贸易争端；同时建议国家制定更多鼓励国内企业走出去投资、并购国外矿产资源的相关政策措施。

在战略性稀土矿产资源方面，贸易价格的相关研究多集中于稀土贸易合理价格、定价权与市场势力等方面。自20世纪90年代以来，我国稀土国内外市场获得了迅猛发展，国内稀土消费和出口对外贸易大幅增加，但我国稀土一直以低价格满足世界市场需求（Castor，2008），且中国面临长期的定价权缺失。究其原因，吴一丁和毛克贞（2011）将供给成本过低视为定价缺失的重要因素。Massari和Ruberti（2013）指出，中国为保护环境而大量减少稀土出口使得稀土价格提高，在全球高科技市场造成紧迫性和不确定性。Golev等（2014）对中国稀土产业的市场势力进行研究，发现其稀土市场势力存在下降的趋势。董虹蔚和孔庆峰（2017）则通过构建稀土出口议价的鲁宾斯坦模型，发现当存在不完全信息时，稀土进口厂商总是可以将自己伪装成更强大的类型以进一步压低稀土出口价格。宋益等（2018）研究发现出口的限制政策有助于稀土下游企业提升出口势力。此外，严佳佳等（2019）采用格兰杰因果检验和多元GARCH模型，研究稀土定价权的动态演变过程。戚兆坤和隋博文（2020）认为，中国应加大稀土产品研发投入，打造更加完整的高附加值稀土产业链、供应链，以确立并提高中国在全球稀土行业的话语权和定价权。罗婷等（2022）建立了考虑环境成本的全成本核算模型与国际贸易合理价格模型，并对2014—2019年离子型稀土国际贸易福利损失进行测算，发现2014—2019年离子型稀土国际贸易合理价格均值为33.43美元/千克，高于实际价格均值，福利损失较大。

1.2.2 战略性矿产资源贸易格局研究回顾

1.2.2.1 复杂网络理论

复杂网络理论源于数学。18世纪，德国数学家欧拉使用图论完美解决了哥尼斯堡的"七桥问题"，首次从网络视角分析客观世界存在的问题。通过研究，科学家们发现现实世界中各因素之间根据一定规则存在某种联系，即网络中任意两个节点之间的联系是存在一定规律的；其构建的规则网络具有每个节点的近邻数目都相同的特征。在随着节点数目增多，网络变得更加复杂时，规则网络并不能完全解释现实问题。Erdos 和 Renyi（1959）提出了一种新的网络构建方式，认为两个节点之间是否存在连接是一个随机事件而非确定事件，数学上称为随机网络。刘晓庆等（2010）总结复杂网络发展历程，发现真实的网络系统是介于规则网络与随机网络之间的特殊系统，是一种具有独立统计特征的复杂网络。Watts 和 Strogatz（1998）在《"小世界"网络的集体动力学》中构建了一个基于概率 P 切断规则网络中原始边，并随机选择新的端点重新连接，介于规则网络和随机网络之间的小世界网络。Barabasi 和 Albert（1999）发现，现实生活中的网络大多是以没有明显可度量特征的幂律函数形式存在的。这类网络统称无标度网络。在应用研究方面，最早运用小世界理论以及目前运用小世界理论最多、最具成效的研究是疾病传播问题。Serrano 等（2003）最早在国际贸易研究领域使用复杂网络模型，通过建立复杂网络展现全球不同国家之间的贸易关系，发现复杂网络的典型特性在国际贸易网络中得到体现，之后复杂网络在研究国际贸易方面又不断地深入和发展。自 Watts 和 Strogatz（1998）提出小世界网络模型以及 Barabasi 和 Albert（1999）提出无标度网络模型以来，国际学术界掀起了对复杂网络研究的热潮，许多研究成果陆续问世。

如今，社会网络早已脱离社会学的范畴，广泛应用于国际贸易、旅游、建筑科学与工程等领域。我国对复杂网络的研究始于对国外相关研究的介绍。汪小帆（2002）对近年来国外复杂网络研究所取得的重要成果，如重要的网络指标、规则网络、随机网络、小世界网络、无标度网络等网络模型以及复杂网络研究进展等，都进行了系统介绍。朱涵（2003）在《物理》杂志上发表了"网络'建筑学'"，文中以小世界、集团化和无标度等概念为中心，介绍了复杂网络的研究进展。陈超洋等（2022）运用复杂网络理论来研究金融市场网络拓扑结构及演化过程，发现其对系统性风险的测度、传染及防范具有重要作用。林冰轩等（2022）借助复杂网络理论，对蜂群无人机运用方法进行深入研究，通过构建蜂群无人机复杂网络，分析其节点度、平均路径长度与聚类系数等网络指标，对蜂群无人机网络效能进行科学有效的评估。

1.2.2.2 战略性矿产资源复杂贸易网络

在战略性稀有矿产资源方面，安海忠等（2013）选取2002—2010年全球石油贸易关系数据作为研究对象，构建了包含180个国家或地区的贸易加权网络模型，探讨了这一时期石油贸易的网络规律。结果表明，国际原油交易体系规模不断扩大，各国之间原油交易越发密切；美国、法国、加拿大、德国及荷兰在原油贸易网络中占据重要地位，对网络拥有较强的控制能力。傅庆玲等（2013）运用复杂网络研究方法，从微观与宏观两个角度，构建了2010年全球有机化学品有向加权与有向无权贸易网络，发现有机化学品的贸易关系和贸易量分配并不均衡，且具有较强的局部聚集特点。朱丽丽（2016）选取2005—2014年氢氧化锂全球贸易数据，构建其全球贸易复杂网络。研究发现，中国拥有稳定的氢氧化锂贸易合作伙伴，贸易额位居全球第二，在整个网络中占据重要地位。徐斌（2015）构建了2000—2012年全球铁矿石贸易网络，核算了全球铁矿石贸易网络的网络密度、中心性以及聚类系数等重要指标，发现中国在全球铁矿石贸易网络中处于边缘地位，澳大利亚、巴西与德国则对网络有较强的控制能力。随着复杂网络研究的不断深入与发展，对区域贸易协作的战略性矿产资源贸易格局也开始引入复杂网络分析方法。石泽浩等（2017）运用复杂网络理论，对"一带一路"沿线65个国家之间2005—2014年钢铁贸易网络格局及演变情况进行分析，发现"一带一路"共建国家的钢铁贸易呈现多元化特征。地理距离是影响贸易关系的重要因素，且呈现负向效应。中东地区钢铁需求缺口较大，是中国开拓钢铁行业海外市场的首选之地。Fu（2018）基于合作网络形成理论，从"距离"视角构建"一带一路"贸易合作网络，选取地理距离、要素禀赋、文化和制度距离作为变量，对2007—2016年中国对"一带一路"共建国家的出口贸易流量数据进行实证检验，发现"一带一路"共建国家在地理距离、要素禀赋较小的情况下，与文化距离和制度距离相较中国更大的国家相比，来自中国的贸易流量较大。ChenB（2018）基于环境扩展投入产出分析方法（EEIOA），运用多种复杂网络分析工具，揭示全球、区域和国家层面的隐含能量流网络（EEFN）结构，发现在全球层面，国际贸易呈现小世界的性质，经济通过具体的能源转移高度连接；在区域层面，检测到4个共同体，欧盟、东盟、北美自由贸易协定和非盟等同一个区域合作组织的成员倾向于归为同一个共同体，表明EEFN体现了区域化和多极化的特征。

在战略性稀散矿产资源方面，史超亚（2018）根据复杂网络理论，利用2002—2015年稀散矿产资源国际贸易资料，建立有向加权复杂网络模型，详细讨论了贸易网络总体结构特征、幂律分布特征和核心国家识别问题。结果显示，稀土资源、铀资源以及贵金属等稀散矿产品是稀散矿国进出口贸易市场上重要的3种矿产商品，铁矿石则处于从属地位。根据计算结果，该研究区域内呈现强烈的小世界效应和无标度特性，同时呈现中心与外围相互交错的结构特征。在全球稀散矿产资源贸易中，中国扮演着不可或缺的角色，随着时间的推移，其稀散矿产资源在国际贸易中的联系日益紧密，同时也凸显了其全球化的特征。目前，稀散矿产资源的全球市场格局已经形成。随着时间的推移，越来越少的国家开始垄断稀散矿产资源的贸易份额，以中国为首的主要国家则呈现明显的贸易集中化趋势，并且这一趋势逐渐显现。任忠宝（2021）通过构建全球铀矿产品贸易的复杂网络模型，提出自2000年以来，中国这样一个新兴核电大国崛起以及对铀矿资源需求增加，推动了世界铀矿产品贸易发展。当前，全球铀贸易主导权由需求国垄断，哈萨克斯坦及中国香港地区在天然铀的出口中处于比较靠后的位置。富铀产品贸易市场由发达国家垄断，是因为这些国家具有技术优势以及在市场上存在障碍。

在战略性稀土矿产资源方面，国外学者Ge等（2016）、Wang等（2017）、Hou等（2018）皆通过构建基于复杂网络理论的国际稀土贸易网络，对世界稀土贸易进行分析，发现全球稀土贸易呈现集团化趋势，世界稀土贸易显示一体化的趋势；且以美国、中国、日本和德国为首的经济体集群系数最大，对世界稀土贸易影响最大。Liu等（2020）基于全球石油贸易的网络结构，发现网络结构因素在保障石油安全方面的重要性。Yu等（2022）也利用社会网络分析等手段，研究各国在全球稀土贸易中的关系，发现贸易格局存在一定的空间聚集性，且在22年中，各国之间稀土贸易网络的联系保持相对稳定，稀土资源稀缺的国家则长期依赖资源丰富的国家。我国学者徐水太等（2022）基于2013—2019年共建"一带一路"国家稀土相关产品的贸易数据，采用复杂网络分析方法，从个体与整体层面探究了共建"一带一路"国家稀土贸易网络结构特征及其演化过程。汤林彬（2022）通过构建不同年份稀土资源型产品、功能材料和最终产品的国际贸易网络，分析稀土产业链关键产品的全球贸易流动特征和主要国家及地区之间的贸易关系，发现稀土关键产品的贸易网络结构趋向复杂化，而各国的贸易关系、地位及其分工呈现异质性。陈乔等（2022）基于1992—2018年全球稀土贸易数据，采用社会网络分析方法研究稀土贸易网络空间结构特征和关联路径演变。

1.2.3 战略性矿产资源供应链风险研究回顾

1.2.3.1 供应链风险

供应链作为复杂系统，涉及多个合作伙伴。供应链风险特征具有复杂性、动态性和交互性。Choi 和 Dooley（2008）从复杂系统的角度来分析供应链网络，将复杂网络理论应用于供应链网络当中。此后，越来越多的国内外学者基于复杂网络理论对供应链风险进行研究。张怡等（2012）以复杂网络理论为支撑，构建了供应链网络模型，设定不同风险干扰的情境，对供应链网络鲁棒性进行模拟。杨康和张仲义（2015）从网络节点的重要性入手，构建了企业重要性评估模型，并对供应链网络风险层次评估进行研究。闻少博等（2021）以矿山、精炼厂、股东及所属国家为节点，建立了供应链网络，分析了供应链网络中存在的供给风险。汪金洲和陈洪转（2021）构建了供应链网络模型，以级联失效模型为基础，建立了供应链风险传播模型，对供应链网络中的风险流进行仿真分析，并对其进行了稳健性检验。张永礼和朱靖源（2022）以复杂网络理论为基础，探究了中美贸易战后钛供应链上游、中游、下游代表产品的全球贸易网络结构特性与动态演变趋势。崔晓敏等（2022）利用贸易网络分析方法，对中国及全球供应链的总体特性和内在脆弱性进行了研究。

供应链风险具有很强的传递性。当前，对于供应链风险的研究主要集中于供应链风险识别与评估、传播与控制领域。韩景丰和章建新（2006）系统地识别了供应链风险，并制定了供应链风险控制的措施。江孝感等（2007）基于模糊评价方法，对供应链风险出现的概率及影响程度进行了分析。舒彤等（2014）构建了一套供应链风险评估体系，对供应链风险评估模型进行了实证分析。Garvey 等（2015）运用贝叶斯网络分析了供应链网络的传播模式，同时通过分析各种风险的相关性和网络的特征，对供应链网络中的各种危险进行度量。田红英（2016）为解决供应链中各节点间的风险传递机制中存在的差异问题，采用 SIR 模型构建了供应链的信息传递模式，并对其机制进行深入探讨。郝晓晴（2019）以 SI 模型为基础，通过建立"供应不足"和"供应过量"两个情境，构建了钢铁国际贸易多层网络的风险扩散模型。Liang 等（2022）基于 SIR 模型，研究了全球供应网络结构对风险传播的影响。Wang 和 Zhang（2022）基于供应链网络中节点被淘汰的实际情况，构建了改进的 SIRS 模型作为供应链风险传播模型，分析了供应链网络中的风险传递机制以及各种参数对供应链风险传递和供应链网络节点的影响。Berger 等（2022）基于传染病模型，制定了一个改进的 SIS 模型，以此来研究供应链中断下的风险管理。Ghadge 等（2022）运用系统动力学方法，设定了4种风险情景，对供应链中断风险进行仿真研究。

1.2.3.2 战略性矿产资源供应链风险

随着近年来工业技术水平的日益提升，对矿产资源的需求不断增加，由于国际经济一体化，全球矿产资源的供应链安全保障问题日益严峻，关于矿产资源供应链风险的研究也应运而生。针对矿产资源的安全治理与可供性研究，张大超和汪云甲（2003）从资源、政治、经济3个角度进行研究，指出矿产资源不仅受本国资源存量和消费需求等因素的影响，还受国际政治关系和企业竞争力等因素的影响。李颖等（2015）根据我国39种矿产资源的消费量、进出口总额等数据，从对外依存度、区域依存度等角度，分析了我国对外矿产资源供给安全的现状。于宏源和余博闻（2017）以欧盟矿产资源为研究对象，对其产生的资源困境进行了阐述，并对欧洲主导的全球矿产资源治理体系进行分析，给中国带来了借鉴意义。Sauer和Seuring（2019）以矿产供应链为研究对象，对扩大多层矿产资源可持续供应链管理范围进行了探讨。周娜等（2020）对新时代战略性矿产资源安全的含义进行了论述，构建了矿产资源的安全评价指标体系，并进行了实证分析。徐德义和朱永光（2020）指出，关键矿产资源的可持续发展是保障新能源产业的先决条件，并对其主要矿产资源的品种、需求、供给等问题进行了归纳。成金华等（2021）从可供应性的影响因素及分析方法入手，重点探讨战略性矿产资源的可用性影响因素及分析方法，并为改善我国矿产资源的可持续供应能力提供了政策建议。田郁溟等（2022）梳理了主要国家战略性关键矿产的竞争态势，对我国矿产资源安全保障形势进行了分析，并就如何完善我国战略性矿产资源的安全保障制度，给出了相关的政策建议。程少逸等（2022）从战略性矿产资源的对外依存度和来源集中度出发，阐明了我国战略性矿产资源供应安全面临的挑战，并对此提出相应的应对对策。

随着全球内外部风险的不断加大，全球矿产资源供应链受到较大影响，研究矿产资源供应链风险管理显得越发重要。Rosenau-Tornow等（2009）对铜进行了供应链风险识别与评价，通过构建网络模型，分析了铜的供应风险。李鹏飞等（2014）以政治因素、经济因素和社会发展水平因素为主要研究方向，评价了全球稀有矿产资源的供应链风险。Sauer和Seuring（2017）针对矿产的可持续供应链管理进行了研究，旨在绘制矿产资源和可持续供应链风险管理范围上的可持续发展交叉点。吴巧生（2020）从战略矿产的供给风险评估和预警中发现，我国的供应风险存在较大的不确定性和模糊性，并对我国战略矿产供应保障机制的完善问题提出了相应的对策。陈其慎等（2021）从矿产资源的产运供应链视角出发，构建了以产运供应链为核心的供应链风险评价技术体系。沈曦等（2022）以6个镍资源产业链中的产品为实例，评估了突发风险下关键矿产供应链网络的节点韧性。王星星等（2022）以2020年全球镍矿贸易量为数据，在全球镍矿贸易网络的基础上建立了镍矿级联失效模型，并构建了一个雪崩网络来分析危机传播动力学的结构特征。撒兴昌等（2022）基于级联失效模型，对2000—2021年全球碳酸锂串联故障进行建模，并对各种供给危机源的雪崩规模、传播路径和冲击效应进行了数值仿真。袁小晶等（2022）以钴供应链为研究对象，对上游产品进行供应风险评价，对中、下游产品进行供应控制力评价。Liu和Wei（2022）认为，内部和外部的供应链风险管理对降低供应链中断风险有重要作用。Jiang等（2023）认为，提高矿产资源行业的供应链弹性对于确保中国的国家经济安全至关重要，学者采用系统动力学模型模拟了经济平稳发展情境和供应链危机情境下矿产资源行业、采矿业、冶炼加工业的供应链弹性。

1.2.4 战略性矿产资源股价风险溢出研究回顾

1.2.4.1 风险溢出效应

风险溢出效应的研究对认识宏观经济中潜在的风险，特别是对经济周期风险的研究具有重要意义。早期的研究通过传统的相互依存关系以相关性来衡量因危机蔓延而产生的风险溢出效应，如Pearson、Kendall、Spearman等相关系数。

Diebold和Yilmaz（2009，2012，2014）主要对资产间的动态相关系数进行了研究。在第一研究（Diebold和Yilmaz，2009）中，他们提出了一种简单直观地衡量资产收益率与波动率之间相互依存性的方法，并对收益溢出与波动溢出进行了精确的度量。在第二次研究中（Diebold和Yilmaz，2012），他们提出了用广义向量自回归框架来度量总波动溢出效应。Barunik和Krehlik（2018）分析了金融风险对经济和社会经济的影响，构建了一个新的外溢指标度量体系。该体系介绍了根据方差进行频谱分析的方法，是对溢出效应的短期估计和中、远期的变化预测。

1.2.4.2 战略性矿产资源股价风险溢出效应

战略性矿产资源类股票价格的溢出效应是研究的重点内容。金涛（2012）利用VAR-GARCH模型，对我国证券市场和商品期货市场之间的联系进行了实证研究。结果表明，商品期货市场会对我国证券市场产生显著的单向溢出，而不会产生显著的交叉波动性溢出。石智超和许争（2015）检验了大宗商品市场波动对股票市场的相关风险外溢效应，发现主板市场中的一些战略性资源类的板块以及创业板与中小板股票市场都呈现大宗商品的风险溢出效应。

进一步的研究发现，战略性资源类价格和股市之间的联动性将受整个市场波动的影响。赵新泉和孟晓华（2018）站在信息溢出的角度研究了商品市场的价格波动和股票市场的极端风险溢出效应。结果发现，油价、铜价和其他战略性资源都对沪深指数产生了不同程度的极端风险外溢。Vardar等（2018）对重要资源类股票价格与商品市场之间的冲击传递与风险溢出效应进行了分析。还有一些学者关注了资源类商品股票市场间的外溢问题，如Kang 和 Yoon（2019）运用多变量DECOGARCH模型，对中国四大大宗商品（CSI300，铝、铜、燃料油、天然橡胶）的收益与波动性外溢进行了实证研究。另外，Yuliya及Alejandro（2020）还通过DY溢出指数对石油及天然气价格溢出效应进行了评价。在此基础上，他们利用 Barunik和Krehlik（2018）的创新频次连通性测度，并将其与 DY指标进行融合，以弥补现有方法的不足，进一步分析两者在不同时刻、不同频次下的溢出效应变化的可能性；同时发现，在大部分样本中，天然气等能源价格的波动是造成这种波动的主要原因。

1.2.5 文献评述

上述文献从战略性矿产资源发展概况、贸易格局、供应链风险、股价风险溢出效应等视角进行了回顾。这些研究成果不仅丰富了复杂贸易网络的理论知识，还深化了人们对全球战略性矿产资源的了解。

通过对上述文献的分析可以看出，首先，对全球战略性矿产资源国际贸易网络的相关研究数量较少，且通常以单一矿产品种为研究对象，如锂及其相关产品的贸易网络研究。中国战略性矿产资源的相关研究仅限于稀土等少数矿产资源，而且涉及的领域比较狭窄，成果不够丰富，因此，将稀有矿产、稀散矿产、稀土矿产3类矿产资源作为主要研究对象进行网络分析还属于空白领域。

其次，目前国内外学者对战略性矿产资源供应链风险的研究还很缺乏，大部分研究集中在供应链风险中某一环节的具体问题上，如矿产资源供应安全问题，而较少研究以全球为视角，对矿产资源整个供应链进行研究。关于运用复杂网络理论来探究供应链风险，以往学者在铜、镍矿等金属矿产有所涉及，但矿产资源被应用于供应链风险传播的研究还很少。

最后，现有文献尚未准确描述在极端情况下，不同国家战略性矿产资源股票价格信息对市场的传染影响，且缺乏对不同国家矿产资源股价的风险传递和联动问题的研究。

综观上述文献，笔者认为可以从以下3个方面拓宽对全球战略性矿产资源的研究。第一，综合把握战略性矿产资源产品在国际贸易网络中呈现的特点和其演变规律，利用复杂网络对战略性矿产资源的国际贸易格局及其影响因素进行研究。这为全球矿产贸易研究提供了新的思路。第二，将复杂网络理论和供应链风险管理理论相结合，应用复杂网络理论构建矿产资源全球供应链网络模型，针对供应链中的节点国家，对其供应链网络进行拓扑性质分析，并基于SI传染病模型对矿产资源供应链网络风险传播进行仿真分析。这对中国提升矿产资源供应链安全保障能力具有重要意义。第三，从波动性溢出和复杂网络的角度深入探讨不同国家战略性矿产资源股价的相互关联机制，揭示战略性矿产资源股票价格在不同国家间的作用与传导途径，为防止风险在市场之间传导、改善两个市场价格的共同治理提供了参考意义。

1.3 理论依据、核心内容与研究框架

1.3.1 理论依据

1.3.1.1 战略性贸易理论

詹姆斯·布兰德（James Brander）等提出的战略性贸易政策理论，经过美国经济学家保罗·克鲁格曼（Paul Krugman）等深入研究后，完善了该理论的体系。该理论基于不完全竞争的情况，规模经济和产品差异化是其中的两个关键词。政府的干预在此作为刺激企业与其所在产业发展的动力。当行业规模收益递增时，通过政府支持增加现有规模，该行业企业可以降低生产成本，实现规模经济，形成新的竞争力。作为政府一方，出口促进与进口保护便是其发挥作用的两条有效途径，也是理论中所提到的手段。不完全竞争条件下的资源有效配置帮助发展国家的优势产业。即在产业内贸易成为主流贸易形式后，差异更多体现于产业规模与市场结构。

该理论论证了符合战略贸易理论的政策是指在缺乏竞争力和规模经济的理论基础上，政府通过生产和出口补贴保护国内产业发展的措施，促进国内战略产业的建立和发展，促进规模经济的形成，提高相关企业的国际竞争力。

1.3.1.2 复杂网络理论

复杂网络分析方法属于现代复杂科学研究中的分支学科，使人类从新的角度来理解和研究系统复杂性问题。Barabasi和Albert于1999年揭示出复杂网络分布具有幂律形式——不存在标度网络，大大促进了这一研究工作。自然界存在数量庞大的系统，具有复杂的内外结构，可形成各种各样的网络。

在现代社会科学中，复杂网络理论已成为重要的研究内容，为社会学家研究复杂系统难题提供了一种可行方法。典型的网络由数量众多的节点与它们之间的连接构成。节点是指系统中的单个个体；边是指个体间的特殊联系。当两个节点有一定的联系时，就可以将其连接起来，并将其视为相邻的节点。比如，互联网就是由所有网络用户和他们之间的连接构成的。计算机网络可以看作一台单独运行的电脑通过诸如光缆、绞线、同轴线缆等通信介质而运行的网络。

复杂网络的应用领域十分广阔，与经济学、工程学等都存在交叉领域，包含许多学科的基本理论和知识。本书借鉴复杂网络分析方法，将各战略性矿产资源贸易参与国作为网络节点，以国家间贸易额为权重，构建有向加权和无向加权贸易网络，利用节点度、网络密度、聚类系数、网络中心度等指标，对复杂网络特征、网络内部拓扑结构和网络小世界进行研究。

1.3.1.3 社区探测算法

传统的社区探测技术 Louvain 算法利用模块化算法对贸易网络的社团结构进行识别。其依据是各国之间的实际贸易额。在研究过程中发现，这一模块算法不能直接用于分析大规模的社会网络拓扑关系。由于其所需的时间和空间复杂度巨大，因此在处理大规模复杂网络时，该方法的应用面临巨大的挑战。针对这一问题，研究者提出了一个新的基于聚类的自适应阈值法进行自动社区发现的改进算法，即根据聚类中心对输入数据集进行聚类分析。

在国际贸易网络中，每个国家都可以划分为若干小块。这些小块划分为若干个社团。社团内各节点间存在一定程度的依赖关系。在全球战略性矿产资源贸易网络中，不同国家的网络成员可能形成若干个社团。同一社团内成员贸易关系比较密切；不同社团的成员贸易关系比较松散。

1.3.1.4 供应链风险管理理论

供应链风险管理是指通过采取有效的战略，从而降低或者规避供应链中的外来风险，保证供应链的稳定性。其目的在于尽可能地提前预测潜在的风险源，采取必要的措施确保供应链不受外来异常风险的影响。具体而言，供应链风险管理步骤可概括为以下4个方面。

（1）风险的识别。供应链风险管理的最初阶段就是对未知风险的识别。这是有效规避潜在风险、保证供应链稳定的重要手段。首先，要对供应链上各个节点的分布及特征进行全面分析。其次，要准确识别出每个节点可能面临的潜在风险，归纳总结出潜在风险所带来的供应链冲击的规律性。

（2）风险的估计。在准确识别出供应链节点的潜在风险后，还需对供应链风险进行进一步的估计。这包括与成员进行合作时，潜在风险发生的可能性以及风险事件对供应链造成的影响程度。另外，还需估计出该风险事件发生的大致时间及概率。

（3）风险的评估。供应链风险管理的评估环节要做到对各种潜在风险进行定性分析，包括风险的形成原理及作用机制等相关方面。站在全局的角度，对供应链上每个节点可能发生的风险进行分析，量化出潜在风险发生的概率以及对供应链所造成的冲击。

（4）风险的控制与预防。在识别并评估出潜在的风险后，需要采用规避、减少、转移和风险分担等措施来尽量规避潜在的风险，将供应链冲击所造成的影响降到最低，促使供应链长期稳定地发展。

1.3.1.5 系统动力学理论

系统动力学是以反馈控制理论为前提，运用计算机仿真技术模拟建立各个要素内部相互作用的计量模型，通过提前干预等相关措施，使整个系统处于效率最大化的模式中，通常被用于理论性定量研究。在对复杂网络进行研究时，通常使用系统动力学来探索具体网络的传播机制，由此得出提前规避风险的各项措施。在研究中，有以下3种模型被广泛使用。

（1）SI模型。SI模型有两种不同的网络节点，即易感染节点（S）以及已感染节点（I）。当病毒将复杂网络中的一些节点感染后，此类节点就会变成传播源，与其相近的易感染节点（S）被病毒感染的概率为γ。一旦被感染，易感染节点（S）就会变成已感染节点（I），其他的易感染节点（S）又会面临被感染的风险。此模型的公式如下：

$$\begin{cases} \dfrac{\mathrm{d}s(t)}{\mathrm{d}t} = -\gamma i(t)s(t) \\ \dfrac{\mathrm{d}i(t)}{\mathrm{d}t} = \gamma i(t)s(t) \end{cases} \tag{1.1}$$

式中，γ为易感染节点（S）被感染的概率；

$s(t)$、$i(t)$分别表示网络在t时刻处于S、I状态的节点个数所占的比例。

（2）SIS模型。SIS模型同样有易感染节点（S）和已感染节点（I）两种网络节点。与SI模型不同的是，当易感染节点（S）被感染成为已感染节点（I）后，已感染节点（I）在传播病毒的同时有可能被治愈，被治愈的概率为μ。此模型的公式如下：

$$\begin{cases} \dfrac{\mathrm{d}s(t)}{\mathrm{d}t} = -\gamma i(t)s(t) + \mu i(t) \\ \dfrac{\mathrm{d}i(t)}{\mathrm{d}t} = \gamma i(t)s(t) - i(t) \end{cases} \quad (1.2)$$

式中，μ 为已感染节点（I）被治愈的概率；

$s(t)$、$i(t)$ 分别表示网络在 t 时刻处于 S、I 状态的节点个数所占的比例。

（3）SIR模型。SIR模型中加入了免疫节点（R）。当已感染节点（I）被治愈后就变成了免疫节点（R），且在一定时间内不会被感染，本身也不再具有传染性，成为免疫状态。此时，网络中易受感染的节点会不断减少，被感染的节点也会随之减少，一段时间后，所有的节点都将处于免疫状态，故感染传播就此终止。此模型的公式如下：

$$\begin{cases} \dfrac{\mathrm{d}s(t)}{\mathrm{d}t} = -\gamma i(t)s(t) \\ \dfrac{\mathrm{d}i(t)}{\mathrm{d}t} = \gamma i(t)s(t) - \mu i(t) \\ \dfrac{\mathrm{d}r(t)}{\mathrm{d}t} = \mu i(t) \end{cases} \quad (1.3)$$

式中，$s(t)$、$i(t)$、$r(t)$ 分别表示在 t 时刻处于 S、I、R 状态的节点个数所占的比例。

1.3.2 核心内容

本书以战略性贸易理论、复杂网络理论、社区探测算法、供应链风险管理理论、系统动力学理论为理论支点，围绕战略性矿产资源贸易这一核心研究对象展开分析，对全球战略性矿产资源贸易网络、供应链风险、股价风险及中国地位进行系统研究，并以重点战略性矿产资源锡为例进行深入分析，建立中国战略性矿产资源安全发展体系，以促进中国经济更快、更好地发展。

1.3.3 本书框架

围绕上述"理论依据"和"核心内容"，本书共分为8章，具体章节安排如下。

第1章是本书的导论部分，主要包括研究背景与意义，文献综述与评述，理论依据、核心内容与研究框架、研究方法与本书贡献等。

第2章选择碳酸锂、碳酸锶、铍矿、铌钽钒矿和锆矿5种稀有矿产资源作为研究对象，首先，运用UCINET软件建立稀有矿产资源有向加权和无向加权贸易网络，使用Gephi软件对稀有矿产全球复杂网络进行可视化分析，对贸易网络进行社区探测，从社团内部特征和外部特性探究战略性稀有矿产资源模块化属性。其次，通过网络模型QAP分析法，对稀有矿产资源全球贸易网络的影响因素等指标进行相关性和回归分析，探究以上指标对稀有矿产全球贸易网络的影响程度。最后，立足于中国视角，对2012—2021年中国在5种稀有矿产全球贸易网络中的贸易参与程度、贸易额和主要贸易对象进行对比讨论，并分析其中介特征。

第3章选择铟、镓、锗、镉、铊、碲、硒7种稀散矿产资源为主要研究对象，首先，构建2011—2021年稀散矿产资源产品的有向加权和有向无权贸易网络；通过Gephi软件制作全球复杂网络贸易图，对稀散矿产资源产品贸易特征进行可视化分析；运用网络探测技术对网络进行社团划分，深入探索社团内部的特性，并对稀散矿产资源产品社团的演变和成团特征进行系统总结。其次，采用QAP分析方法，对2011—2021年影响稀散矿产资源产品贸易的因素进行相关性和回归分析，以探究它们之间的关系，并研究其影响程度和演变过程。最后，探究中国在稀散矿产资源世界贸易中的地位。

第4章以中国稀土贸易安全评价研究为主线，构建安全评价体系，对战略性稀土矿产资源贸易理论、现状和安全发展进行梳理，探究中国稀土贸易现状、评价中国稀土贸易安全情况。本章认为，中国稀土贸易安全受诸多因素的影响，如受外部冲击、内部产业因素、贸易结构、国际市场参与程度和贸易效益等。据此研究结果，应从贸易结构、贸易政策、技术水平和产业安全等方面加强维护中国稀土贸易安全，以充分的贸易安全理论更好地指导政府政策的制定，促进全球稀土产业的结构升级。

第5章选取稀有金属锆、稀散金属锗、稀土金属钕供应链产品为核心研究对象，探究三稀矿产资源供应链网络格局演变特征和供应链风险传播过程。通过构建三稀矿产资源供应链网络模型，运用复杂网络拓扑相关指标，分别对2000年、2005年、2010年、2015年、2020年锆、锗、钕全球供应链整体网络和节点重要性进行分析。基于SI传染病模型，建立三稀矿产资源供应链网络风险传播模型，以2020年锆、锗、钕供应链产品贸易量为数据支撑，模拟锆、锗、钕供应链产品在供给短缺情境下的风险传播过程，分别对锆、锗、钕供应链产品关键国家在不同抗风险能力和不同供给冲击下的风险传播影响程度进行仿真分析。

第6章选取稀土、锂、镍等战略性矿产资源的股票价格，采用战略性矿产资源丰富和金融市场较具影响力的6个国家权威股票指数中的细分指数（金属与矿产类指数）代表各国战略性矿产资源类股票价格，对各国战略性矿产资源的股价风险传递和联动程度进行研究，并建立基于溢出指数的溢出网络，分别对全时段时期、股市大震荡时期和新冠疫情时期进行溢出网络对比分析，以探究战略性金属矿产股价的关联性和风险溢出效应。

第7章为共建"一带一路"国家锡产业链贸易格局分析。锡金属是推动国民经济发展的战略性矿产资源，锡资源分布不均衡，因此探究共建"一带一路"国家锡产业链贸易格局具有重要意义。本章基于2013—2021年共建"一带一路"国家锡产业链上关键产品的贸易数据，采用复杂网络理论方法构建"一带一路"锡产业链贸易网络模型，用Gephi软件制作"一带一路"锡产业链贸易网络图，并对其贸易特征进行分析。通过社区探测算法对共建"一带一路"国家锡产业链贸易网络进行社团划分，并对社团内部特征及演化规律进行分析。从经济、地理、文化、科技和制度5个维度出发，运用QAP分析法探究2013—2021年共建"一带一路"国家锡产业链贸易格局特征演化规律的影响因素。

第8章为全球战略性三稀矿产资源安全发展的对策。在前7章研究结论的基础上，本章认为，中国亟待提升战略性矿产资源的全球化配置能力，打造资源友好型可持续战略性矿产资源，提升战略性矿产资源供应链韧性，加强风险防范机制和应急管理水平，从而建立中国战略性矿产资源安全发展体系，促进中国经济更快、更好发展。

本书研究技术路线图详见图1.1。

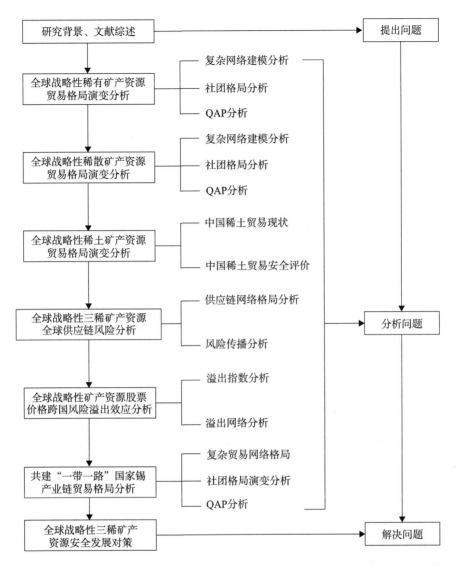

图1.1 研究技术路线图

1.4 研究方法与本书贡献

1.4.1 文献分析法

文献分析法是指收集与本书研究主题相关的文献资料，通过对国内外相关文献资料的大量阅读、总结与评述，整理现阶段学术界在全球战略性矿产资源贸易网络分析方面的已有成果和不足之处，为全球战略性矿产资源贸易格局研究提供新的思路和方向。

1.4.2 社会复杂网络分析法

社会复杂网络分析法源于社会学，原本应用于人际关系的研究，后被用于国际贸易领域。社会复杂网络分析法的优点是通过测算多种网络指标来明晰网络中不同节点之间的内在联系，凸显重要节点地位。它是一种兼顾整体与局部，能够多层次分析网络结构及其属性的有力工具。本书运用社会复杂网络分析方法，分析了全球战略性矿产资源贸易网络的主要影响因素。二次指派程序法（QAP）是社会网络学中针对关系数据进行回归分析的"一对多"式回归分析方法，也是用一个与多个自变量矩阵相对应的因变量矩阵进行相关性分析的方法。相较于常规的统计分析方法，QAP分析主要用于关系数据分析。其优点是经过对关系数据数千次地随机重排后，无须证明变量是否相互独立，可以避免回归分析中自变量之间可能存在的自相关问题。

1.4.3 实证分析法

着眼于当前社会和学科现实，以复杂网络理论、供应链风险管理理论和系统动力学理论为基础，以战略性矿产资源上、中、下游产品进出口国家为节点，构建战略性矿产资源全球供应链网络，并对三稀矿产资源产品供应链风险传播进行论证分析。

1.4.4 本书贡献

第一，当前关于全球战略性矿产资源的研究主要集中在工业采集和贸易安全两个方面，矿产资源贸易网络及贸易地位相关方面的研究较少，或者只选择单一产品，鲜有将稀有、稀散、稀土矿产资源作为研究对象的文章，本书尝试填补这一研究的空白。

第二，引入社会网络模型，用网络指标来衡量各个贸易主体在网络中的地位，体现其对贸易网络的控制能力，为贸易控制力量化提供一种可能的思路。

第三，大多数学者在通过复杂网络理论对供应链风险进行研究时，通常以汽车和农产品为研究对象，很少将战略性矿产资源作为研究对象。本书从全球视角出发，基于全球战略性矿产资源供应链网络模型，对供应链风险传播进行分析，并使用仿真模拟研究矿产资源供应链风险的传播问题，从风险源数量、不同供给冲击以及国家的抗风险能力角度对供应链风险传播进行仿真分析，具有以往单纯的定性研究所不具备的优势。

第四，采用各国战略性金属矿产类股票指数作为研究对象，通过保留各股价的波动信息，得出整个样本期内的静态总体波动溢出指数和各国股票市场之间的动态溢出指数，使研究结论更接近不同国家股价之间波动的真实情况。再以2015年股市大震荡、2020年新冠疫情作为极端外部冲击事件，进一步结合网络模型，对比分析在各种冲击事件中股价风险溢出特征，从而识别外部冲击作用下网络系统内风险接受与风险溢出的异常点。

2 全球战略性稀有矿产资源贸易格局演变分析

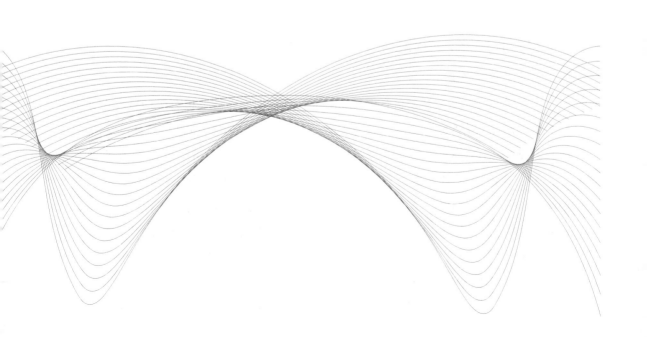

2.1 导论

本章将使用复杂网络模型对战略性稀有矿产资源这一类矿产品进行研究，各稀有矿产产品原始贸易数据均源于 UN Comtrade，用于 QAP 分析的相关指标原始数据源于 CEPII、世界银行数据库和 WTO 数据库。本章选取碳酸锂、碳酸锶、铍矿、铌钽钒矿和锆矿5种稀有矿产资源作为研究对象，首先，利用 UCINET 软件构建各稀有矿产资源的有向加权与无向加权贸易网络，使用 Gephi 软件对稀有矿产全球复杂网络进行可视化分析，从网络整体和节点特性两个角度进行分析，运用网络密度、平均路径长度与聚类系数3个指标，对各主要贸易参与国的拓扑特征进行分析，通过度中心性、接近中心性和中介中心性指标，考察节点在网络中的重要性；其次，对其贸易网络进行社区探测，从社团内部特征和外部特性进行分析，探究战略性稀有矿产资源模块化属性；再次，通过网络模型 QAP 分析法，对稀有矿产资源全球贸易网络的影响因素，如经济规模、地理距离、共同语言、专利技术、贸易协定等，进行量化分析，探究其对稀有矿产全球贸易网络的影响程度；最后，立足于中国视角，对2012—2021年中国在5种稀有矿产全球贸易网络中的贸易参与程度、贸易额和主要贸易对象进行对比讨论，并分析其中介特征，探讨战略性稀有矿产资源贸易网络现状。

2.2 全球战略性稀有矿产国际贸易复杂网络建模分析

2.2.1 网络模型的数据来源与模型构建

2.2.1.1 数据来源

本章研究的原始数据来自 UN Comtrade。该数据库中涉及稀有矿产且存在连续贸易数据的产品共有5种，具体产品为碳酸锂（HS：283691）、碳酸锶（HS：283692）、铍及其制品（HS：811219）、铌钽钒矿石及其废碎料（HS：261590）、锆矿石及其精矿（HS：261510）。原始数据包含上述5种稀有矿产产品所有贸易参与国之间的贸易额数据。由于铪（Hf）、铷（Rb）和铯（Cs）等金属元素少量存在于锂、铌、钽等矿石混合物中，不存在单独的矿石贸易数据，因此仅将存在贸易数据的5种稀有矿产产品作为研究对象。

2.2.1.2 网络模型构建

本章以2012—2021年各国稀有矿产贸易关系与贸易额为基础，构建国际稀有矿产产品贸易网络。该网络以贸易参与国为节点，以各国贸易关系为边，以稀有矿产的贸易流向为方向，贸易额为边的权重，分别构建了碳酸锂、碳酸锶、铍及其制品、铌钽钒矿石及其废碎料，以及锆矿石及其精矿的无向加权和有向加权贸易复杂网络模型。在无向加权贸易网络中，双边贸易总额为权重，如果 t 年 i 国与 j 国存在贸易往来，且贸易总额为 V_{ij}，则 $w_{ij}(t)=w_{ji}(t)=V_{ij}$；如果 t 年 i 与 j 国不存在贸易关系，则 $w_{ij}(t)=w_{ji}(t)=0$。

$$A(t)=\begin{bmatrix} w_{11} & \cdots & w_{1n} \\ \vdots & \ddots & \vdots \\ w_{n1} & \cdots & w_{nn} \end{bmatrix}, \quad w_{ij}=\begin{cases} w_{ji}, & 存在节点 i 到节点 j 的贸易关系 \\ 0, & 不存在节点 i 到节点 j 的贸易关系 \end{cases} \quad （2.1）$$

式中，n 为网络节点总数，也就是参与稀有矿产产品贸易的国家总数；

w_{ij} 为国家 i 流向国家 j 的贸易额；

w_{ji} 为国家 j 流向国家 i 的贸易额。

在有向加权贸易网络中，以单边贸易额为权重，稀有矿产产品流向为方向。如果 t 年 i 国将矿产品出口到 j 国，那么，在该矩阵中，$w_{ij}(t)=V_{ij}(权)=V_{ij}(t)$，为复合网络中从节点 i 至节点 j 的一条赋权边；如果 t 年 i 国与 j 国之间没有任何稀有金属的贸易关系，那么该矩阵中的 $w_{ij}(t)=0$，且从 i 到 j 没有任何边界。

$$w(t)=\begin{bmatrix} w_{11} & \cdots & w_{1n} \\ \vdots & \ddots & \vdots \\ w_{n1} & \cdots & w_{nn} \end{bmatrix}, \quad w_{ij}=\begin{cases} V_{ij}, & 存在节点 i 到节点 j 的贸易关系 \\ 0, & 不存在节点 i 到节点 j 的贸易关系 \end{cases} \quad （2.2）$$

式中，n 为贸易网络节点数量，即参与稀有矿产贸易的国家数；

在利用 Gephi 软件可以将稀有矿产产品贸易网络结构与其贸易格局演化规律直观地展现出来，再利用 UCINET 软件计算出衡量网络内在特征的相关指标，以数形结合的方式展示国际稀有矿产贸易网络格局演变的特征。

2.2.2 全球稀有矿产产品整体贸易网络格局演变分析

世界上各个国家（地区）的经济发展水平相差很大，而且因为地理位置的原因，造成稀有矿产全球资源分配不均，使得各个国家（地区）之间贸易关系错综复杂。本节将使用复杂网络表示国家（地区）之间的贸易关系，并以此来分析 2012—2021 年稀有矿产全球贸易网络相关的情况，揭示全球稀有矿产贸易网络的特点及其贸易格局演变规律。

2.2.2.1 复杂网络结构分析

使用 Gephi 软件绘画 2012 年与 2021 年全球碳酸锂、碳酸锶、铍及其制品、铌钽钒矿石及其废碎料、锆矿石及其精矿的布局加权有向网络图。该软件使贸易参与国家

（地区）作为节点整齐的排列在同一圆周之上，节点大小表示度数，即该国家（地区）贸易伙伴数量，贸易伙伴数量越多，节点越大。边代表权重，即两个国家（地区）之间双边贸易额的大小，贸易额越大，边越粗、颜色越深。因篇幅有限，本章将选取每种稀有矿产2012年与2021年的贸易数据进行作图分析。

如图2.1所示，在2012年与2021年碳酸锂的贸易网络图中，中国与日本、韩国、德国等作为主要进口国家，智利、阿根廷等作为主要出口国家，均在贸易网络中占据重要地位。10年来，国际碳酸锂贸易格局由原来的比利时、智利作为主要出口国，中国、美国、德国等为主要进口国转变为比利时、智利出口，各个国家（地区）进口逐步分散的状况。总体而言，作为半导体以及锂离子电池的重要原料，碳酸锂矿产的重要性一直未减，在国际稀有金属贸易中占据重要地位。

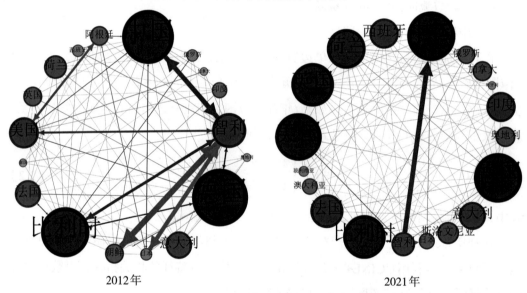

2012年　　　　　　　　　　　　2021年

图2.1　2012年与2021年碳酸锂全球贸易网络结构

数据来源：UN Comtrade。

如表2.1所示，2012—2019年贸易参与国家（地区）的数量相对稳定，只存在小范围波动。2020年以后由于新冠疫情的影响，参与碳酸锂国际贸易的国家（地区）数量有较大幅度的减少，且网络入度值一直高于出度值，两者比例约为2.2∶1，说明碳酸锂贸易网络呈现进口多元化的特征。

表2.1　2012—2021年碳酸锂进出口国家（地区）数

单位：个

年份	2012	2013	2014	2015	2016	2017	2018	2019	2020	2021
出口国家（地区）数	40	40	43	43	44	49	50	42	45	39
进口国家（地区）数	105	100	104	93	98	101	103	97	88	70

平均度$K(t)$是指每个网络节点的平均关系数，用于反映碳酸锂贸易网络的整体连通性，平均度数值越大，说明各贸易参与国家（地区）之间的联系越紧密；反之，则说明贸易网络连通性不强。平均度的公式为

图2.2展示了2012—2021年碳酸锂全球贸易网络的节点数量、关系数量和平均度数。10年来，碳酸锂全球贸易参与国家（地区）数量相对平稳，数量变化不大。各个国家（地区）之间的贸易关系数则呈现逐年上升的趋势，平均度指标也随之上升，说明碳酸锂国际贸易网络密度增加，全球贸易更加紧密。

$$K(t) = \frac{\sum \sum a_{ij}(t)}{n} \tag{2.3}$$

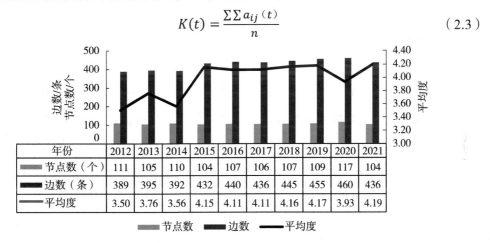

图2.2　碳酸锂贸易网络节点、边与平均度

数据来源：UN Comtrade。

如图2.3所示，与碳酸锂贸易网络相比，碳酸锶全球贸易网络中的贸易参与国家（地区）数量更少，部分发达国家与工业强国在其中占据重要地位。由图2.3可知，中国、西班牙、墨西哥等在碳酸锶全球贸易网络中占据重要地位。在碳酸锶贸易网络中，它们与其他国家（地区）的联系更为紧密。碳酸锶全球贸易网络在2012—2021年间发生了一定变化，主要出口国家由墨西哥和中国转变为德国和美国。

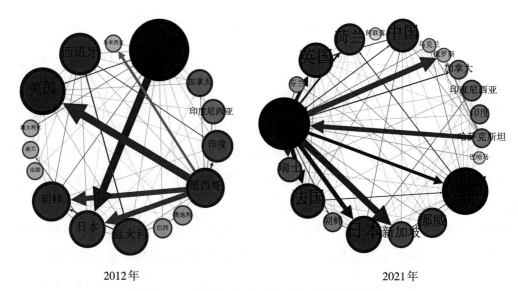

| | 2012年 | 2021年 |

图2.3 2012年与2021年碳酸锶全球贸易网络结构

数据来源：UN Comtrade。

如表2.2所示，相较于碳酸锂全球贸易网络，碳酸锶贸易网络无论是出口国家（地区）数量还是进口国家（地区）数量都比较少。这是因为全球锶矿资源分布集中度较高，可采矿产资源集中在墨西哥、西班牙等少数几个国家。同时，锶矿产品在各个领域用量不大，主要作为添加剂，存在可替代产品。这也导致碳酸锶全球贸易无论进口还是出口都相对集中。除2021年国际贸易因新冠疫情影响波动较大以外，10年来，碳酸锶贸易参与国家（地区）数量趋于稳定，进出口国家比例约为2.7：1。

表2.2 2012—2021年碳酸锶进出口国家（地区）数

单位：个

年份	2012	2013	2014	2015	2016	2017	2018	2019	2020	2021
出口国家（地区）数	26	27	27	27	25	26	20	24	24	22
进口国家（地区）数	67	73	74	69	72	70	68	67	65	52

数据来源：UN Comtrade。

图2.4展示了2012—2021年碳酸锶全球贸易网络的节点数量、关系数量和平均度数。10年来，碳酸锶贸易网络参与国家（地区）数量总体呈现小幅上升趋势，只在2015年和2021年出现大幅下降。各个国家（地区）之间贸易关系数在2017年出现暴涨，由2016年的203条涨至2017年的263条，之后又相对平稳。这表明碳酸锶贸易网络越来越紧密，各个国家（地区）选择多元化进口与出口以分散风险。

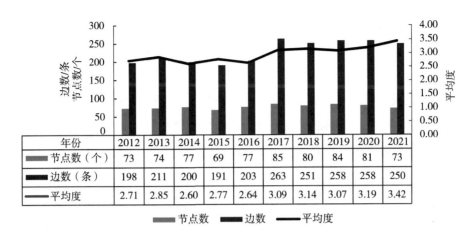

图2.4 碳酸锶贸易网络节点、边与平均度

数据来源：UN Comtrade。

年份	2012	2013	2014	2015	2016	2017	2018	2019	2020	2021
节点数（个）	73	74	77	69	77	85	80	84	81	73
边数（条）	198	211	200	191	203	263	251	258	258	250
平均度	2.71	2.85	2.60	2.77	2.64	3.09	3.14	3.07	3.19	3.42

如图2.5所示，在金属铍全球贸易网络中，少数资源丰度较高的国家（地区）与尖端工业发达的国家（地区）在其中占据重要位置。从2012年到2021年，铍矿全球贸易网络变化不大，美国始终占据绝对中心地位。这是因为美国的铍生产量大约占世界总产量的89%；英国、法国、德国、中国、日本、俄罗斯等作为主要进口国家（地区），在贸易网络中的地位仅次于美国。10年来，铍金属国际贸易基本保持以美国为主，其余重要经济体共同发展的格局。总体而言，铍金属产品作为军工、航天、医药等领域的重要原料，其重要性一直未减，在国际稀有金属贸易中占据重要地位。

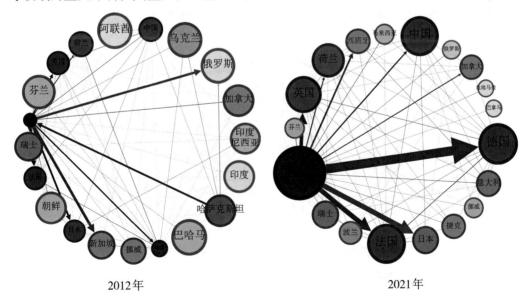

图2.5 2012年与2021年铍及其制品全球贸易网络结构

数据来源：UN Comtrade。

如表2.3所示，在铍及其制品全球贸易网络中，无论是出口国家（地区）数量还是进口国家（地区）数量都比较少，其整体情况与碳酸锶相仿。这是因为全球铍矿资源分布不均，可开采矿床稀少，主要分布在美国和中国；而且铍及其制品在各领域的用量不大，主要应用领域为核工业、航天工业等高端制造业，只有少数科学技术较为发达的国家才有大量需求，导致铍及其制品的进口和出口都相对集中。10年来，除2021年国际贸易因新冠疫情影响波动较大以外，铍金属进出口国家（地区）数量趋于稳定，进出口国家（地区）比例约为2∶1。

表2.3 2012—2021年铍及其制品进出口国家（地区）数

单位：个

年份	2012	2013	2014	2015	2016	2017	2018	2019	2020	2021
出口国家（地区）数	28	33	28	32	29	35	35	40	31	30
进口国家（地区）数	62	66	62	60	62	60	62	65	54	46

数据来源：UN Comtrade。

图2.6展示了2012—2021年铍及其制品全球贸易网络的节点数量、关系数量和平均度数。10年来，参与铍矿贸易的国家（地区）数量在70～80个之间波动，总体较为稳定。除受新冠疫情影响外，各个国家（地区）之间的往来逐渐增强，贸易网络参与国家（地区）之间联系更加紧密，由2012年的250条贸易关系增加到2015年的347条贸易关系，最终稳定在2019年的292条。平均度数变化趋势与贸易关系数量变化趋势基本保持一致，表示近年来铍矿贸易网络的聚集性有所上升。

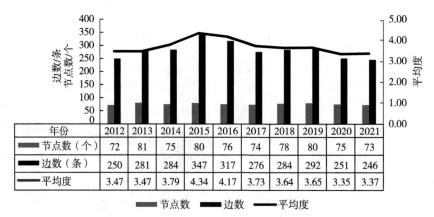

年份	2012	2013	2014	2015	2016	2017	2018	2019	2020	2021
节点数（个）	72	81	75	80	76	74	78	80	75	73
边数（条）	250	281	284	347	317	276	284	292	251	246
平均度	3.47	3.47	3.79	4.34	4.17	3.73	3.64	3.65	3.35	3.37

图2.6 铍矿贸易网络节点、边与平均度

数据来源：UN Comtrade。

如图2.7所示，在铌钽钒矿石及其废碎料的贸易网络中，贸易参与国家（地区）数量与铍矿贸易网络相仿，占据重要地位的是少数资源禀赋好的国家（地区）和部分工业制造大国。与2012年相比，2021年铌钽钒矿贸易格局发生了较大变化；2012年，以英国和中国为中心，美国、南非、泰国、卢旺达为主要贸易参与国，到2021年，贸易中心变得更加多元，贸易参与国家（地区）之间联系也更加紧密。

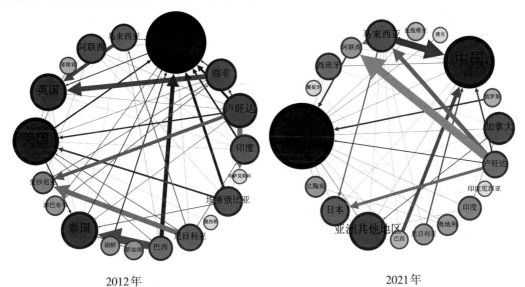

2012年　　　　　　　　　　　　　　2021年

图2.7　2012年与2021年铌钽钒矿石及其废碎料全球贸易网络结构

数据来源：UN Comtrade。

如表2.4所示，与碳酸锶和铍矿贸易网络相比，铌钽钒矿贸易网络在进口国家（地区）的数量上相仿，但出口国家（地区）的数量明显较多。这是因为全球铌钽钒矿资源分布相对广泛，虽然主要分布于巴西、加拿大、美国、刚果、澳大利亚和中国等国家，但在其他国家（地区）同样存在。该矿产品多用于航空航天、合金、超导等领域，只有少数科学技术较为发达的国家（地区）才有大量需求，导致铌钽钒矿的进口相对集中。10年来，除2021年国际贸易因新冠疫情影响波动较大以外，铌钽钒矿进出口国家（地区）数量趋于稳定。

表2.4　2012—2021年铌钽钒矿石及其废碎料进出口国家（地区）数

单位：个

年份	2012	2013	2014	2015	2016	2017	2018	2019	2020	2021
出口国家（地区）数	45	42	40	39	46	45	46	49	44	33
进口国家（地区）数	61	57	57	63	55	61	64	51	55	41

数据来源：UN Comtrade。

图2.8展示了2012—2021年铌钽钒矿全球贸易网络的节点数量、关系数量和平均度数。10年来，铌钽钒矿进出口贸易的国家（地区）数量在84～95个之间波动，总

体较为稳定；2012年达到顶峰94个国家（地区），近年来逐步稳定在90个左右。除2020年受新冠疫情影响外，各个国家（地区）贸易关系较为稳定，贸易往来关系始终稳定在270条左右。就平均度而言，平均每个节点都与其他两三个节点存在贸易往来；自2012年以来，平均度稳定在3左右，与其贸易参与国家（地区）的数量变化基本趋势保持一致。

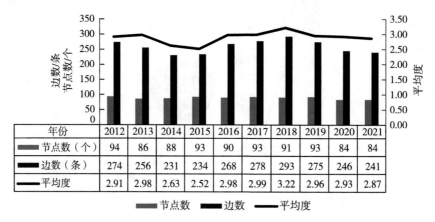

年份	2012	2013	2014	2015	2016	2017	2018	2019	2020	2021
节点数（个）	94	86	88	93	90	93	91	93	84	84
边数（条）	274	256	231	234	268	278	293	275	246	241
平均度	2.91	2.98	2.63	2.52	2.98	2.99	3.22	2.96	2.93	2.87

■ 节点数　■ 边数　— 平均度

图2.8　铌钽钒矿石及其废碎料贸易网络节点、边与平均度

数据来源：UN Comtrade。

由图2.9可以看出，在锆矿石及其精矿的贸易网络中，大额贸易仅存在少数几个国家之间。其中，中国为最主要的进口国，澳大利亚和南非为最主要的出口国。这是

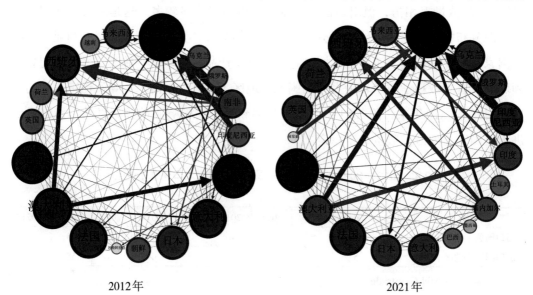

2012年	2021年

图2.9　2012年与2021年锆矿石及其精矿全球贸易网络结构

数据来源：UN Comtrade。

因为锆矿主要应用于核工业，中国作为一个核工业大国，锆矿资源却极度短缺，国内需求主要依靠进口，而澳大利亚、南非锆矿资源禀赋优异，但核工业发展水平有限，这就导致3个国家之间锆矿资源的互补行为。与2012年相比，2021年锆矿全球贸易更加集中，主要集中在南非与中国之间。

如表2.5所示，锆矿石及其精矿全球贸易网络进出口国家（地区）数量与铌钽钒矿贸易网络相仿，其资源全球分布有较多相似之处。10年来，除2021年国际贸易因疫情影响波动较大以外，10年来，锆矿全球贸易参与国家（地区）数量趋于稳定，进出口国家（地区）比例约为1.6：1。

表2.5 2012—2021年锆矿石及其精矿进出口国家（地区）数

单位：个

年份	2012	2013	2014	2015	2016	2017	2018	2019	2020	2021
出口国家（地区）数	48	46	47	51	51	51	47	48	48	41
进口国家（地区）数	85	88	83	84	86	87	85	86	78	66

数据来源：UN Comtrade。

图2.10展示了2012—2021年锆矿全球贸易网络的节点数量、关系数量和平均度数。10年来，锆矿全球贸易网络参与国家数量较为稳定，保持在102～118个之间。网络中贸易关系数量变化趋势与节点数量类似，贸易网络较为稳定，其网络平均度比碳酸锂、碳酸锶、铍、铌钽钒等稀有金属明显更高，说明全球锆矿贸易网络更加紧密。

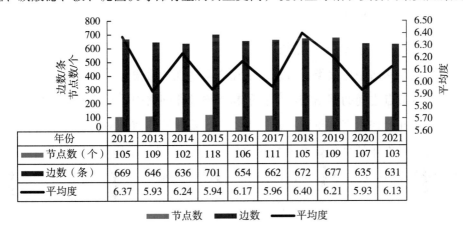

年份	2012	2013	2014	2015	2016	2017	2018	2019	2020	2021
节点数（个）	105	109	102	118	106	111	105	109	107	103
边数（条）	669	646	636	701	654	662	672	677	635	631
平均度	6.37	5.93	6.24	5.94	6.17	5.96	6.40	6.21	5.93	6.13

节点数 ■ 边数 ▬ 平均度

图2.10 锆矿石及其精矿贸易网络节点、边、平均度

数据来源：UN Comtrade。

2.2.2.2 网络密度——国际贸易关系紧密程度

网络密度是衡量网络节点之间关系紧密程度最直观的方法，是网络分析最基本的指标。其含义为一个网络中真实存在的边数和一个网络中可能存在的最大边数的比率。随着网络中关系数量的增加，网络的密集程度和节点间的联系也更加紧密，网络密度也随之提高。其取值范围为0～1，数值越接近1，表示网络内部联系越紧密；数值越接近0，则该网络越稀疏。网络密度计算公式如下：

$$G = \frac{2L}{N(N-1)} \qquad (2.4)$$

图2.11展示了2012—2021年稀有矿产全球贸易网络密度变化趋势。由图2.11可知，在5种稀有矿产中，铌钽钒矿的贸易网络密度最小，在0.03左右波动，贸易网络较为稀疏；碳酸锶和碳酸锂贸易网络密度相对较高，但也仅处于0.04左右，不过近年来有所提高；锆矿贸易网络密度最高，是铌钽钒矿贸易网络密度的两倍，贸易关系相对紧密。

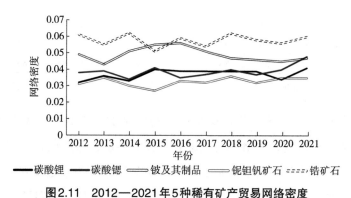

图2.11　2012—2021年5种稀有矿产贸易网络密度

数据来源：UN Comtrade。

2.2.2.3 平均聚类系数——国家近邻间关系

在贸易复杂网络中，聚类系数表示节点之间呈现的聚集程度，表示一个节点与直接相连的所有节点之间的网络密度。在贸易网络整体网络中，平均聚类系数是衡量一个网络节点之间紧密程度的重要指标。平均聚类系数计算值为网络中每个节点聚类系数的平均值。标准化的平均聚类系数的取值范围为0～1，越接近1，说明该网络贸易越紧密，网络成团程度越大；越接近0，则该网络越稀疏。其公式为

$$C = \frac{1}{n} \sum \frac{n}{k_i(k_i-1)} \qquad (2.5)$$

式中，n为与节点i直接相连的节点数量；

k_i为节点i的度数。

如图2.12所示，2012—2021年，5种稀有矿产平均聚类系数相对稳定，波动范围均在0.1以内。平均聚类系数从高到低分别是锆矿、碳酸锂、铍矿、碳酸锶以及铌钽

钒矿。其中，碳酸锂、铍、铌钽钒矿的平均聚类系数10年来较为稳定，分别在0.35、0.35和0.15附近波动；相较于铌钽钒矿，碳酸锂、铍矿贸易网络聚集程度更高。锆矿贸易网络平均聚类系数10年来，只在2020年出现较大波动，可能是由全球新冠疫情对其全球贸易产生的负面影响造成的。

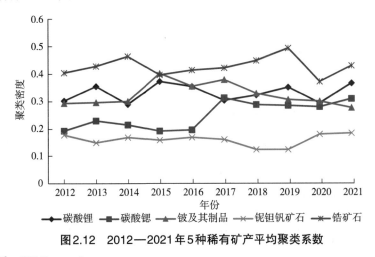

图2.12　2012—2021年5种稀有矿产平均聚类系数

数据来源：UN Comtrade。

2.2.2.4 平均路径长度——贸易传输效率

网络平均路径长度 L 是由两个节点间的平均距离确定的，也就是"特征线"或"平均线"，是指在一个网络中，每对节点之间最短距离的平均值，是衡量网络节点之间沟通效率的重要指标。其数值表示平均每对节点之间需要通过几次"转车"才能相互连接。其公式如下：

$$L = \frac{1}{n(n-1)} \sum_{ij} d_{ij} \qquad (2.6)$$

式中，n 为贸易网络所含节点数量；

d_{ij} 为节点 i 和节点 j 之间的最短距离。

如图2.13所示，10年来，5种稀有矿产的平均路径长度出现小范围下降，但整体较为稳定，贸易效率并不高，波动幅度很小，一直保持在2.5～3之间。在贸易网络中，如果平均路径长度大于3，那么这个贸易网络的效率就比较低；如果小于2，那么它就拥有较高的贸易效率。从这一点来看，5种稀有矿产贸易网络的效率还需要进一步提高。

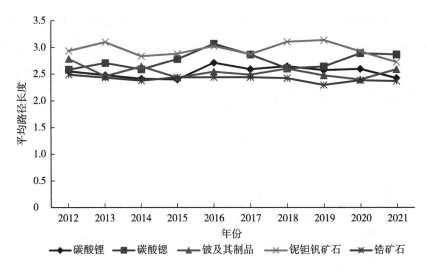

图2.13 2012—2021年5种稀有矿产平均路径长度

数据来源：UN Comtrade。

2.2.3 全球稀有矿产个体贸易网络特征演变分析

世界上各个国家的经济发展水平差距较大，且由于地理位置的原因，稀有矿产资源全球分配不均。这是产生国际贸易的重要原因。本节将分析网络中每个节点的个体指标，用于发掘在网络中发挥重要作用的节点，分析其个体特征，找到贸易网络发生演变的内在原因。本节选用度、加权度及中心性等指标对稀有矿产贸易网络进行个体特征演变分析。

2.2.3.1 度——国家贸易关系数

网络的度表示在一个复杂的网络中所有连接的边数的总和。在国际贸易网络中，度值是指一个国家拥有的直接贸易伙伴数量，可以直观地反映一个国家的国际贸易状况，从而反映出一个国家的经济活动及其直接影响。对度值进行比较，度值越大，表明其直接贸易伙伴越多，该国在该产品上的贸易越活跃，影响力也越大。出口表现为出度，进口表现为入度。

如表2.6与表2.7所示。10年来，碳酸锂国际贸易网络出度排名靠前的国家波动较小，德国、中国和比利时3国一直占据前三位的位置。另外，意大利、美国、荷兰、英国、印度在碳酸锂出口中也十分活跃。这些国家属于碳酸锂资源禀赋较强或者工业基础较好的国家。入度排名前五位的国家10年来基本保持不变，中国、德国、美国和法国等国家一直处于前列。

表2.6 2012—2021年碳酸锂贸易网络出度排名前五位的国家

排名	1	2	3	4	5
2012年	德国	中国	比利时	意大利	美国
2013年	德国	比利时	中国	美国	意大利
2014年	德国	中国	比利时	意大利	美国
2015年	德国	比利时	荷兰	中国	意大利
2016年	德国	比利时	中国	意大利	荷兰
2017年	德国	比利时	中国	意大利	英国
2018年	中国	比利时	德国	英国	意大利
2019年	德国	中国	比利时	荷兰	英国
2020年	中国	比利时	德国	印度	荷兰
2021年	中国	德国	比利时	荷兰	印度

数据来源：UN Comtrade。

表2.7 2012—2021年碳酸锂贸易网络入度排名前五位的国家

排名	1	2	3	4	5
2012年	德国	法国	比利时	中国	美国
2013年	德国	中国	意大利	法国	印度
2014年	德国	韩国	中国	法国	美国
2015年	德国	美国	韩国	印度	俄罗斯
2016年	中国	美国	德国	比利时	韩国
2017年	中国	德国	美国	印度	韩国
2018年	美国	中国	德国	韩国	荷兰
2019年	中国	美国	德国	英国	印度
2020年	德国	印度	俄罗斯	美国	韩国
2021年	中国	美国	德国	韩国	荷兰

数据来源：UN Comtrade。

如表2.8和表2.9所示，10年来，碳酸锶出度排名靠前的国家只在小范围内变动，中国、美国、西班牙等国家占据重要席位，意大利、英国在碳酸锂出口中也十分活跃，这些国家属于碳酸锶资源禀赋较强或者作为全球贸易中心的国家。在碳酸锶入度排名表中，进口国家变化较大，印度、韩国作为主要进口国家的时代已经过去，中国、荷兰后来居上，稳居进口国家前列。

表2.8　2012—2021年碳酸锶贸易网络出度排名前五位的国家

排名	1	2	3	4	5
2012年	中国	西班牙	美国	英国	意大利
2013年	中国	西班牙	美国	英国	意大利
2014年	中国	美国	英国	意大利	西班牙
2015年	中国	英国	意大利	美国	西班牙
2016年	中国	意大利	西班牙	英国	美国
2017年	德国	中国	美国	意大利	英国
2018年	德国	中国	英国	意大利	美国
2019年	德国	中国	意大利	美国	西班牙
2020年	德国	中国	美国	意大利	西班牙
2021年	德国	中国	意大利	西班牙	英国

数据来源：UN Comtrade。

表2.9　2012—2021年碳酸锶贸易网络入度排名前五位的国家

排名	1	2	3	4	5
2012年	韩国	印度	印度尼西亚	德国	中国
2013年	韩国	德国	中国	日本	印度
2014年	韩国	德国	中国	美国	日本
2015年	韩国	德国	中国	瑞士	印度
2016年	韩国	美国	德国	印度	法国
2017年	荷兰	中国	韩国	德国	印度
2018年	中国	荷兰	美国	印度	韩国
2019年	中国	印度	韩国	印度尼西亚	德国
2020年	荷兰	韩国	中国	德国	印度
2021年	荷兰	中国	德国	西班牙	印度

数据来源：UN Comtrade。

如表2.10和表2.11所示，美国、德国和英国始终占据铍及其制品贸易网络出度排名前三位，荷兰、日本在铍及其制品出口中也十分活跃。其中，美国作为全球最大的铍矿产地，是全球铍矿贸易的主要来源国。在铍及其制品入度表中，进口国家波动很大，虽然一直以欧洲国家为主，但中国也逐渐在其中占据一席之地。

表2.10 2012—2021年铍及其制品贸易网络出度排名前五位的国家

排名	1	2	3	4	5
2012年	美国	德国	英国	荷兰	日本
2013年	美国	德国	法国	英国	挪威
2014年	美国	英国	德国	法国	日本
2015年	美国	德国	荷兰	英国	法国
2016年	美国	德国	英国	中国	挪威
2017年	美国	德国	英国	中国	荷兰
2018年	美国	德国	英国	荷兰	法国
2019年	美国	德国	英国	荷兰	中国
2020年	美国	德国	英国	中国	荷兰
2021年	美国	德国	英国	中国	荷兰

数据来源：UN Comtrade。

表2.11 2012—2021年铍及其制品贸易网络入度排名前五位的国家

排名	1	2	3	4	5
2012年	挪威	新加坡	美国	德国	日本
2013年	挪威	美国	德国	新加坡	英国
2014年	挪威	美国	德国	中国	荷兰
2015年	荷兰	挪威	中国	美国	法国
2016年	荷兰	挪威	美国	德国	中国
2017年	荷兰	美国	新加坡	中国	挪威
2018年	美国	荷兰	中国	德国	日本
2019年	美国	中国	荷兰	德国	法国
2020年	美国	德国	中国	波兰	挪威

数据来源：UN Comtrade。

如表2.12和表2.13所示，10年来，铌钽钒矿贸易网络出度排名靠前的国家（地区）基本没有变化，美国、中国、卢旺达、西班牙一直保持在前五位的位置，刚果、德国在铌钽钒出口中也十分活跃，这些国家（地区）或是铌钽钒资源丰富，或是经济体量巨大。在铌钽钒入度表中，主要进口国家（地区）相对稳定，以美国和部分亚洲国家（地区）为主。

表2.12　2012—2021年铌钽钒矿贸易网络出度排名前五位的国家

排名	1	2	3	4	5
2012年	德国	中国	美国	西班牙	卢旺达
2013年	中国	美国	卢旺达	德国	西班牙
2014年	中国	美国	卢旺达	德国	西班牙
2015年	美国	中国	卢旺达	德国	刚果共和国
2016年	美国	德国	中国	卢旺达	西班牙
2017年	美国	卢旺达	中国	刚果共和国	德国
2018年	美国	卢旺达	西班牙	刚果共和国	德国
2019年	美国	卢旺达	西班牙	荷兰	德国
2020年	美国	荷兰	中国	德国	卢旺达
2021年	美国	荷兰	德国	西班牙	中国

数据来源：UN Comtrade。

表2.13　2012—2021年铌钽钒矿贸易网络入度排名前五位的国家（地区）

排名	1	2	3	4	5
2012年	中国	美国	英国	泰国	中国香港
2013年	中国	美国	中国香港	墨西哥	泰国
2014年	中国	美国	中国香港	泰国	印度
2015年	中国	美国	泰国	中国香港	印度
2016年	中国	美国	印度	英国	泰国
2017年	中国	美国	印度	泰国	中国香港
2018年	中国	美国	泰国	马来西亚	印度
2019年	中国	马来西亚	美国	泰国	中国香港
2020年	中国	泰国	马来西亚	美国	中国香港
2021年	美国	中国	荷兰	马来西亚	德国

数据来源：UN Comtrade。

如表2.14和表2.15所示，10年来，锆矿贸易网络出度排名靠前的国家变化较大，主要以部分欧洲国家、非洲国家和南美国家为主。西班牙、意大利、中国与南非等国家占据了重要地位。这些国家属于锆矿资源禀赋较强或者工业基础较好的国家。在锆矿入度表中，排名靠前的进口国家变化很小，锆矿进口主要集中在以中国、美国和荷兰为代表的尖端制造业较为发达的国家。

表2.14 2012—2021年锆矿贸易网络出度排名前五位的国家

排名	1	2	3	4	5
2012年	意大利	西班牙	美国	南非	澳大利亚
2013年	西班牙	美国	意大利	德国	南非
2014年	西班牙	意大利	中国	美国	南非
2015年	西班牙	美国	德国	南非	中国
2016年	西班牙	德国	南非	美国	意大利
2017年	西班牙	南非	德国	美国	意大利
2018年	南非	西班牙	美国	中国	德国
2019年	西班牙	中国	美国	南非	德国
2020年	西班牙	南非	荷兰	意大利	美国
2021年	西班牙	荷兰	美国	中国	意大利

数据来源：UN Comtrade。

表2.15 2012—2021年锆矿贸易网络入度排名前五位的国家

排名	1	2	3	4	5
2012年	中国	印度	美国	意大利	印度尼西亚
2013年	中国	印度	法国	意大利	波兰
2014年	中国	意大利	美国	法国	西班牙
2015年	荷兰	中国	法国	意大利	印度
2016年	中国	荷兰	美国	法国	意大利
2017年	中国	荷兰	法国	印度	意大利
2018年	中国	荷兰	印度	意大利	美国
2019年	中国	荷兰	意大利	法国	印度
2020年	中国	荷兰	意大利	印度	法国
2021年	荷兰	中国	意大利	美国	西班牙

数据来源：UN Comtrade。

2.2.3.2 加权度——贸易额

在贸易网络中，与度相比，加权度指标更为全面。它是在度的基础上，以贸易额为权重，来体现贸易关系之间的不同。节点i的出口加权度计算公式：

$$W_i^{out} = \sum_{j=1}^{n} w_{ij} \tag{2.7}$$

节点i的进口加权度计算公式：

$$W_i^{in} = \sum_{j=1}^{n} w_{ji} \tag{2.8}$$

由表2.16和表2.17可以看出，在对贸易网络的各边进行加权后，可以直观地了解在贸易中处于重要地位、贸易额占有较大份额的国家（地区）。在铌钽钒矿出口贸易中，澳大利亚、刚果（金）、巴西、尼日利亚、卢旺达等铌钽钒矿资源储量丰富的国家（地区）是重要的组成部分，澳大利亚和刚果（金）凭借自身丰富的矿产资源和低廉的出口价格成为全球重要的铌钽钒矿出口国。

在铌钽钒矿需求侧，进口国家（地区）主要是中国、美国、德国等工业较为发达的国家（地区），由于航天航空、超导、原子能等高科技领域需要大量铌钽钒矿石，这些国家（地区）进口需求稳定。

表2.16　2012—2021年铌钽钒矿加权出度排名前五位的国家（地区）

排名	1	2	3	4	5
2012年	澳大利亚	卢旺达	巴西	尼日利亚	刚果（金）
2013年	中国香港	津巴布韦	中国	加拿大	塞拉利昂
2014年	德国	刚果（金）	澳大利亚	新加坡	埃塞俄比亚
2015年	美国	澳大利亚	斯里兰卡	中国香港	尼日利亚
2016年	美国	莫桑比克	埃塞俄比亚	尼日利亚	中国香港
2017年	巴西	中国香港	美国	澳大利亚	布拉格
2018年	莫桑比克	巴西	德国	布拉格	墨西哥
2019年	澳大利亚	巴西	德国	南非	马来西亚
2020年	刚果（金）	刚果（布）	马来西亚	巴西	德国
2021年	卢旺达	马来西亚	刚果（金）	澳大利亚	刚果（布）

数据来源：UN Comtrade。

表2.17　2012—2021年铌钽钒矿加权入度排名前五位的国家（地区）

排名	1	2	3	4	5
2012年	英国	泰国	中国	哈萨克斯坦	中国香港
2013年	哈萨克斯坦	中国香港	比利时	南非	德国
2014年	奥地利	新加坡	瑞士	德国	哈萨克斯坦
2015年	中国香港	哈萨克斯坦	德国	比利时	爱沙尼亚
2016年	中国香港	哈萨克斯坦	墨西哥	爱沙尼亚	印度
2017年	瑞士	德国	比利时	新加坡	爱沙尼亚
2018年	德国	中国香港	沙特阿拉伯	马来西亚	瑞士
2019年	阿联酋	马来西亚	德国	日本	新加坡
2020年	美国	德国	阿联酋	马来西亚	中国香港
2021年	中国	美国	马来西亚	泰国	阿联酋

数据来源：UN Comtrade。

如表2.18和表2.19所示，与铌钽钒矿相比，全球锆矿贸易网络节点更多；锆矿全球供给较为集中，南非、澳大利亚是锆矿国际贸易的主要出口国，南非2021年出口锆矿36 334万美元左右，澳大利亚出口锆矿5 184万美元左右，莫桑比克、印度尼西亚等国家也是全球锆矿的主要供应国之一。在需求侧，中国是最主要的锆矿石及其精矿进口国，进口额高达10.8亿美元，中国锆矿对外依存度较高。西班牙、印度等国家进口额在1亿美元左右，也是重要的进口国。

表2.18　2012—2021年锆矿加权出度排名前五位的国家

排名	1	2	3	4	5
2012年	南非	澳大利亚	印度尼西亚	乌克兰	美国
2013年	澳大利亚	南非	美国	马来西亚	印度尼西亚
2014年	澳大利亚	南非	莫桑比克	乌克兰	俄罗斯
2015年	南非	澳大利亚	塞内加尔	莫桑比克	印度尼西亚
2016年	南非	澳大利亚	塞内加尔	马来西亚	莫桑比克
2017年	南非	澳大利亚	莫桑比克	马来西亚	塞内加尔
2018年	南非	澳大利亚	塞内加尔	美国	马来西亚
2019年	南非	塞内加尔	印度尼西亚	莫桑比克	澳大利亚
2020年	南非	塞内加尔	印度尼西亚	澳大利亚	莫桑比克
2021年	南非	澳大利亚	塞内加尔	莫桑比克	印度尼西亚

数据来源：UN Comtrade。

表2.19　2012—2021年锆矿加权入度排名前五位的国家

排名	1	2	3	4	5
2012年	中国	西班牙	印度	意大利	荷兰
2013年	中国	西班牙	印度	荷兰	意大利
2014年	中国	西班牙	意大利	印度	荷兰
2015年	中国	西班牙	意大利	印度	荷兰
2016年	中国	西班牙	印度	意大利	荷兰
2017年	中国	西班牙	意大利	印度	荷兰
2018年	中国	西班牙	印度	意大利	日本
2019年	中国	西班牙	印度	日本	意大利
2020年	中国	西班牙	印度	意大利	荷兰
2021年	中国	印度	西班牙	意大利	荷兰

数据来源：UN Comtrade。

如表2.20与表2.21所示，美国是全球铍及其制品的主要出口国，其出口额占全球铍矿出口额的90%以上，这是因为现已探明的铍矿主要分布在美国，美国在全球铍矿贸易中占据绝对的优势地位。金属铍的应用范围主要集中在核工业、武器系统、航空航天工业、电子信息系统、汽车行业等现代化工业领域。其主要进口国为俄罗斯、日本、英国、德国、中国等现代工业较为发达的国家。

表2.20　2012—2021年铍及其制品加权出度排名前五位的国家

排名	1	2	3	4	5
2012年	美国	哈萨克斯坦	德国	日本	中国
2013年	美国	哈萨克斯坦	中国	德国	法国
2014年	美国	尼日利亚	中国	哈萨克斯坦	菲律宾
2015年	尼日利亚	美国	中国	哈萨克斯坦	瑞士
2016年	美国	哈萨克斯坦	中国	德国	俄罗斯
2017年	美国	哈萨克斯坦	德国	英国	中国
2018年	美国	哈萨克斯坦	荷兰	法国	英国
2019年	美国	哈萨克斯坦	西班牙	俄罗斯	日本
2020年	美国	哈萨克斯坦	德国	日本	瑞典
2021年	美国	哈萨克斯坦	拉脱维亚	德国	英国

数据来源：UN Comtrade。

表2.21　2012—2021年铍及其制品加权入度排名前五位的国家

排名	1	2	3	4	5
2012年	新加坡	俄罗斯	瑞士	美国	日本
2013年	俄罗斯	日本	新加坡	英国	法国
2014年	印度	比利时	新加坡	挪威	美国
2015年	印度	日本	德国	新加坡	中国
2016年	日本	法国	德国	新加坡	中国
2017年	日本	新加坡	法国	德国	英国
2018年	日本	新加坡	法国	中国	德国
2019年	日本	英国	德国	西班牙	法国
2020年	俄罗斯	日本	新加坡	德国	法国
2021年	新加坡	俄罗斯	美国	德国	法国

数据来源：UN Comtrade。

如表2.22和表2.23所示，全球碳酸锂出口国主要是智利、阿根廷、比利时等富矿国家，以及中国和德国等基础工业较为发达、将锂矿加工为初级锂产品后出口的工业大国，占据全球80%以上锂矿产品的出口。韩国、中国、日本与美国等医疗、电子产品研发较为前沿的国家则为主要进口国。

表2.22 2012—2021年碳酸锂加权出度排名前五位的国家

排名	1	2	3	4	5
2012年	智利	阿根廷	比利时	中国	德国
2013年	智利	阿根廷	比利时	德国	美国
2014年	智利	阿根廷	比利时	德国	中国
2015年	智利	阿根廷	比利时	德国	中国
2016年	智利	阿根廷	比利时	中国	德国
2017年	智利	阿根廷	比利时	德国	中国
2018年	智利	中国	比利时	德国	美国
2019年	智利	中国	比利时	荷兰	德国
2020年	智利	中国	阿根廷	荷兰	比利时
2021年	智利	中国	荷兰	德国	比利时

数据来源：UN Comtrade。

表2.23 2012—2021年碳酸锂加权入度排名前五位的国家

排名	1	2	3	4	5
2012年	韩国	日本	中国	美国	比利时
2013年	韩国	中国	美国	比利时	日本
2014年	韩国	中国	日本	美国	德国
2015年	韩国	美国	日本	中国	比利时
2016年	日本	中国	韩国	比利时	美国
2017年	中国	日本	韩国	比利时	美国
2018年	韩国	日本	比利时	中国	美国
2019年	韩国	日本	中国	比利时	美国
2020年	韩国	中国	日本	比利时	德国
2021年	中国	韩国	日本	比利时	美国

数据来源：UN Comtrade。

与碳酸锂相比，碳酸锶使用量不大，运用的领域也较为高端，其进口国主要为美国、日本、韩国等现代科技较为发达的发达国家以及高新技术飞速发展的中国；贸易额也较小，全球每年的贸易额只有千万美元左右；其出口国主要为墨西哥、德国和中国等锶矿资源丰富与矿产冶炼技术较为成熟的工业强国。

表2.24 2012—2021年碳酸锶加权出度排名前五位的国家

排名	1	2	3	4	5
2012年	墨西哥	中国	西班牙	意大利	日本

排名	1	2	3	4	5
2013年	墨西哥	中国	西班牙	意大利	日本
2014年	墨西哥	中国	意大利	日本	西班牙
2015年	墨西哥	中国	马来西亚	日本	意大利
2016年	墨西哥	中国	日本	意大利	荷兰
2017年	德国	墨西哥	中国	日本	意大利
2018年	德国	墨西哥	中国	西班牙	意大利
2019年	德国	墨西哥	中国	日本	西班牙
2020年	德国	墨西哥	西班牙	中国	比利时
2021年	德国	墨西哥	中国	西班牙	阿拉伯

数据来源：UN Comtrade。

表2.25　2012—2021年碳酸锶加权入度排名前五位的国家

排名	1	2	3	4	5
2012年	日本	美国	韩国	马来西亚	比利时
2013年	日本	韩国	美国	伊朗	日本
2014年	日本	美国	韩国	伊朗	德国
2015年	日本	美国	韩国	中国	比利时
2016年	日本	美国	韩国	伊朗	美国
2017年	日本	韩国	美国	中国	意大利
2018年	韩国	日本	中国	美国	意大利
2019年	中国	韩国	美国	日本	印度
2020年	中国	韩国	日本	美国	印度
2021年	中国	日本	美国	意大利	韩国

数据来源：UN Comtrade。

2.2.3.3 中心性——节点重要程度

中心性指标是对中心度指标的标准化处理，取值范围均是0～1，使读者理解起来更加方便。中心性指标一般分为度中心性、接近中心性和中介中心性3类。

（1）度中心性。在贸易网络中，与节点的度数指标相似，度中心性是一种直观描述节点特性的指标。其数值越靠近1，表明该节点与其他节点联系越紧密，越靠近网络中心位置。一个节点的度中心性公式表示为

$$DC_i = \frac{k_i}{N-1} \tag{2.9}$$

式中，k_i为与节点i直接相连的节点数量；

$N-1$ 为网络中单个节点与其他节点可能存在的最大连接数量。

（2）接近中心性。接近中心度是指网络中单个节点与其他节点之间最短距离的总和。接近中心性则是将接近中心度标准化，数学表达为用最短距离之和 $N-1$ 除以接近中心度。其数值越接近1，表明该节点与每个节点的距离越接近，该节点在网络中不受他人控制的能力越强。其公式表述如下：

$$CC_i = \frac{N-1}{\sum\limits_{j=1}^{N} d_{ij}} \tag{2.10}$$

式中，d_{ij} 为网络节点 i 到节点 j 的最短距离，接近中心性取值范围为 0～1。

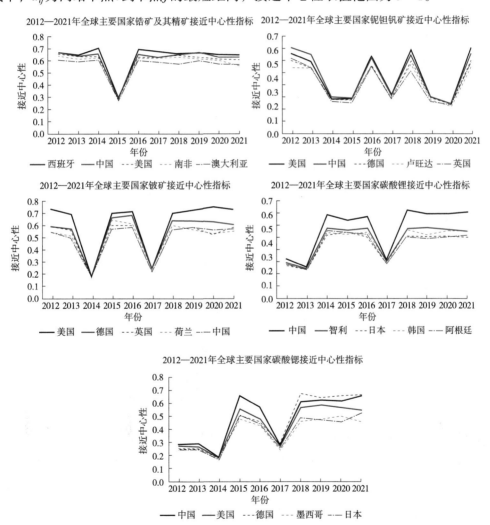

图2.14　2012—2021年全球主要国家稀有金属产品接近中心性指标

数据来源：UN Comtrade。

如图2.14所示，本节选取了每种稀有金属贸易额排名靠前的国家（主要进口国和主要出口国），运用UCINET软件计算其标准化的接近中心度，具体分析各类稀有金属在全球贸易网络中的中心性程度。在锆矿及其精矿贸易网络中，南非、澳大利亚为主要出口国，中国、美国、西班牙为主要进口国，其接近中心性指标均保持在较高水平且变化趋势基本保持一致。西班牙因其贸易体量相对较小，波动幅度稍大。2015年，石油及大宗商品价格下滑，国际金融市场动荡，特别是主要货币汇率大幅波动，导致国际贸易受到冲击，各国接近中心性出现断崖式下跌。铌钽钒矿则主要分布在北美洲、南美洲和非洲，主要出口国却只有非洲国家卢旺达，中国、美国、德国、英国则是机械、能源、航空航天和医疗等铌钽钒矿主要运用领域较为发达的进口国。与锆矿相比，铌钽钒矿接近中心性相对较小，全球贸易网络相对分散，除2015年受大宗商品价格波动的影响外，2017年还受全球地缘政治矛盾加剧、有色金属管制，以及2019年全球新冠疫情的影响而出现较大幅度下降。美国作为全球铍矿主要的产出国与高科技应用最先进的国家，在铍矿产业全球贸易中占领着绝对的控制权；相对来说，中国在这一领域处于弱势地位，铍矿接近中心性指标波动情况与铌钽钒矿类似。碳酸锂、碳酸锶矿产资源全球分布相对分散，中国、美国、智利、阿根廷、墨西哥、日本在其贸易中占据重要地位且中国的接近程度最高，其波动趋势基本与铍矿贸易网络接近中心性波动趋势一致。

（3）中介中心性。中介中心性用来测量网络中某一节点对资源或信息流通的控制程度，指的是一个节点在很大程度上位于网络中任意"点对"的最短路径上。如果一个节点处于多对节点的最短路径上，那么它的中介中心性一般比较高，展现出对整个网络较强的控制能力。中介中心性计算公式如下：

$$BC_i = \frac{\sum_{s \neq i \neq t} \frac{n_{st}^i}{g_{st}}}{(N-1)(N-2)/2} \qquad (2.11)$$

式中，n_{st}^i为节点对s与t之间最短路径中经过节点i的路径数量；

g_{st}为节点对s与t之间最短路径的数量，中介中心性取值范围为0～1。

本节选取2012—2021年各稀有矿产产品贸易额排名前五位的国家，计算其中介中心性。如图2.15所示，在锆矿全球贸易网络中，以西班牙、中国、美国为主的锆矿应用国家对全球锆矿贸易保持着较强的控制力，且其控制力有逐年上升的趋势，而以南非、澳大利亚为主的资源输出型国家在锆矿贸易中的控制力有所不及且呈现逐年下降的趋势。铌钽钒矿全球贸易格局与锆矿相似，中、美两国对铌钽钒矿全球贸易拥有相对更强的控制力，美国的控制力度更为突出且逐年增强。在铍矿国际贸易领域，中国和美国在储量、产量、应用方面均位居世界前列，各国铍矿贸易或多或少都要受中、美两国的影响。在碳酸锂贸易领域，中国拥有较强的控制力，且2018年控制力达到巅峰，随后有所下降。这是因为中国锂矿品相虽然不佳但储备量丰富，且在锂电池等领域，研发与美国、日本、韩国处于世界前沿。相较于日本、韩国等资源输入型国家，中国有着更强的控制能力。在碳酸锶贸易领域中，中国、美国、德国3国拥有较强的控制能力，并且既有储量不小的锶矿，又有最前沿的应用科技；而日本、墨西哥等单纯的资源输入、资源输出国家控制力则明显不足。

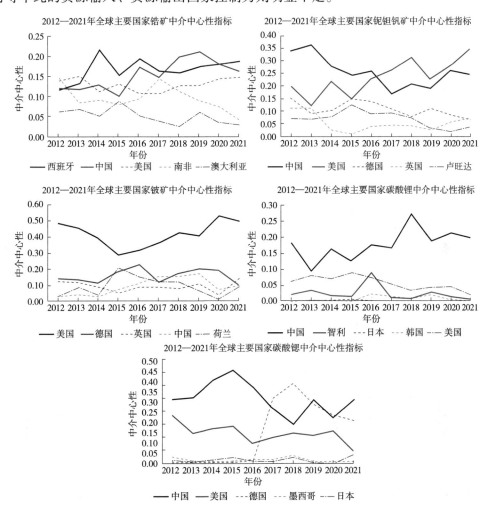

图2.15　2012—2021年全球主要国家稀有金属产品中介中心性指标

数据来源：UN Comtrade。

2.3 全球战略性稀有矿产贸易网络社团格局分析

2.3.1 小团体及特征演变分析

稀有矿产全球贸易网络可以根据不同网络节点之间的联系紧密程度分为若干小型社团。本节通过分析社团划分结构的演变进程，来分析稀有矿产贸易网络格局的历史演变。网络社团是指由网络自身特性分化形成的具有各自特征的子集合，分属不同社团的网络节点之间的联系较为稀疏，同一社团内部网络节点之间的联系较为紧密。因此，本节采用社区探测算法，以各贸易参与国加权度为指标，对其进行社团划分，使用Gephi软件对贸易社团分化结果进行可视化分析。

2.3.1.1 模块度——贸易全球化衡量指标

随着网络模型的广泛应用，社区检测技术迅速发展，Newman提出了模块化的概念，因此能够用一个清晰的评估指标来衡量网络社区的优劣。通过模块化的方法，可以对网络中的社团进行识别。在不同的解析度下，社团划分数量存在较大区别，本节选取的是标准解析度。模块度取值范围为0～1，数值越接近1，网络社团分化现象越明显，分化的社团数量越多；数值越接近0，网络中各节点的地位相对平等，各国之间贸易渠道更加通畅。模块度计算公式如下：

$$Q = \frac{1}{2m} \sum_{ij} \left[W_{ij} - \frac{A_i A_j}{2m} \right] \delta(c_i, c_j) \qquad (2.12)$$

式中，W_{ij} 为国家 i 与国家 j 之间的加权贸易额；

$A_i = \sum_j w_{i,j}$ 为国家 i 与其他所有国家之间的加权贸易额之和；

$A_j = \sum_i w_{j,i}$ 为国家 j 与其他所有国家之间的加权贸易额之和；

$m = \frac{1}{2} \sum_{ij} w_{i,j}$；

c_i 为国家 i 所在社团；

c_j 为国家 j 所在社团，若国家 i 与 j 同属于一个社团，那么 $c_i = c_j$，则 $\delta(c_i, c_j) = 1$，否则 $\delta(c_i, c_j) = 0$。

如图2.16所示，5种不同稀有矿产产品贸易网络的模块度存在较大差异，变化趋势也各不相同。铌钽钒矿贸易网络模块化程度最高且波动较小，说明其社团分化明显，存在较多相互独立且稳定的贸易团体。碳酸锂贸易网络模块化程度最低，但波动较大，说明其只存在很少相互独立的贸易团体，且贸易团体成员变化很大，贸易全球化趋势最明显。碳酸锶与锆矿贸易网络模块度10年来稳定在0.3左右，说明其存在一定的社团划分，且社团成员十分稳定。铍矿贸易网络模块度波动最大，先从2013年的0.1急剧攀升至2014年的0.5，然后从2015年的0.55降至2017年的0.15，最后稳定在0.3左右，说明铍矿社团变化剧烈。这是因为全球铍矿产量非常集中，美国控制着全球80%以上的铍矿产量，其任何关于铍矿贸易政策的变化都会严重影响铍矿全球贸易网络。

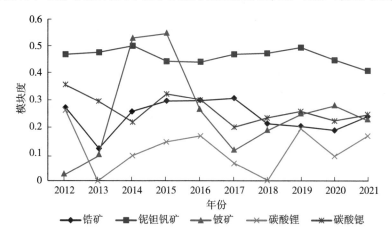

图2.16　2012—2021年5种稀有矿产产品国际贸易网络模块度

数据来源：UN Comtrade。

2.3.1.2 社团个数

如图2.17所示，稀有矿产中碳酸锂、碳酸锶和锆矿的社团个数较为稳定，波动范围在2个以内。铍矿与铌钽钒矿的社团个数波动较大，社团个数分别为3~10个和6~10个。铍矿社团个数在2014年快速增长至10个，在2015年又跌至3个，最后趋于稳定。

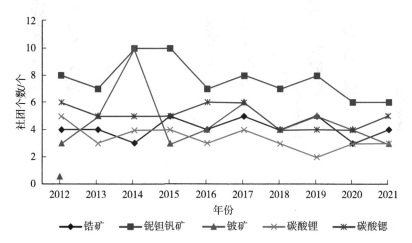

图2.17　2012—2021年5种稀有矿产产品国际贸易网络社团个数

数据来源：UN Comtrade。

2.3.2 贸易社团化分析

下面将进一步观察不同社团内成员数量的变化。社团编号只作为社团数量计量单位，并不代表具体社团。

2.3.2.1 碳酸锂社团分析

根据表2.26可知，碳酸锂贸易网络社团数量相对稳定，主要社团个数为两三个（仅含两个国家或地区的社团不纳入考虑范围），碳酸锂贸易网络社团10年来由3个分化成2个，其成员总数占90%以上。

表2.26 2012—2021年碳酸锂国际贸易网络国家（地区）社团成员数

单位：个

年份	2012	2013	2014	2015	2016	2017	2018	2019	2020	2021
社团1	57	100	18	86	93	2	3	30	101	79
社团2	16	2	64	14	4	42	98	77	14	2
社团3	34	3	26	2	10	60	6	—	2	23
社团4	2	—	2	2	—	2	—	—	—	—
社团5	2	—	—	—	—	—	—	—	—	—

数据来源：UN Comtrade。

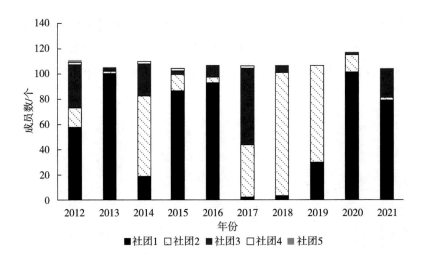

图2.18 2012—2021年碳酸锂国际贸易网络国家（地区）社团成员数变化情况

数据来源：UN Comtrade。

接下来我们以2012年和2021年碳酸锂贸易社团结构网络（图2.19）为依据，分析社团分布演变特征。2012年碳酸锂最大社团是以比利时、德国、意大利、荷兰、英国为首的社团1，占据了全球碳酸锂贸易最大份额，有57个国家（地区），占贸易参与国家（地区）总数的51%；其次是以中国、南非、智利、澳大利亚、西班牙为首的社团2，有34个国家（地区），占总数的31%；最后是以阿根廷、美国、印度尼西亚、新加坡为主要贸易国家的社团3，有16个国家，占贸易参与国家（地区）总数的14%。2021年碳酸锂主要国家（地区）社团由2012年的三个变为两个，但主要贸易成员几乎没有变化，社团1成员数量变多，社团2和社团3主要贸易国家（地区）逐渐融合成一个社团。在两大社团中，社团2和社团3贸易份额最大，主要进口国是中国、美国、日本和韩国，主要出口国是中国、智利、澳大利亚等碳酸锂资源禀赋国家；欧洲社团主要进口国为英国、德国、意大利、法国等发达国家，出口国主要是荷兰、比利时（见表2.27）。

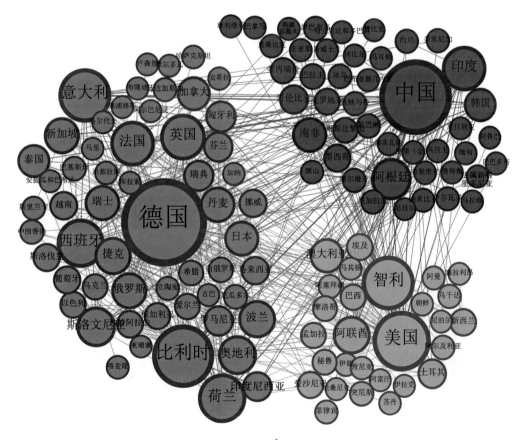

2012年

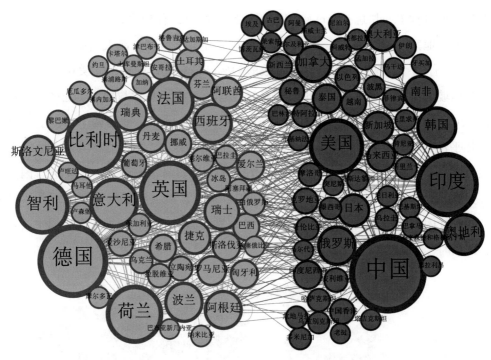

2021年

图2.19　2012年和2021年碳酸锂社团结构网络

数据来源：UN Comtrade。

表2.27　碳酸锂国际贸易网络主要国家社团成员划分情况表

社团	主要出口国家	主要进口国家
社团1	荷兰、比利时	英国、德国、意大利、法国
社团2，社团3	中国、智利、澳大利亚	中国、韩国、美国、日本

数据来源：UN Comtrade。

总体来说，碳酸锂的贸易网络社团划分表现出以下特征：

一是网络社团数量逐年减少，但主要贸易参与国较为稳定，存在一定社团分化现象，总体来说全球化趋势较高；二是贸易网络中重要节点较多，出口和进口都由多个国家（地区）同时把控，不存在某个国家（地区）单独控制网络的现象；三是碳酸锂几大主要出口国分属不同社团，如中国、智利、荷兰、比利时分属不同社团，社团内部成员均能较为自由地进口碳酸锂产品。

2.3.2.2 碳酸锶社团分析

如表2.28所示，碳酸锶社团划分数量比较稳定，社团个数为4～6个，且一半以上社团成方数量较少。10年来，碳酸锶国际贸易社团由6个减到5个。

表2.28 2012—2021年碳酸锶国际贸易网络国家（地区）社团成员数

单位：个

年份	2012	2013	2014	2015	2016	2017	2018	2019	2020	2021
社团1	20	32	37	3	5	31	27	2	29	23
社团2	17	2	12	31	44	43	49	35	48	36
社团3	28	17	24	15	16	2	2	45	2	7
社团4	4	21	2	5	6	5	2	2	2	5
社团5	2	2	2	15	2	2	—	—	—	2
社团6	2	—	—	—	2	2	—	—	—	—

数据来源：UN Comtrade。

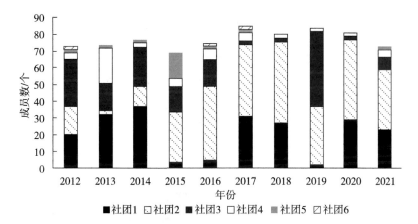

图2.20 2012—2021年碳酸锶国际贸易网络国家（地区）社团成员数变化情况

数据来源：UN Comtrade。

下面以2012年和2021年碳酸锶贸易网络社团分布结构（见图2.21）为依据，分析其10年来社团分布和演化特征。2012年，碳酸锶最大社团是以中国、日本、澳大利亚、巴西为主的亚洲社团，有20个国家（地区），占贸易参与国家（地区）总数的27%；其次是以美国、墨西哥、印度、韩国为主的美—韩社团，有17个国家（地区），占当年贸易参与国家（地区）总数的23%；最后是以英国、意大利、荷兰与西班牙为主要贸易参与国的欧洲社团，有28个国家，占贸易参与国（地区）总数的38%；其余社团参与贸易的国家（地区）数量过少，不予一一分析。与碳酸锂贸易网络相比，碳酸锶贸易网络模块化程度更高，抱团现象更加显著。2021年，碳酸锶主要国家（地区）社团由2012年的3个变为2021年的4个，主要的贸易参与国基本不变，只存在部分国家（地区）在社团间流动，导致社团往不同的方向发展。比如，墨西哥由美洲社团转向亚洲社团，日本由亚洲社团转向欧美社团，西班牙由欧洲社团脱离出来······在四大社团中，中—墨社团和欧美社团贸易份额最大。

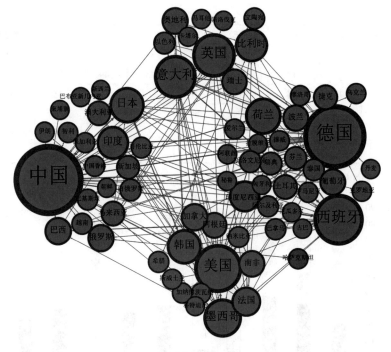

2012年

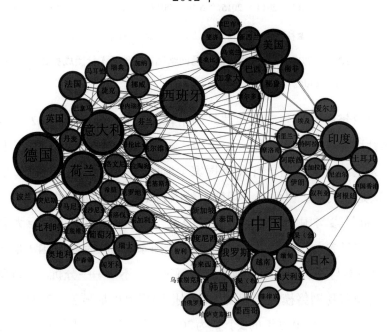

2021年

图2.21　2012年和2021年碳酸锶社团结构网络

数据来源：UN Comtrade。

表2.29 2021年碳酸锶国际贸易网络主要国家社团成员划分情况

社团	主要出口国家	主要进口国家
中—墨社团	中国、巴西、墨西哥	中国、俄罗斯、马来西亚
欧美社团	意大利、荷兰、奥地利	美国、德国、英国
印—比社团	比利时	印度
西班牙社团	西班牙	韩国

数据来源：UN Comtrade。

总体来说，碳酸锶贸易网络社团划分表现出以下两个特征：一是主要贸易社团数量发生小范围变动，主要贸易参与国较为稳定，社团分化更加显著，抱团现象更加明显；二是碳酸锶的出口主要受少数资源禀赋国家的影响，而进口则主要受现代科技发达国家的影响，以少数国家为主导力量。

2.3.2.3 铍矿社团分析

如表2.30所示，在铍矿贸易网络中，主要国家（地区）社团个数在2012—2021年间总体变化不大，社团个数为3～5个，只有2014年分化出了10个社团，但大多数社团只有两个国家（地区），对社团分析来说影响不大。总体而言，近10年来，铍矿全球贸易网络社团分化变动不大，社团间差异不明显。

表2.30 2012—2021年铍矿国际贸易网络国家（地区）社团成员数

单位：个

年份	2012	2013	2014	2015	2016	2017	2018	2019	2020	2021
社团1	61	58	2	52	51	51	54	53	63	61
社团2	8	15	48	24	3	10	16	13	2	5
社团3	3	2	9	4	19	3	6	5	8	7
社团4	—	2	2	—	3	5	2	7	2	—
社团5	—	4	4	—	—	2	—	2	—	—
社团6	—	—	2	—	—	3	—	—	—	—
社团7	—	—	2	—	—	—	—	—	—	—
社团8	—	—	2	—	—	—	—	—	—	—
社团9	—	—	2	—	—	—	—	—	—	—
社团10	—	—	2	—	—	—	—	—	—	—

数据来源：UN Comtrade。

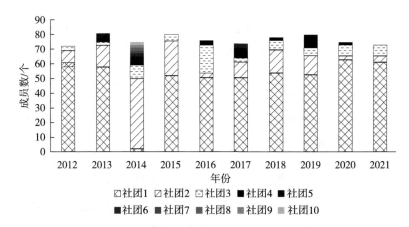

图2.22 2012—2021年铍矿国际贸易网络国家（地区）社团成员数变化情况

数据来源：UN Comtrade。

由图2.23可以看出，2012年铍矿贸易网络形成了"一大两小"的社团格局，最大社团是由美国、德国、英国、中国、荷兰、日本、新加坡等众多经济发展较快的国家组成的大型社团，共包括61个国家（地区），占铍贸易参与国家（地区）总数的85%。10年来，铍矿贸易网络社团分化变化不大，还是"一大两小"的格局，主体国家几乎没有变化，贸易网络十分稳定。主要变化是巴西、印度退出主要社团，加入挪威社团。在第一社团中，主要出口国为中国、美国、加拿大，主要进口国为日本、德国、新加坡，占据铍矿全球贸易额的80%以上，铍矿贸易网络整体呈现全球化特征。

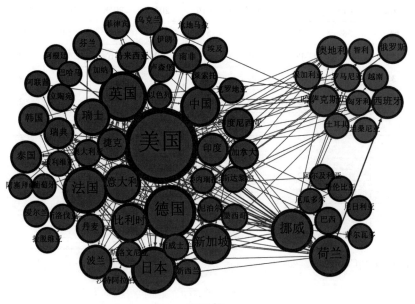

2012年

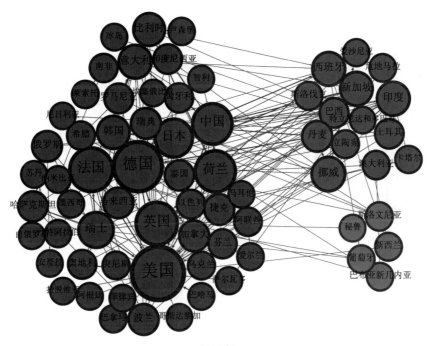

2021年

图2.23　2012年和2021年铍矿社团结构网络

数据来源：UN Comtrade。

表2.31　2021年铍矿国际贸易网络主要国家社团成员划分情况

社团	主要出口国家	主要进口国家
中美德日	中国、美国、加拿大	日本、德国、新加坡
挪威社团	挪威、巴西	印度、丹麦、泰国
俄罗斯社团	俄罗斯、哈萨克斯坦	波兰、俄罗斯

数据来源：UN Comtrade。

总体来说，铍矿贸易网络社团划分表现出以下两个特征：一是铍矿贸易网络逐渐趋向全球化，由中国、美国、德国、日本、巴西等资源禀赋强或应用技术强的国家占据控制地位；二是铍矿贸易网络社团的划分受地理因素的影响较大，两个国家（地区）之间的地理距离是社团划分的重要影响因素。

2.3.2.4 铌钽钒矿社团分析

由图2.24可以看出，铌钽钒矿贸易网络社团划分在2012—2021年间变化较大，如表2.32所示，主要贸易社团个数为4～6个。从铌钽钒矿社团变化可知，其社团分化明显，特定社团相对稳定，部分社团经历了分化重组的现象。总体来说，铌钽钒矿贸易网络小团体现象显著，全球化程度不高。

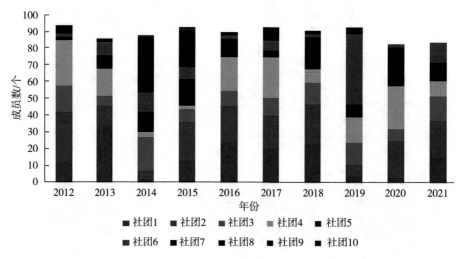

图2.24　2012—2021年铌钽钒矿国际贸易网络国家（地区）社团成员数变化情况

数据来源：UN Comtrade。

表2.32　2012—2021年铌钽钒矿国际贸易网络国家（地区）社团成员数

单位：个

年份	2012	2013	2014	2015	2016	2017	2018	2019	2020	2021
社团1	12	33	2	13	24	20	23	4	3	15
社团2	30	13	5	23	22	20	24	7	22	22
社团3	16	6	20	8	9	11	13	13	7	15
社团4	27	16	3	2	20	24	8	15	26	9
社团5	2	8	12	16	11	4	19	8	23	11
社团6	2	8	12	7	2	6	2	42	2	12
社团7	3	2	23	15	2	6	2	2	—	—
社团8	2	—	7	5	—	2	—	2	—	—
社团9	—	—	2	2	—	—	—	—	—	—
社团10	—	—	2	2	—	—	—	—	—	—

数据来源：UN Comtrade。

从贸易社团结构网络（见图2.25）中可以看出，铌钽钒矿国际贸易网络主要分为4个社团，首先是以中国、美国为主要贸易参与国家（地区）的中—美社团，印度、韩国、日本、印度尼西亚等中亚、东亚、南亚国家也是其重要参与国；其次是以英国、南非、澳大利亚为主的英—澳社团；再次是西班牙、德国、巴西引领的社团，涵盖泰国、墨西哥等国家；最后是以法国、卢旺达为主的社团，其涵盖了意大利、比利时等国家。10年来，铌钽钒矿贸易社团经历了较大的分化与重组，美国加强了与英国、比利时、土耳其等欧洲国家以及澳大利亚、乌克兰的贸易联系，中国则加深了与非洲、南美洲部分资源禀赋较强的国家以及德国的贸易联系，西班牙则与日本、卢旺达、意大利等形成了新的社团。

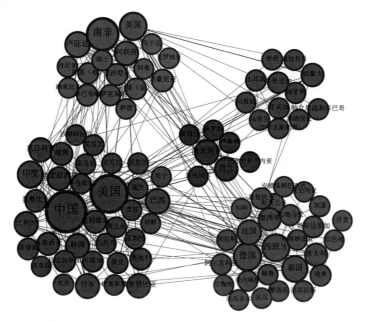

2012年

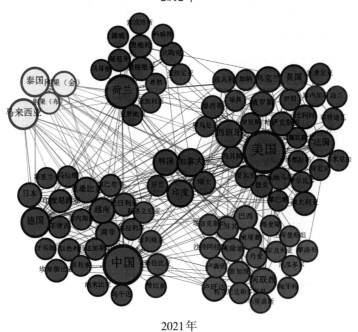

2021年

图2.25　2012年和2021年铌钽钒矿社团结构网络

数据来源：UN Comtrade。

表2.33　2021年铌钽钒矿国际贸易网络主要国家社团成员划分情况

社团	主要出口国家	主要进口国家
欧美社团	比利时、澳大利亚、墨西哥	美国、英国、乌克兰
中—德社团	巴西、刚果（金）、尼日利亚	中国、德国
加—印社团	加拿大、芬兰	印度、韩国、瑞士
西班牙社团	卢旺达、阿联酋、西班牙	日本、意大利、丹麦
马来西亚社团	刚果、捷克	马来西亚、泰国
荷兰社团	荷兰、奥地利	克罗地亚、拉脱维亚

数据来源：UN Comtrade。

总体来说，铌钽钒矿贸易网络社团划分表现出以下两个特征：一是铌钽钒矿社团分化变化明显，由4个主要社团逐渐分化为6个主要社团，社团内部交易密切，贸易抱团程度提高；二是更多国家（地区）采取多元进出口模式，多数贸易参与国家（地区）出入度较高，说明这些国家（地区）放开了贸易限制，在社团内部采取了多元进出口贸易模式。

2.3.2.5　锆矿社团分析

由图2.26可以看出，锆矿贸易网络社团划分在2012—2021年间发生较大变化，如表2.34所示，主要社团个数为3～4个。从锆矿社团数量变化可知，其主要社团内部成员相对稳定，但部分社团经历了分化重组的现象，由4个主要社团分化为3个主要社团。总体来说，锆矿贸易网络小团体现象显著，全球化程度不高。

表2.34　2012—2021年锆矿国际贸易网络国家（地区）社团成员数

单位：个

年份	2012	2013	2014	2015	2016	2017	2018	2019	2020	2021
社团1	38	11	75	37	25	20	66	23	58	34
社团2	25	28	9	32	47	32	16	58	31	12
社团3	17	14	18	18	12	12	15	20	18	7
社团4	25	2	—	29	22	32	8	2	—	50
社团5	—	—	—	2	—	15	—	6	—	—

数据来源：UN Comtrade。

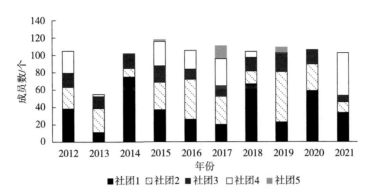

图2.26 2012—2021年锆矿国际贸易网络国家（地区）社团成员数变化情况

数据来源：UN Comtrade。

从图2.27中可以看出，2012年锆矿全球贸易网络主要划分为4个社团，首先是以中国、南非、西班牙为主要贸易参与国家（地区）的中—西社团，主要包括韩国、印度尼西亚、巴西、比利时、泰国、马来西亚等国家（地区）；其次是以德国、日本、俄罗斯、乌克兰、荷兰为首的欧亚等国家（地区）；然后是美国、英国引领的社团，主要涵盖美洲及少数欧洲国家；第四社团则主要包括法国、澳大利亚、意大利、印度等国家（地区）。近年来，锆矿全球贸易经历了社团划分到全球化的历程，其间，德国社团进行了拆分，德国、乌克兰、荷兰等原主要贸易国家加入美国社团，导致美国社团急速膨胀；原属澳大利亚社团的法国、意大利则加入中国—南非社团，中国—南非社团力量也有所加强；剩余澳大利亚、韩国、印度、马来西亚、阿联酋等形成另外的小团体。总体来说，锆矿贸易社团数量虽然有所减少，但是抱团现象越发明显。

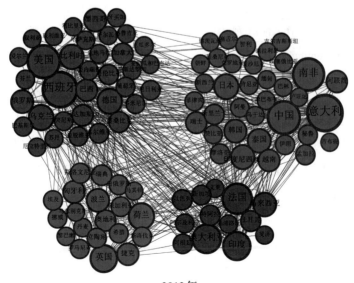

2012年

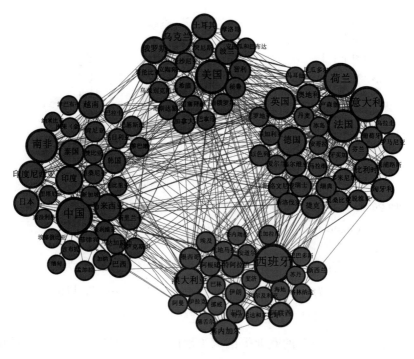

2021年

图2.27　2012年和2021年锆矿社团结构网络

数据来源：UN Comtrade。

表2.35　2021年锆矿国际贸易网络主要国家社团成员划分情况

社团	主要出口国家	主要进口国家
美国社团	乌克兰、荷兰、比利时、俄罗斯	美国、德国、西班牙
中国—南非社团	中国、南非、意大利	法国、日本、英国、印度尼西亚
澳大利亚社团	澳大利亚、阿根廷	阿联酋、马来西亚、印度

数据来源：UN Comtrade。

　　总体而言，锆矿贸易网络社团划分表现出以下两个特征：一是锆矿贸易网络社团分化程度较高，由主要的三四个社团构成，虽然全球范围内主要贸易国家基本稳定，但部分主要贸易参与国在不同社团之间流动，有逐渐融合的趋势；二是锆矿贸易网络社团内部国家（地区）都是地理距离较近的国家，说明全球锆矿贸易可能受运输成本或运输方式的影响。

2.4 全球战略性稀有矿产贸易格局影响因素的QAP分析

前文对稀有矿产贸易网络2012—2021年的拓扑结构演化特征进行了分析研究，发现贸易参与国贸易伙伴数量与赋予贸易额为权重的贸易关系是稀有矿产贸易网络结构及其节点中心性变化的直接原因。通过对稀有矿产贸易网络社团分化及其演变特征进行研究，发现地理距离是使一些国家始终保持在同一社团结构中、贸易往来密切的因素之一。本节将使用网络分析中的QAP分析方法，对5种稀有矿产国际贸易网络演变背后的影响因素进行深入探讨。

2.4.1 QAP分析介绍

在运用常规多元回归统计分析方法进行回归分析时，通常要求自变量之间是相互独立、不存在相关关系的，否则自变量之间会产生多重共线性，进而影响参数估计的方差和标准差，甚至使回归结果不显著。但是，贸易网络属于关系数据，自变量之间通常不是相互独立的。在UCINET中有很多基于置换的检验方法，它们可以对关系数据进行假设检验而无须考虑变量之间的相关性问题，QAP分析方法就是其中常用的一种。

QAP（quadratic assignment procedure）二次指派程序，是一种对两个方阵中各个元素的相似性进行比较的方法。其通过对方阵的各个元素进行相似性比较，计算出两个关系矩阵之间的相关系数，并对所得相关系数进行非参数检验。它的基础是对矩阵内部数据进行置换，以解除多重共线性的影响。本节将先对稀有矿产贸易网络及其影响因素进行QAP相关性分析，如果自变量与因变量之间存在相关关系，则进一步进行回归分析。

QAP相关分析与回归分析计算过程分为三步。

首先，计算因变量矩阵与自变量矩阵之间的相关系数。

其次，仅对其中单个自变量矩阵的行和对应的列同时进行随机置换（而不仅置换行或者列，否则会破坏原始数据），计算置换后的自变量矩阵与因变量矩阵之间的相关系数，保存计算结果；对上述置换行为重复数千次将得到该自变量与因变量的一个相关系数分布，计算随机置换数千次所得相关系数大于或等于第一步计算所得相关系数的比例。

最后，比较第一步计算出来的实际观察到的相关系数与随机重排计算出来的相关系数的分布，观察所得相关系数是落入拒绝域还是接受域，进而做出判断。

2.4.2 影响因素的选取和模型构建

前文从整体网与个体网两个角度，选取了一系列相关指标对全球稀有矿产贸易网络格局进行分析，并研究了其贸易格局演变的进程；接下来将对全球贸易网络格局发生变化的内在原因进行探索。

2.4.2.1 影响因素的选取

（1）被解释变量的选取。经过对全球稀有矿产各类金属贸易网络的统计分析，发现5种稀有矿产产品贸易网络均较为集中。每种矿产历年贸易总额的99%集中在贸易额排名前三十位的国家中，其余国家贸易额很小。本节将选取每种稀有矿产贸易额排名前三十位的国家之间的贸易网络作为研究对象，防止在QAP回归分析中因网络稀疏导致回归结果出现偏差。同时，分别选取2012年、2017年和2021年3年的贸易数据作为QAP分析的被解释变量。

（2）解释变量的选取。影响贸易网络的因素众多，根据现有相关研究介绍与贸易引力模型，本节选取了经济规模、地理距离、共同语言因素、专利技术因素、贸易制度因素5个指标作为影响稀有矿产贸易网络的自变量。其中，经济规模用两国之间的GDP差额表示；地理距离用两国首都间的直线距离表示；共同语言因素用两国是否拥有共同官方语言表示；专利技术因素用两国当年申请通过的专利数量差额表示；贸易制度因素以各国参加的自由贸易协定总数表示。各贸易参与国的GDP和专利数量原始数据可从世界银行统计数据库获取；地理距离、共同语言的原始资料来自CEPII网站；自由贸易协定数据来自WTO网站。

2.4.2.2 模型的构建

本节选取2012年、2017年和2021年3年时间里，5种稀有矿产贸易网络排名前三十位的国家之间的贸易网络为研究对象，将稀有矿产加权贸易网络 $W(t)$ 作为被解释变量，t 代表年份，以GDP、地理距离、共同语言、专利数量和贸易组织数量5个影响因素矩阵数据作为解释变量构建QAP模型，模型公式为

$$W(t) = \sigma_0 + \sigma_1 GDP + \sigma_2 Dist + \sigma_3 Lang + \sigma_4 Patent + \sigma_5 RTA \qquad （2.13）$$

式中，$W(t)$ 为稀有矿产无向加权贸易网络矩阵；

GDP 为两国经济规模差值（取绝对值）矩阵；

$Dist$ 为两国首都直线距离矩阵；

$Lang$ 为两国是否拥有共同官方语言二值矩阵，两国之间存在共同官方语言时，节点值为1，两国之间无共同官方语言时节点值为0；

Patent 为国家间专利数量差值（取绝对值）矩阵；

RTA 为两国参与自由贸易协定的总数。

由于各类变量数据的数量级差距较大，故本节对相关矩阵数据预先进行取对数处理。

2.4.3 QAP分析结果及结论

2.4.3.1 QAP相关性分析

如表2.36所示，使用UCINET软件，对2012年、2017年和2021年稀有矿产贸易网络影响因素矩阵进行5 000次随机置换，得到各个指标数据矩阵与贸易网络矩阵的相关系数和对应的统计P值。

表2.36　稀有矿产国际贸易网络影响因素QAP相关性分析结果

稀有金属种类	年份	GDP指标	地理距离指标	专利指标	贸易自由度指标	语言指标
锆矿	2012	0.23***	−0.274***	0.246**	0.215*	0.12**
	2017	0.262***	−0.243***	0.251**	−0.081	0.143**
	2021	0.258***	−0.27***	0.228**	0.074	0.11**
铌钽钒矿	2012	0.282***	−0.023	0.312***	−0.058	0.174***
	2017	0.257***	−0.061	0.258***	−0.073	0.139**
	2021	0.28***	−0.065	0.302***	−0.097	0.096*
铍矿	2012	0.377***	−0.212**	0.388***	0.094	0.102*
	2017	0.419***	−0.173**	0.392***	0.074	0.105*
	2021	0.407***	−0.151*	0.371***	0.048	0.133**
碳酸锂	2012	0.203**	−0.252***	0.253**	0.053	0.143**
	2017	0.244***	−0.256***	0.254**	0.001	0.153***
	2021	0.303***	−0.308***	0.266**	0.099	0.187***
碳酸锶	2012	0.233***	−0.187**	0.372***	0.084	0.103*
	2017	0.337***	−0.233***	0.410***	0.159	0.081
	2021	0.261**	−0.242***	0.311**	0.222**	0.03

注：***指 $p<0.01$，**指 $p<0.05$，*指 $p<0.1$。

通过表2.36可以看出，*GDP*、专利数量和共同语言3个变量与贸易网络之间为正相关关系，并且其结果统计意义上显著，与预期假设相符。具体来说，国内生产总值差值矩阵（*GDP*）与稀有矿产产品贸易网络矩阵之间的相关系数均在0.2以上，铍矿的相关系数甚至在0.4左右；且除2012年碳酸锂和2021年碳酸锶的显著性水平在 $P<0.05$ 区间以内，其余产品的显著性水平均在 $P<0.01$ 区间内，表明经济规模差距与稀有矿产贸易网络在统计意义上存在相关关系。这种相关性呈现范围稳定的态势。因此，一个国家GDP数值越大，其在全球稀有矿产贸易网络中的地位就越高。专利数量与稀有矿产贸易网络的相关系数除锆矿外均维持在0.3以上，锆矿的相关系数也达到0.2以上，且显著性水平均在 $P<0.05$ 区间内，可见专利数量越多的国家越倾向于开展稀有矿产进出口贸易活动。共同语言与稀有矿产贸易网络之间的相关系数大多在0.1以上，相关系数的值比较平稳，但在碳酸锶产品上表现为不显著。由此说明，国家间拥有共同官方语言，在一定程度上会避免稀有矿产贸易过程中的语言沟通障碍，能够降低贸易成本，从而促进彼此间的贸易往来。

另外，地理距离与贸易网络之间的相关系数为负，且相关系数在同一产品内较稳定，在不同产品间表现出一定差距，总体来说相关系数在0.15～0.3之间；且除铌钽钒矿外相关性显著，可见国家间的地理距离与其贸易关系之间是相关联的，为负相关。贸易自由度指标与稀有矿产贸易之间的相关系数变化较大，且均未通过10%的显著性检验，因此不具备统计意义，在这里不过多讨论。

2.4.3.2 QAP回归分析

下面使用UCINET对2012年、2017年和2021年各稀有矿产产品加权贸易网络逐年进行QAP回归分析，并选取随机置换2 000次，回归结果如表2.37所示。

表2.37　稀有矿产国际贸易网络影响因素QAP回归结果

稀有金属种类	年份	GDP指标	语言文化指标	地理距离指标	专利数量指标	贸易自由度指标	R^2	$Adj-R^2$
锆矿	2012	0.111	0.130 **	−0.223 ***	0.168	0.136	0.173	0.163
	2017	0.154 *	0.135 **	−0.249 ***	0.134	−0.01	0.153	0.143
	2021	0.210 **	0.099 *	−0.29 ***	0.064	−0.036	0.154	0.144
铌钽钒矿	2012	0.088	0.159 ***	−0.072	0.246 **	−0.082	0.136	0.126
	2017	0.128	0.111 **	−0.132 **	0.161 *	−0.130	0.108	0.097
	2021	0.096	0.062	−0.159 ***	0.236 **	−0.178 **	0.132	0.122
铍矿	2012	0.035 **	0.091	−0.255 ***	0.276 **	0.054	0.257	0.248
	2017	0.286 ***	0.084	−0.212 ***	0.209 *	0.054	0.251	0.243
	2021	0.292 **	0.10 **	−0.195 ***	0.182 *	−0.038	0.232	0.223
碳酸锂	2012	0.035	0.112 **	−0.297 ***	0.281 **	−0.010	0.168	0.159
	2017	0.107	0.107 **	−0.347 ***	0.205	−0.097	0.183	0.174
	2021	0.218 **	0.147 ***	−0.332 ***	0.167	0.023	0.243	0.237

续 表

稀有金属 种类	年份	GDP 指标	语言文化 指标	地理距离 指标	专利数量 指标	贸易自由度 指标	R^2	$Adj\text{-}R^2$
碳酸锶	2012	−0.058	0.089**	−0.194***	0.441***	0.056	0.201	0.191
	2017	0.068	0.066	−0.211***	0.399***	0.135	0.262	0.254
	2021	0.048	0.024**	−0.185***	0.323***	0.190	0.201	0.191

注：*** 指 $p<0.01$，** 指 $p<0.05$，* 指 $p<0.1$。

从表2.37可以看出，此模型对不同矿种的拟合优度存在差异。锆矿平均拟合优度为0.150，铌钽钒矿为0.115，铍矿为0.238，碳酸锂为0.19，碳酸锶为0.212，且拟合优度在不同年份相对稳定。可见，该模型对于全球稀有矿产贸易网络影响因素回归分析的拟合优度较高，所选的5种指标对该网络结构的解释能力较强。

就锆矿而言，其全球贸易网络主要受GDP指标、共同语言、地理距离的影响。在2012—2021年间，其GDP指标解释系数由0.111提升到0.21，显著性水平也有所提升，说明锆矿应用领域非常广泛，会受整体经济水平的影响；共同语言指标解释系数稳定在0.1左右，且一直稳定在5%的显著性水平，说明语言可能是降低贸易壁垒的因素之一；地理距离指标对锆矿贸易网络的影响最大，解释系数稳定在−0.2以上，通过了1%的显著性水平，说明随着全球化的演变，地理距离对锆矿贸易网络格局影响程度较为稳定。就铌钽钒矿而言，其全球贸易网络主要受共同语言、地理距离、专利数量的影响，且专利数量指标的系数最大，在0.2左右，说明专利技术的应用能力能促进国家间的铌钽钒矿贸易。这也与铌钽钒矿多用于高科技领域的事实相符。就铍矿而言，其主要受GDP指标、地理距离和专利数量的影响，解释力度分别在0.3、0.2、0.2左右，且都通过了10%的显著性水平，受语言因素的影响并不显著，说明金属铍的使用需要国家经济与高端技术的支持，而语言因素不是其贸易壁垒。碳酸锶与碳酸锂不论是在拟合优度还是在影响因素方面都比较相似，主要受共同语言、地理距离和专利数量的影响，说明运输成本和文化因素仍是影响其贸易的主要因素。这与其贸易量大、应用广泛相契合。

综上所述，不同种类稀有矿产产品贸易网络的影响因素存在差异，解释力度也不尽相同，这与其全球储量差异、用途不同有很大关系。

2.5 全球战略性稀有矿产贸易复杂网络中中国的地位分析

前文对全球稀有矿产贸易网络进行了整体性的分析，先分析了其网络拓扑结构和社团演变情况，随后分析了稀有矿产贸易网络影响因素，让我们对稀有矿产全球贸易网络格局有了较为全面的认识。从前面的分析可知，中国在全球稀有矿产贸易网络中占据重要地位。本节将立足中国视角，分析中国在全球稀有矿产贸易网络中的影响能力和地位。

2.5.1 贸易网络中中国的地位关系分析

下面将以中国为中心节点，计算并分析其个体网络指标，多角度识别中国在碳酸锂、铍矿、锆矿、碳酸锶和铌钽钒矿5种稀有矿产产品贸易网络中的现状及演化过程，精确定位中国在这5种稀有矿产产品国际贸易网络中的地位和作用。

2.5.1.1 进出口国家关系

（1）碳酸锂进出口国家关系。如图2.28所示，通过对2012—2021年与中国存在碳酸锂贸易的国家数量分析发现，在进口方面，中国碳酸锂进口来源国国家数量呈现波动上升趋势，进口来源国国家数量从9个增加到14个，为中国碳酸锂进口提供了更多选择。随着锂矿探测技术的逐渐成熟，可以推测碳酸锂来源国家未来只会在小范围内波动，因为碳酸锂进口主要基于资源禀赋。这种先天优势在后天很难改变。这在很大程度上限制了全球碳酸锂出口国家的数量。中国碳酸锂出口国家数量波动幅度较大，呈现先降后升的趋势，但随着碳酸锂工业应用领域的发展和完善，中国已经建立了稳定的碳酸锂出口合作伙伴关系，对排名靠前的美国、日本、韩国3个国家的出口量共占中国出口总量的65%以上。

如表2.38所示，中国此前在碳酸锂贸易网络入度排名中相对靠后，但随着追求碳酸锂供应安全，中国逐渐采取多元进口政策，入度排名在小范围内上升，在全球碳酸锂进口贸易中逐渐占据重要地位。中国在碳酸锂贸易网络出度排名中一直保持在前三位，是东亚及东南亚部分国家主要的进口来源国。

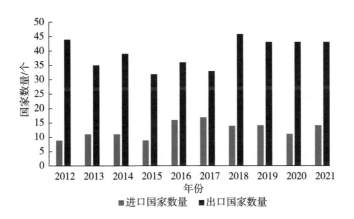

图2.28　2012—2021年中国碳酸锂进出口国家数量

数据来源：UN Comtrade。

表2.38　2012—2021年中国碳酸锂国际贸易网络出入度排名

年份	2012	2013	2014	2015	2016	2017	2018	2019	2020	2021
入度排名	4	2	3	9	1	1	2	1	6	2
出度排名	2	3	2	3	3	3	1	2	1	1

数据来源：UN Comtrade。

（2）铍矿进出口国家关系。图2.29展示了2012—2021年中国铍矿贸易国家数量，金属铍作为核工业与航天航空工业重要的原材料，其战略安全的重要性不言而喻。中国铍矿产量虽位居前列，但仍然存在供需缺口。在进口方面，10年来，中国铍矿进口来源国国家数量波动较大，在8～17个之间；但近几年进口的多样性有所下降。在

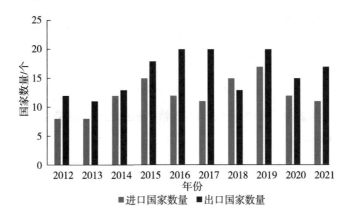

图2.29　2012—2021年中国铍矿进出口国家数量

数据来源：UN Comtrade。

出口方面，中国铍矿出口国家数量呈现波动上升趋势，2019年达到20个，随后有小幅下降，说明中国全球铍矿出口贸易地位较高，但还有提升空间。

如表2.39所示，中国铍矿贸易网络入度排名逐年上升，逐渐成为全球最主要的铍矿进口国家。在出口方面，中国排名较为靠后，与我国铍矿资源供需缺口较大有关。

表2.39　2012—2021年中国铍矿国际贸易网络出入度排名

年份	2012	2013	2014	2015	2016	2017	2018	2019	2020	2021
入度排名	8	8	4	3	5	4	3	2	3	2
出度排名	7	8	7	6	4	5	7	4	4	4

数据来源：UN Comtrade。

（3）锆矿进出口国家关系。图2.30展示了2012—2021年中国锆矿贸易国家数量。全球锆矿储量丰富，但是中国锆矿资源十分匮乏，需求缺口极大。中国锆矿进口国家数量10年来稳定在30～34个之间，锆矿来源十分丰富，是全球锆矿贸易中较为重要的买家。出口国家数量呈现波动特征，虽然出口贸易总额较小，但是丝毫不影响中国在国际锆矿贸易网络中的重要地位。

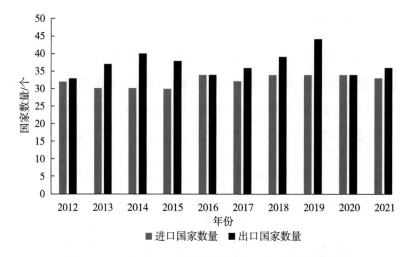

图2.30　2012—2021年中国锆矿进出口贸易国家数量

数据来源：UN Comtrade。

如表2.40所示，中国锆矿入度排名基本保持在第一的位置。这与中国锆矿消费量大而资源匮乏有关，因而需要大量进口锆矿资源。出度排名较为靠后，中国现在已经成为全球锆矿贸易净进口国家。

表2.40 2012—2021年中国锆矿国际贸易网络出入度排名

年份	2012	2013	2014	2015	2016	2017	2018	2019	2020	2021
入度排名	1	1	1	2	1	1	1	1	1	1
出度排名	8	6	3	6	7	6	4	2	7	4

数据来源：UN Comtrade。

（4）铌钽钒矿进出口国家关系。图2.31展示了2012—2021年中国铌钽钒矿贸易国家数量。全球高品位的铌钽钒矿资源主要集中在巴西和加拿大。中国铌钽钒矿的消费主要来自进口。中国铌钽钒矿进口国家数量10年来有所下降，但最后稳定在20～25个之间，铌钽钒矿来源十分丰富，中国是全球铌钽钒矿贸易最重要的买家。出口国家数量呈现波动下降趋势，且进口来源国国家数量远大于出口国家数量，出口优势并不明显。

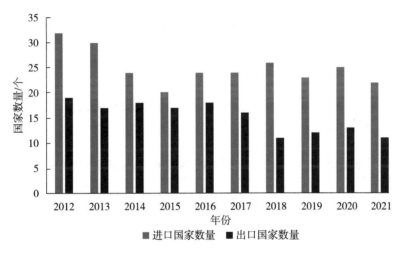

图2.31 2012—2021年中国铌钽钒矿进出口国家数量

数据来源：UN Comtrade。

如表2.41所示，中国铌钽钒矿入度排名10年来均位于第一的位置，出度排名也相对靠前，这说明中国是全球最主要的铌钽钒矿进口国家，并在一定程度上起到贸易中介的作用。

表2.41 2012—2021年中国铌钽钒矿国际贸易网络出入度排名

年份	2012	2013	2014	2015	2016	2017	2018	2019	2020	2021
入度排名	1	1	1	1	1	1	1	1	1	1
出度排名	2	1	1	2	3	3	6	4	3	5

数据来源：UN Comtrade。

（5）碳酸锶进出口国家关系。图2.32展示了2012—2021年中国碳酸锶贸易国家数量。中国碳酸锶出口国家数量较多，结合表2.42中出度排名，说明中国是碳酸锶贸易网络中重要的出口国家；中国碳酸锶进口国家数量较少，但呈现逐年上升的趋势，且近年来中国在碳酸锶全球贸易网络中入度排名逐渐升高。综合来说，中国在国际碳酸锶国际贸易网络中占据重要地位。

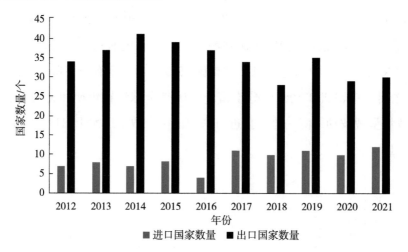

图2.32　2012—2021年中国碳酸锶进出口国家数量

数据来源：UN Comtrade。

表2.42　2012—2021年中国碳酸锶国际贸易网络出入度排名

年份	2012	2013	2014	2015	2016	2017	2018	2019	2020	2021
入度排名	5	3	3	3	15	2	1	1	3	2
出度排名	1	1	1	1	1	2	2	2	2	2

数据来源：UN Comtrade。

2.5.1.2 中国稀有矿产进出口贸易额

如图2.33所示，中国铍矿、锆矿、铌钽钒矿进出口贸易格局相似，进口贸易额波动较大且进口贸易额远大于出口贸易额，说明这3种矿产在中国的需求缺口巨大；同时也存在差异，根据上述各种稀有矿产进出口贸易国家数量数据，中国锆矿与铌钽钒矿进口贸易国家数量众多，风险比较分散，进口安全风险总体可控；但铍矿在有需求缺口的同时进口来源国国家较少，当外部局势发生变化时，中国铍矿进口贸易可能会存在较大的安全风险。

中国碳酸锂进口贸易额不断攀升。2015年出现井喷式上升，到2017年，两年内进口贸易额上涨超过3倍；2018—2020年出现小幅回落后，再次以较大幅度上涨，出口贸易额增长趋势与进口贸易额相似，但总体来说金额较小。这说明，中国碳酸锂对外依存度处于较高水平并有继续上涨的趋势，但其国际贸易网络入度排名较靠前，进口贸易风险较小。中国碳酸锶进口贸易额从2016年开始出现较大幅度上升，出口贸易额同时缓慢下降，2017年完成了从净出口到净进口的转变，对外依存度逐渐升高。

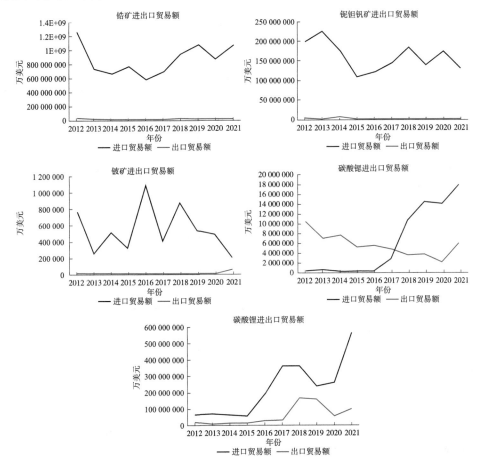

图2.33　2012—2021年中国5种稀有矿产进出口贸易额

数据来源：UN Comtrade。

2.5.1.3 主要贸易国家（地区）

（1）碳酸锂主要贸易国家（地区）。如图2.34所示，碳酸锂国际贸易网络中心变多且单个中心的聚集度有所降低，有由少数中心向全球化发展的趋势。中国处于碳酸锂贸易网络较为中心的位置。从表2.43可以看出，智利和阿根廷是中国主要的碳酸锂进口来源国。中国从两国进口的碳酸锂贸易额占中国碳酸锂进口贸易总额的80%以上。全球已探明锂矿资源主要分布在玻利维亚、智利、阿根廷、美国和中国，但美国和中国锂矿消费量巨大，所以全球锂矿主要出口国为智利和阿根廷。

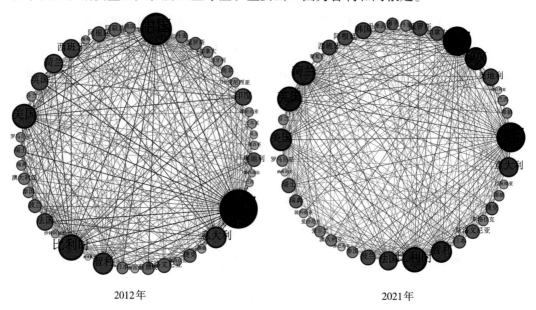

图2.34　2012年和2021年中国碳酸锂贸易关系网络

数据来源：UN Comtrade。

表2.43　2012—2021年中国碳酸锂主要进口贸易国家（地区）

排名	1	2	3	4	5
2012年	智利	阿根廷	韩国	美国	日本
2013年	智利	阿根廷	美国	韩国	加拿大
2014年	智利	阿根廷	韩国	加拿大	中国香港
2015年	智利	阿根廷	日本	韩国	加拿大
2016年	智利	阿根廷	韩国	日本	荷兰
2017年	智利	阿根廷	韩国	日本	英国
2018年	智利	韩国	日本	英国	玻利维亚
2019年	智利	韩国	荷兰	日本	加拿大
2020年	智利	阿根廷	韩国	荷兰	日本
2021年	智利	玻利维亚	德国	日本	美国

数据来源：UN Comtrade。

从表2.44可以看出，10年来，中国碳酸锂主要出口国是日本和韩国。2018年以前中国对日本的出口排在第一位；2018年以后中国对韩国的碳酸锂出口额超过日本，排名第一，但日本也紧随其后，排名第二。中国对两国碳酸锂出口额占中国出口总额的85%以上，对其余国家（地区）出口额均较小。

表2.44　2012—2021年中国碳酸锂主要出口贸易国家

排名	1	2	3	4	5
2012年	日本	美国	韩国	澳大利亚	荷兰
2013年	日本	韩国	荷兰	澳大利亚	加拿大
2014年	俄罗斯	韩国	日本	荷兰	澳大利亚
2015年	日本	泰国	韩国	荷兰	德国
2016年	日本	荷兰	澳大利亚	韩国	美国
2017年	日本	德国	韩国	澳大利亚	加拿大
2018年	韩国	日本	俄罗斯	美国	泰国
2019年	韩国	日本	美国	俄罗斯	德国
2020年	韩国	日本	美国	加拿大	澳大利亚
2021年	韩国	日本	土耳其	美国	澳大利亚

数据来源：UN Comtrade。

（2）铍矿主要贸易国家（地区）。从图2.35可以看出，2012—2021年国际铍矿贸易网络成员数量增多，网络也变得更为复杂，中国从较为中心的位置变成较为边缘的位置。从表2.45可以看出，中国铍矿主要进口来源国是美国、哈萨克斯坦、俄罗斯和日本。美国长期以来在铍矿贸易领域一家独大，这也是中国铍矿贸易安全存在的最大问题。

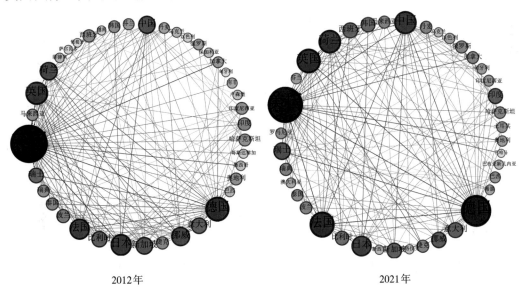

| 2012年 | 2021年 |

图2.35　2012年和2021年中国铍矿贸易关系网络

数据来源：UN Comtrade。

表2.45　2012—2021年中国铍矿主要进口贸易国家

排名	1	2	3	4	5
2012年	美国	日本	哈萨克斯坦	法国	比利时
2013年	美国	日本	法国	新加坡	尼日利亚
2014年	哈萨克斯坦	美国	新加坡	法国	德国
2015年	哈萨克斯坦	俄罗斯	美国	卢旺达	新加坡
2016年	哈萨克斯坦	美国	俄罗斯	卢旺达	法国
2017年	美国	哈萨克斯坦	卢旺达	埃塞俄比亚	日本
2018年	荷兰	美国	尼日利亚	哈萨克斯坦	埃塞俄比亚
2019年	美国	哈萨克斯坦	俄罗斯	日本	法国
2020年	美国	俄罗斯	新加坡	法国	德国
2021年	美国	日本	法国	尼日利亚	德国

数据来源：UN Comtrade。

如表2.46所示，相对来说，中国铍矿出口国多元化趋势明显，主要贸易出口国包括挪威、印度尼西亚、新加坡等。中国铍矿出口贸易的不稳定性与前文所说的贸易国家数量多，但贸易额不高的状况相符。

表2.46　2012—2021年中国铍矿主要出口贸易国家

排名	1	2	3	4	5
2012年	英国	阿联酋	新加坡	菲律宾	挪威
2013年	挪威	印度	伊朗	新加坡	马来西亚
2014年	挪威	印度尼西亚	新加坡	法国	意大利
2015年	挪威	印度尼西亚	印度	马来西亚	泰国
2016年	挪威	沙特阿拉伯	美国	新加坡	印度尼西亚
2017年	印度尼西亚	加拿大	马来西亚	伊朗	捷克
2018年	印度尼西亚	捷克	越南	塞尔维亚	日本
2019年	印度尼西亚	墨西哥	匈牙利	乌克兰	美国
2020年	巴西	印度尼西亚	俄罗斯	美国	日本
2021年	印度尼西亚	美国	斯洛伐克	意大利	巴西

数据来源：UN Comtrade。

（3）锆矿主要贸易国家（地区）。如图2.36所示，相较于碳酸锂和铍矿贸易网络，中国锆矿贸易网络更复杂，贸易参与国家（地区）数量更多，国家（地区）之间的贸易联系更加紧密，贸易全球化趋势更加明显。如表2.47所示，中国锆矿主要进口来源国较固定，以南非、澳大利亚与印度尼西亚为主。它们是中国10年来锆矿进口来源国排名靠前的国家，但占比不高。2021年，中国从这3个国家进口的锆矿仅占当年中国进口总额的30%。这与上述网络图中锆矿贸易全球化程度较高相适应。

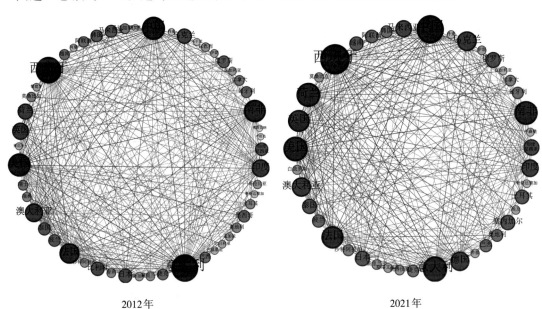

2012年 2021年

图2.36 2012年和2021年中国锆矿贸易关系网络

数据来源：UN Comtrade。

表2.47 2012—2021年中国锆矿主要进口贸易国家

排名	1	2	3	4	5
2012年	南非	印度尼西亚	马达加斯加	越南	印度
2013年	澳大利亚	南非	印度尼西亚	越南	马达加斯加
2014年	澳大利亚	南非	印度尼西亚	乌克兰	越南
2015年	南非	印度尼西亚	肯尼亚	莫桑比克	澳大利亚
2016年	南非	肯尼亚	印度尼西亚	莫桑比克	澳大利亚
2017年	南非	莫桑比克	美国	肯尼亚	印度尼西亚
2018年	南非	美国	印度尼西亚	莫桑比克	肯尼亚
2019年	南非	印度尼西亚	肯尼亚	莫桑比克	美国
2020年	南非	印度尼西亚	澳大利亚	肯尼亚	莫桑比克
2021年	南非	印度尼西亚	莫桑比克	澳大利亚	越南

数据来源：UN Comtrade。

就出口国家（地区）而言，中国锆矿出口对象较多，但数额均不大，除日本、西班牙为近10年来比较稳定的贸易国家外，其余贸易对象变化较大（见表2.48）。总体来说，中国在国际锆矿贸易的地位主要受进口贸易的影响，与中国锆矿出口贸易相关性较小。

表2.48　2012—2021年中国锆矿主要出口贸易国家

排名	1	2	3	4	5
2011年	日本	韩国	泰国	越南	印度尼西亚
2012年	日本	泰国	尼日利亚	法国	印度
2013年	泰国	日本	越南	韩国	美国
2014年	泰国	西班牙	日本	阿联酋	越南
2015年	阿联酋	西班牙	日本	比利时	泰国
2016年	日本	西班牙	美国	泰国	韩国
2017年	日本	比利时	韩国	伊朗	马来西亚
2018年	日本	西班牙	美国	韩国	沙特阿拉伯
2019年	日本	西班牙	澳大利亚	比利时	越南
2020年	日本	比利时	澳大利亚	美国	马来西亚

数据来源：UN Comtrade。

（4）铌钽钒矿主要贸易国家（地区）。如图2.37所示，中国铌钽钒矿贸易网络成员数量较少，但仍然表现出多中心而非单一中心特征。如表2.49所示，中国铌钽钒矿主要进口来源国（地区）较固定，以刚果（金）、巴西、卢旺达为主。与锆矿相似，排名前五位的国家（地区）铌钽钒矿进口额占中国进口总额的比例低于40%，所以中国铌钽钒矿进口贸易比较分散。

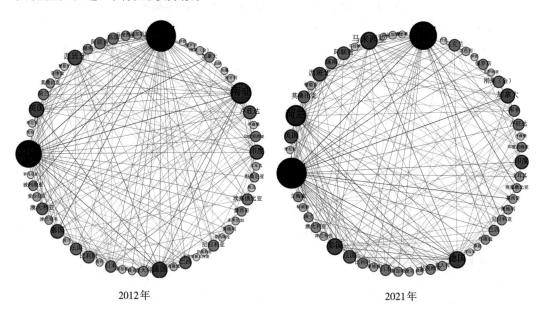

2012年　　　　　　　　　　　　　2021年

图2.37　2012年和2021年中国铌钽钒矿贸易关系网络

数据来源：UN Comtrade。

表2.49　2012—2021年中国铌钽钒矿主要进口贸易国家（地区）

排名	1	2	3	4	5
2011年	中国香港	巴西	布隆迪	埃塞俄比亚	刚果（金）
2012年	卢旺达	中国香港	巴西	刚果（金）	津巴布韦
2013年	刚果（金）	卢旺达	马来西亚	塞拉利昂	中国香港
2014年	刚果（金）	斯里兰卡	中国香港	卢旺达	埃塞俄比亚
2015年	刚果（金）	巴西	莫桑比克	中国香港	埃塞俄比亚
2016年	刚果（金）	中国香港	埃塞俄比亚	塞拉利昂	莫桑比克
2017年	刚果（金）	中国香港	埃塞俄比亚	巴西	塞拉利昂
2018年	刚果（金）	巴西	中国香港	布隆迪	马来西亚
2019年	刚果（金）	马来西亚	塞拉利昂	巴西	卢旺达
2020年	刚果（金）	马来西亚	巴西	中国香港	塞拉利昂

数据来源：UN Comtrade。

表2.50　2012—2021年中国铌钽钒矿主要出口贸易国家（地区）

排名	1	2	3	4	5
2011年	英国	肯尼亚	美国	韩国	中国香港
2012年	墨西哥	英国	美国	印度尼西亚	意大利
2013年	德国	英国	中国香港	越南	美国
2014年	英国	法国	美国	印度	印度尼西亚
2015年	英国	中国香港	印度	美国	美国
2016年	美国	印度	瑞士	菲律宾	韩国
2017年	马来西亚	中国香港	菲律宾	美国	英国
2018年	美国	马来西亚	阿联酋	土耳其	菲律宾
2019年	阿联酋	柬埔寨	中国香港	土耳其	马达加斯加
2020年	中国香港	美国	比利时	尼日利亚	土耳其

数据来源：UN Comtrade。

与锆矿相似，中国铌钒钽矿出口对象多样，但金额不大；除美国、英国为10年来比较稳定的贸易国家外，其余贸易对象变化较大（见表2.50）。总体来说，中国在国际铌钽钒矿贸易的地位主要受进口贸易的影响，受出口贸易的影响较小。

（5）碳酸锶主要贸易国家（地区）。如图2.38所示。在2012—2021年间，中国碳酸锶国际贸易网络紧密程度明显加强，孤零点变少，贸易全球化趋势明显。如表2.51所示，中国碳酸锶主要进口来源国（地区）较为固定，以墨西哥、德国为主，2021年，中国从两国进口碳酸锶的贸易额占中国进口贸易总额的90%。此外，美国、俄罗斯等也与中国存在频繁贸易。

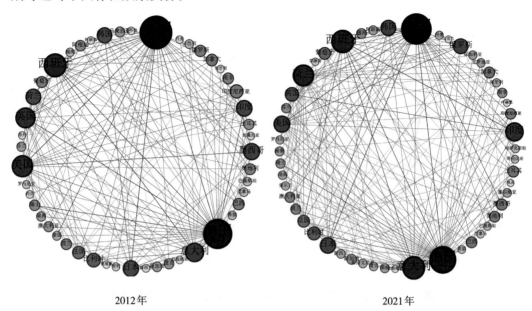

| 2012年 | 2021年 |

图2.38　2012年和2021年中国碳酸锶贸易关系网络

数据来源：UN Comtrade。

表2.51　2012—2021年中国碳酸锶主要进口贸易国家（地区）

排名	1	2	3	4	5
2012年	中国香港	意大利	西班牙	日本	美国
2013年	中国香港	西班牙	日本	意大利	美国
2014年	意大利	美国	日本	墨西哥	英国
2015年	马来西亚	日本	俄罗斯	墨西哥	意大利
2016年	墨西哥	日本	美国	—	—
2017年	墨西哥	德国	印度	日本	中国香港
2018年	墨西哥	德国	日本	伊朗	意大利
2019年	墨西哥	德国	日本	意大利	西班牙
2020年	墨西哥	德国	西班牙	伊朗	意大利
2021年	墨西哥	德国	阿联酋	马来西亚	伊朗

数据来源：UN Comtrade。

中国作为全球碳酸锶出口国之一，出口对象较为固定。2012—2019年，日本、伊朗、韩国、越南占据中国碳酸锶出口贸易额的前四位，2020年后，俄罗斯、越南后来居上，慢慢超过伊朗，成为中国第二和第三大碳酸锶贸易出口国（见表2.52）。

表2.52　2012—2021年中国碳酸锶主要出口贸易国家

排名	1	2	3	4	5
2012年	日本	伊朗	美国	越南	韩国
2013年	日本	伊朗	尼日利亚	越南	美国
2014年	伊朗	日本	韩国	越南	马来西亚
2015年	日本	伊朗	越南	韩国	俄罗斯
2016年	日本	伊朗	韩国	越南	荷兰
2017年	日本	伊朗	韩国	俄罗斯	美国
2018年	日本	伊朗	越南	俄罗斯	韩国
2019年	日本	伊朗	越南	俄罗斯	缅甸
2020年	日本	越南	俄罗斯	伊朗	哈萨克斯坦
2021年	日本	俄罗斯	越南	韩国	荷兰

数据来源：UN Comtrade。

2.5.2 贸易网络中中国地位中介分析

中介中心性是衡量网络中节点对网络控制能力的指标。通过计算2012—2021年中国在各稀有矿产产品国际贸易网络中的中介中心性并对其进行排名，能够反映中国对各稀有矿产国际贸易网络的控制能力。

表2.53展示了2012—2021年中国在各稀有矿产国际贸易网络中的中介中心性排名。排名越靠前，表明中国对该网络的控制能力越强。从表2.53可知，中国在碳酸锂国际贸易网络中的中介中心性排名一直位于前三，且从2012年的第三名上升到2021年的第一名，控制能力得到加强。中国对铍矿国际贸易网络的控制力在2012—2021年间有较大的提升，从第十六名上涨到第三名；虽然控制力度仍不算强，但已经得到了有效改善。中国在碳酸锶、锆矿和铌钽钒矿3种稀有矿产的贸易网络中都展现出较强的控制力，其中介中心性基本处于前三位，只有碳酸锶的中介中心性在2020年与2021年排名出现下滑。

表2.53　2012—2021年中国在稀有矿产产品国际贸易网络的中介中心性排名

年份	2012	2013	2014	2015	2016	2017	2018	2019	2020	2021
碳酸锂	3	2	2	3	1	1	1	1	2	1
碳酸锶	1	1	1	1	2	1	3	1	5	3
铍矿	16	6	9	6	6	3	4	2	3	3
铌钽钒矿	1	1	1	1	1	2	2	2	2	3
锆矿	3	1	1	3	1	1	1	1	1	2

数据来源：UN Comtrade。

2.6 本章小结

2.6.1 稀有矿产贸易网络整体聚集程度较高，存在一定集聚效应

全球稀有矿产贸易主要出口国对应矿产资源分布丰富的资源禀赋国。除中国与美国外，大多数资源国仅作为原料出口，没有相应的应用技术，导致其对稀有矿产国际贸易网络的控制力不强。稀有矿产主要进口国则较为广泛。除欧洲、美洲部分科技领先的发达国家外，发展势头勇猛的发展中国家对稀有矿产同样需求旺盛。受2017年全球地缘政治矛盾加剧和2019年全球新冠疫情的影响，稀有矿产国际贸易在这些时间点均受到不同程度的影响，直到2021年各国疫情管制、对稀有金属的管控放松后，各稀有矿产产品全球贸易渠道才逐渐通畅。总体来说，稀有金属贸易网络以中国、美国、德国、日本等高精尖应用技术发达的国家为网络中心节点，以其各自的主要贸易伙伴为辅，形成了多中心的稀有矿产贸易网络格局。

通过对稀有矿产贸易网络中个体指标较为突出的节点进行分析，可以发现稀有矿产产品的贸易流向：从资源禀赋大国，如澳大利亚、智利、阿根廷、墨西哥、南非等，流向现代技术应用前沿的国家，如美国、中国、日本、德国、英国、韩国等，最终流向世界各个国家。总体而言，在国际稀有金属的贸易网络中，中国、美国、德国、日本等在电子、核工业、航空航天、机械制造、医疗等高科技领域发展领先的国家占据重要位置，其他则是因为资源禀赋而处于网络核心位置。

2.6.2 稀有矿产贸易网络存在社团划分现象，不同稀有金属社团划分存在较大差异，但均受地缘区划因素的影响

贸易网络社团分化在很大程度上受地理距离的影响，多数国家与近邻国家贸易关系更为密切。10年来，铌钽钒矿社团分化程度最高，碳酸锂全球化程度最高，铍矿社团变动程度较大，2014年曾出现较大变动。锆矿贸易网络与碳酸锶相似，社团数量基本不变，主要贸易参与国较为稳定，社团分化更加显著，总体来说，抱团现象更加明显。稀有矿产贸易网络社团呈现以少数国家为贸易中心，其余贸易参与国分别依附的贸易格局，少数国家对整个网络及其所在社团拥有较强的控制力。

2.6.3 稀有矿产贸易网络演变受经济规模、地理距离、共同语言、专利和贸易自由度等因素的影响，不同种类稀有矿产的影响因素不尽相同

不同稀有金属矿产贸易网络整体R^2存在差异，R^2最小的是铌钽钒矿，均值为0.115，最大的是铍矿，均值为0.238。总体来说，QAP模型对国际稀有矿产贸易网络影响因素解释程度相对较好。锆矿贸易网络主要受经济规模、共同语言以及地理距离指标的影响，且随着时间的推移，经济规模和地理距离影响程度逐渐增大。铌钽钒矿和碳酸锶贸易网络主要受共同语言、地理距离和专利数量指标的影响，3项指标对网络的影响程度较为稳定。铍矿贸易网络则主要受经济规模、地理距离和专利数量指标的影响，其中，经济规模指标影响程度最大，地理距离指标最为显著。碳酸锂贸易网络主要受共同语言与地理距离指标的影响，并且回归结果十分显著；共同语言指标对网络的影响程度随时间推移有所加强。

2.6.4 中国在不同稀有矿产产品贸易网络中的地位存在较大差异

中国是全球碳酸锂主要的进口国家之一。2020年以前，智利和阿根廷是中国最大的进口来源国；2020以后，玻利维亚、德国后来居上，超越阿根廷成为中国第二、第三大碳酸锂进口来源国。中国碳酸锂贸易额始终位列世界前三位，但碳酸锂出口量较少，对外依存度较高。中国铍矿工业十分依赖外部供给，且铍矿进口来源国单一，铍矿进口主要来自美国。美国拥有铍矿资源储量与应用技术的双重优势；而我国铍资源品位较低，且存在加工冶炼技术壁垒，现阶段产量远不能满足国内需求，对外依存度较高。从2017年开始，中国由碳酸锶净出口国转变为净进口国。

中国在全球稀有矿产贸易网络中的中心地位总体来说有所改善。其中，锆矿地位

增幅最大，从2012年的次中心到2021年的中心位置；铍矿在国际贸易网络中的位置波动很大，且逐渐向边缘位置转移。锆矿作为中国出口贸易额最大的金属材料，10年来始终处于中心地位。从整体来看，中国在锆矿、碳酸锶和铌钽钒矿贸易网络中话语权较大，对这3种资源的控制力位居世界前三位，仅次于美国，与德国对资源的控制力相仿；同时存在进口依赖程度较大的风险。在铍矿贸易方面，中国是第一进口国，且进口来源主要依靠美国，存在较大的贸易安全风险。

3 全球战略性稀散矿产资源贸易格局演变分析

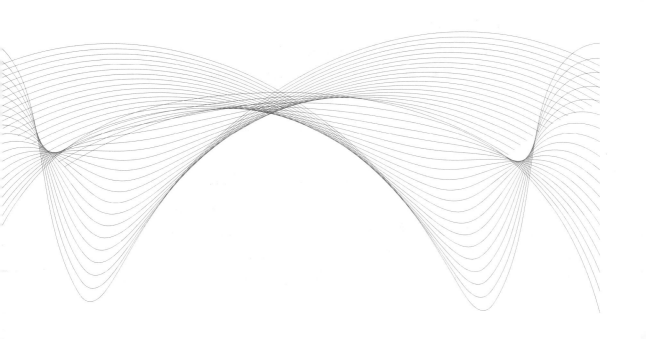

3.1 导论

本章基于复杂网络理论,以铟、镓、锗、镉、铊、碲、硒7种稀散矿产资源为主要研究对象,探究稀散矿产资源国际贸易格局演变特性和中国在其中的地位。首先,通过构建2011—2021年稀散矿产资源产品的有向加权网络和有向无权网络,通过Gephi软件制作全球复杂网络贸易图,对稀散矿产资源产品贸易特征进行可视化分析;通过对稀散矿产资源产品网络的整体和个体特性进行分析,运用网络密度、聚类系数、平均路径长度、度、中心性等指标,深入探究其内在结构特征和演变过程。其次,运用网络探测技术对网络进行社团划分,深入探索社团内部的特性,并对稀散矿产资源产品社团的演变和成团特征进行系统总结;采用QAP分析方法,对2011—2021年影响稀散矿产资源产品贸易的经济、地理、文化和科技因素进行相关性与回归分析,以探究它们之间的关系,并研究其影响程度和演变过程。最后,从中国角度出发,对2011—2021年中国稀散矿产资源产品进出口贸易网络中的贸易关系、贸易额度以及主要贸易伙伴进行比较和探讨,分析其中的中介性和社团组成演变特征。

3.2 全球稀散矿产资源的国际贸易复杂网络建模分析

3.2.1 网络模型的数据和模型构建

3.2.1.1 数据来源说明

UN Comtrade的数据库提供了有关稀散矿产资源的可视化研究数据,其中包括5种产品,分别为镓、锗、铟,及其制品(HS:811292),镉制品(HS:8107),铊制品(HS:811251),碲制品(HS:280450)和硒制品(HS:280490)。该数据库涵盖了全球各国之间稀散矿产资源产品的进出口贸易量和贸易额。

3.2.1.2 网络模型构建

本章建立了一个全球国家稀散矿产资源贸易网络,涵盖了2011—2021年时间段。通过UN Comtrade,筛选出各国历年的稀散矿产资源产品的贸易数据,并且将各国作为节点,将各国间贸易关系作为边,稀散矿产资源产品流向作为方向,贸易额作为边的权重,构建了镓、锗、铟、钒及其制品,以及镉制品、铊制品、碲制品和硒制品的国际贸易关系有向无权和有向加权的复杂网络模型。出口和进口是稀散矿产资源产品流出和流入的两个相互对应的方面。在有向无权的复杂网络中，稀散矿产资源产品的国际贸易呈现一种邻接方阵的形式。如果在t年，第i国向第j国出口，那么邻接方阵中的$a_{ij}(t)=1$，其中包含一个从节点i到节点j的边界线；否则，该边界为零。假设在t年，第i国和第j国之间不存在任何形式的贸易往来，那么在复杂网络中，从节点i到节点j之间不存在任何边，而邻接方阵中的$a_{ij}(t)=0$。

$$A(t)=\begin{bmatrix} a_{11} & \cdots & a_{1n} \\ \vdots & \ddots & \vdots \\ a_{n1} & \cdots & a_{nn} \end{bmatrix}, \quad a_{ij}=\left\{\begin{array}{l} 1，若节点i和节点j之间存在贸易 \\ 0，若节点i和节点j之间不存在贸易 \end{array}\right\} \quad (3.1)$$

在稀散矿产资源产品贸易网络中，参与的国家总数为n，即网络中节点的数量；在有向加权复杂网络中，稀散矿产资源产品的贸易额被赋予贸易关系的权重w。根据资源产品贸易矩阵，定义有向加权图并给出其结构性质和拓扑特征。如果在t年，第i国向第j国出口稀散矿产资源产品，那么，在复杂网络中，方阵中的$w_{ij}(t)=1$，将建立一条从节点i到节点j的赋权边；该边将被用于有向加权国际贸易网络的邻接方阵表示。若该矩阵是不确定矩阵，且具有一定规模，可通过求解线性规划问题求得其最优解。如果在t年，第i国和第j国之间不存在稀散矿产资源产品的贸易关系，那么方阵中的$w_{ij}(t)=0$，即从节点i到节点j没有任何边存在。

$$w(t)=\begin{bmatrix} w_{11} & \cdots & w_{1n} \\ \vdots & \ddots & \vdots \\ w_{n1} & \cdots & w_{nn} \end{bmatrix} \quad w_{ij}=\left\{\begin{array}{l} 1，若节点i和节点j之间存在贸易 \\ 0，若节点i和节点j之间不存在贸易 \end{array}\right\} \quad (3.2)$$

式中，w_{ij}为节点i指向节点j的边数（i国稀散矿产资源产品的出口国家数）；

w_{ji}为节点j指向节点i的边数（i国稀散矿产资源产品的进口国家数）。

利用UCINET和Gephi软件，对2011—2021年的稀散矿产资源产品贸易网络结构进行刻画，并对其进行深入分析，以揭示其内在特征和10年来稀散矿产资源贸易格局的演化规律。

3.2.2 整体贸易网络格局演变分析

由于地理位置的异质性和各国经济水平的巨大差异，导致各国之间的资源分配不均，从而使贸易关系变得错综复杂。本章选取了5种稀散矿产品作为研究对象，运用复杂网络分析法构建稀散矿产品国际贸易模型并进行实证研究，进而探究国际稀土市场的发展状况。在探究2011—2021年贸易网络的整体特征和演化规律时，本章将以复杂网络的形式呈现各国之间的贸易关系，从而呈现世界贸易网络中不同的贸易和演变特征。

3.2.2.1 复杂网络结构分析

利用Gephi软件，构建了2011—2021年全球贸易中镓、锗、铟、钒及其制品，以及镉、铊制品、碲制品和硒制品的有向加权网络（见图3.1）。从整体来看，全球主要国家都以其为核心构成一个相对独立、相互连接的复杂网络系统。通过对网络的拓扑结构进行深入分析，可以直观地观察到全球各国之间的贸易现状以及贸易地位的演变趋势；随着边界的扩大，该贸易条款的重要性也随之增加。图中还显示一些重要国家或区域对不同类型资源产品的出口比例情况。由于存在一种有向网络，其边界由出口国向进口国延伸，这反映了稀散矿产资源产品在国际贸易中的关系和演变。同时，利用这些结果也可以对不同时期的贸易状况做简单比较，并为研究未来的发展方向提供依据。本节对2011年和2021年的稀散矿产资源产品进行了相关分析，以获取更深入的认识和理解。通过对不同年份的相关数据的研究发现，随着时间的推移，稀散矿产资源产品之间的相互联系越来越紧密，并且这种关联也会影响其他稀散矿产资源产品。在稀散矿产资源产品国际复杂网络中，考虑相关国家数量众多，本节对贸易关系较小、贸易额较少的国家进行筛选，以便于更直观地获取相关信息。

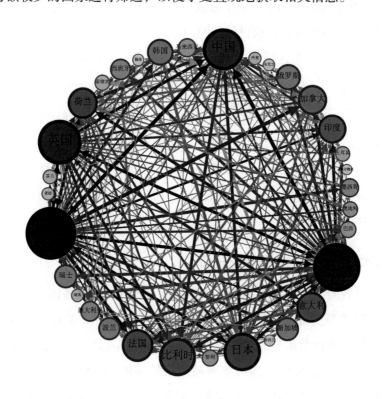

2011年

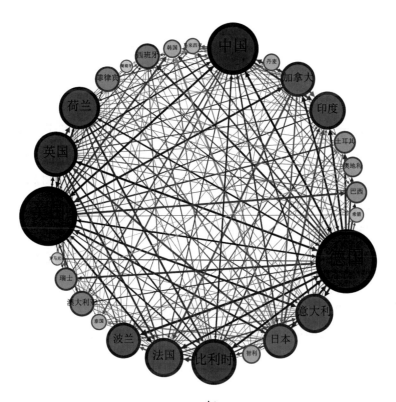

2021年

图3.1 2011年和2021年国际稀散矿产资源贸易网络结构

数据来源：UN Comtrade。

如图3.1所示，在稀散矿产资源贸易中，从总体上看，国际稀散矿产资源贸易主要由少数几个资源禀赋型发达国家主导，2011—2021年中国处于较为中心的位置，进口额始终位居稀散矿产资源进口国之首。美国、英国和德国在贸易网络中起着重要作用，稀散矿产资源贸易量10年来保持稳定。这也表明稀散矿产资源重要性有增无减，并在国际矿产资源中起着重要作用，因而近年来贸易波动不大。

表3.1 2011—2021年稀散矿产资源进出口国家数

单位：个

年份	2011	2012	2013	2014	2015	2016	2017	2018	2019	2020	2021
进口国家数	50	57	57	55	55	52	57	59	59	56	45
出口国家数	49	45	44	41	46	46	49	51	54	52	54

数据来源：UN Comtrade。

10年来，稀散矿产贸易网络有100～107个节点，世界上将近一半的国家参与了稀散矿产国际贸易；参加稀散矿产贸易的国家节点波动不大，表明世界各国对稀散矿产资源贸易依存度变化不大。平均度$K(t)$是一种度量稀散矿产产品贸易整体连通性的方法。它通过计算每个节点的边数来量化，从而反映出国家之间贸易的畅通程度，反之则表明贸易的连通性不够强。

图3.2为2011—2021年国际稀散矿产贸易网络的节点、边和平均度的分布。在2011—2021年间，稀散矿产进出口贸易的国家数量经历了微小的波动，但总体趋势呈现稳定的态势，累计为130个左右的国家。通过分析稀散矿产进口和出口国家数量变动情况，可以发现稀散矿产贸易存在明显的地区差异。在过去10年中，稀散矿产贸易网络呈现与参与贸易国家数量分布状态相似的趋势，各节点之间的边数稳定在1 100条左右，近年来略有下降。这表明，该贸易正在向定向国家之间的贸易往来转变，呈现多元化的趋势。同时，由于国际贸易的自由化和全球化发展，使得各国对稀散矿产的需求不断增加。在过去10年中，全球稀散矿产网络贸易呈现更加紧密的趋势，从稀散矿产平均度分布中可以看出，该贸易网络的连通程度发生了显著的变化，导致稀散矿产资源的平均度出现了较大波动。

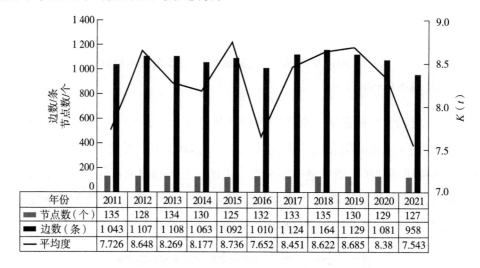

年份	2011	2012	2013	2014	2015	2016	2017	2018	2019	2020	2021
节点数（个）	135	128	134	130	125	132	133	135	130	129	127
边数（条）	1 043	1 107	1 108	1 063	1 092	1 010	1 124	1 164	1 129	1 081	958
平均度	7.726	8.648	8.269	8.177	8.736	7.652	8.451	8.622	8.685	8.38	7.543

图3.2 2011—2021年稀散矿产网络节点、边、平均度

数据来源：UN Comtrade。

3.2.2.2 网络密度——国际贸易关系紧密程度

网络密度用于度量从事国际贸易国家间联系的密切程度，是网络中最关键的特征。复杂贸易网络实际存在边数与网络最大可容纳边数之比，在网络分析理论中把它叫作边分布规律。网络内关联关系越丰富，网络密度越大，节点间连接得越密，网络密度高；反之，则该网络越疏密。网络密度取值范围0~1，随着距离的增加，这个网络贸易的联系也逐渐变得更加紧密；越靠近中心位置，联系越弱。网络的稀疏性与其趋近于0的程度成正比。网络越密集，与其他实体间的联系就越强。在一个由N个节点和L条边构成的网络中，其网络密度的公式为：

$$G = \frac{2L}{N(N-1)} \tag{3.3}$$

图3.3为全球稀散矿产产品2011—2021年的网络密度变化情况。在5种产品中，铊制品波动范围最大。相对来说，镓、铟、锗及其制品2011—2021年贸易网络中的网络密度是最高的，而且波动幅度很小，一直处于0.07左右。这说明相对来说，镓、铟、锗及其制品的贸易网络是最紧密的，各国之间的贸易形成了一定的集聚效应。

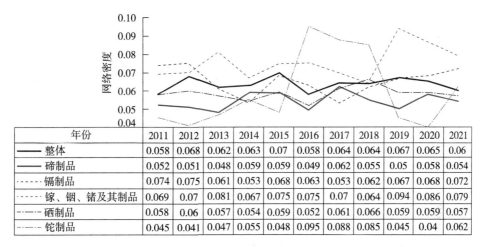

年份	2011	2012	2013	2014	2015	2016	2017	2018	2019	2020	2021
—— 整体	0.058	0.068	0.062	0.063	0.07	0.058	0.064	0.064	0.067	0.065	0.06
—— 碲制品	0.052	0.051	0.048	0.059	0.059	0.049	0.062	0.055	0.05	0.058	0.054
---- 镉制品	0.074	0.075	0.061	0.053	0.068	0.063	0.053	0.062	0.067	0.068	0.072
---- 镓、铟、锗及其制品	0.069	0.07	0.081	0.067	0.075	0.075	0.07	0.064	0.094	0.086	0.079
-·- 硒制品	0.058	0.06	0.057	0.054	0.059	0.052	0.061	0.066	0.059	0.059	0.057
-··- 铊制品	0.045	0.041	0.047	0.055	0.048	0.095	0.088	0.085	0.045	0.04	0.062

图3.3　2011—2021年稀散矿产产品网络密度

数据来源：UN Comtrade。

3.2.2.3 平均聚类系数——国家近邻间的关系

聚类系数用于表征网络内节点间结集成团的程度。在实际应用中，往往要计算某个特定的网络拓扑结构下各个顶点间距离的平均值。具体而言，就是节点与相邻点互相连接程度的大小，即节点的聚类系数越大，节点与其近邻的关系越密切。在复杂网络的整体中，平均聚类系数可用于度量全网贸易紧密程度，平均聚类系数为网络每个节点聚类系数的平均值，对平均聚类系数进行分析，能较好地解释全网紧密程度问题。本节用这个参数来表示网络的紧密度和分布情况。平均聚类系数的取值范围为0~1，越接近1，该网络贸易越紧密，网络成团程度越大；越接近0，该网络越稀疏，网络成团程度越小。其公式为

$$C = \frac{1}{n} \sum \frac{n}{k_i(k_i-1)} \qquad (3.4)$$

式中，n 为节点 i 直接相连的节点数量；

K_i 为点 i 的度数。

如图3.4所示，2011—2021年5种稀散矿产产品平均聚类系数变化不大，从高到低来看，分别是镓、铟、锗及其制品，硒制品，碲制品，镉制品，铊制品。且10年来较为稳定，平均聚类系数分别在0.5和0.3左右小幅波动，说明已经形成了一定的聚集效应，但聚集程度还不高。

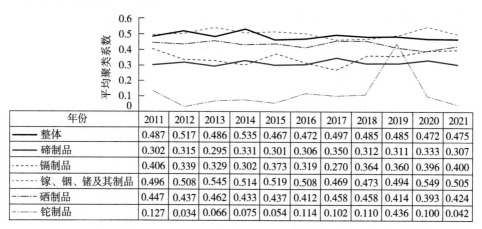

年份	2011	2012	2013	2014	2015	2016	2017	2018	2019	2020	2021
—— 整体	0.487	0.517	0.486	0.535	0.467	0.472	0.497	0.485	0.485	0.472	0.475
—— 碲制品	0.302	0.315	0.295	0.331	0.301	0.306	0.350	0.312	0.311	0.333	0.307
---- 镉制品	0.406	0.339	0.329	0.302	0.373	0.319	0.270	0.364	0.360	0.396	0.400
---- 镓、铟、锗及其制品	0.496	0.508	0.545	0.514	0.519	0.508	0.469	0.473	0.494	0.549	0.505
-·- 硒制品	0.447	0.437	0.462	0.433	0.437	0.412	0.458	0.458	0.414	0.393	0.424
-··- 铊制品	0.127	0.034	0.066	0.075	0.054	0.114	0.102	0.110	0.436	0.100	0.042

图3.4　2011—2021年稀散矿产产品平均聚类系数

数据来源：UN Comtrade。

3.2.2.4　平均路径长度——贸易传输效率

网络中任意两个节点间距离的平均值，即网络平均路径长度 L，也被称为网络特征路径长度，简称平均距离，是网络交易所需通过的平均边数，用于度量网络内各节点间贸易传输是否高效。值越大，表示贸易间的传递需要跨越边数越多，并且贸易效率越低；值越小，表示贸易传输所需的边数越少，贸易传输的效率就越高。平均路径长度的公式如下：

$$L = \frac{1}{n(n-1)} \sum_{ij} d_{ij} \qquad (3.5)$$

根据图3.5，从整体上看，各主要金属的平均路径长度高较高，表明其具有更高的国际贸易效率。在2010—2021年的10年间，镓、铟、锗及其制品，硒制品，碲制品，镉制品，铊制品的平均路径长度一直保持稳定，波动微小，数值接近，约为2.4。这表明它们的贸易平均跨越2.4个国家。可见，随着时间的推移，全球5种稀散矿产产品的国际贸易情况比较稳定。在国际贸易网络中，若平均路径长度超过3，则该网络的效率将显著下降；反之，若路径长度低于2，则其贸易效率将显著提高。因此，镓、铟、锗及其制品，硒制品，碲制品，镉制品的贸易效率较高。这将有助于节约各国之间的贸易成本，并促进进一步增加贸易。

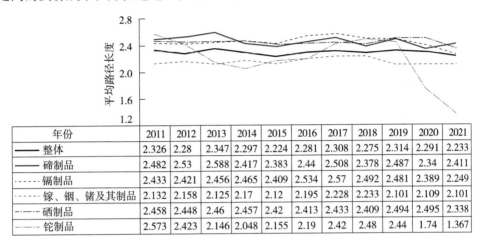

年份	2011	2012	2013	2014	2015	2016	2017	2018	2019	2020	2021
整体	2.326	2.28	2.347	2.297	2.224	2.281	2.308	2.275	2.314	2.291	2.233
碲制品	2.482	2.53	2.588	2.417	2.383	2.44	2.508	2.378	2.487	2.34	2.411
镉制品	2.433	2.421	2.456	2.465	2.409	2.534	2.57	2.492	2.481	2.389	2.249
镓、铟、锗及其制品	2.132	2.158	2.125	2.17	2.12	2.195	2.228	2.233	2.101	2.109	2.101
硒制品	2.458	2.448	2.46	2.457	2.42	2.413	2.433	2.409	2.494	2.495	2.338
铊制品	2.573	2.423	2.146	2.048	2.155	2.19	2.42	2.48	2.44	1.74	1.367

图3.5　2011—2021年稀散矿产资源平均路径长度

数据来源：UN Comtrade。

3.2.3 个体贸易网络特征演变分析

由于地理位置的异质性和各国经济水平的巨大差异，导致不同国家之间的资源分配不均，从而使得贸易关系变得错综复杂。因此，研究国际贸易网络对于了解国际市场具有重要意义。稀散矿产作为一种特殊类型的国际贸易商品在全球范围内具有重要意义。本节运用度、加权度以及中心性指标，对稀散矿产资源产品的个体特征演变进行深入探究。

3.2.3.1 度——国家贸易关系数

在复杂网络中，度是最基本的指标。节点的值是由连接节点的边的数量总和决定的，因此，研究国际贸易中的相关问题都需要考虑网络中点的度分布以及这些点间的联系情况。本节旨在探讨国际贸易复杂网络的度分布及其相关的统计特性，并深入分析其影响因素。在国际贸易中，度是一个复杂的指标，反映了一个国家在某一年中拥有直接贸易伙伴的总数。这是一个国家国际贸易关系的直观反映，同时也反映了一个国家的活跃程度和直接影响范围。随着度值的增大，该产品的直接贸易伙伴数量也随之增加，因此该国对该产品的贸易活跃度和影响力也随之提升。

度包括两种指标，出度K_i^{out}表示节点i的出口国贸易伙伴总数，入度K_i^{in}表示节点

i 的进口国贸易伙伴总数。

出度公式为

$$K_i^{out} = \sum_{j=1}^{n} a_{ij} \tag{3.6}$$

入度公式为

$$K_i^{in} = \sum_{j=1}^{n} a_{ji} \tag{3.7}$$

在稀散矿产资源国际贸易网络中，*n* 为参与贸易的国家总数。在稀散矿产资源国际贸易无权网络矩阵中，若存在贸易关系，a_{ij} 和 a_{ji} 数值为 1；若不存在贸易关系，则数值为 0。

在 Gephi 所制作的稀散矿产资源贸易复杂网络中，本节挑选了 2011—2021 年 3 种稀散矿产资源中出度和入度排名前五位的国家，以此来评估贸易网络中个体节点的贸易活跃度。

表3.2　2011—2021年稀散矿产资源入度排名前五位的国家

排名	1	2	3	4	5
2011 年	美国	德国	英国	中国	比利时
2012 年	德国	美国	中国	英国	比利时
2013 年	德国	英国	美国	中国	法国
2014 年	德国	美国	中国	英国	比利时
2015 年	德国	美国	中国	英国	法国
2016 年	德国	美国	英国	中国	法国
2017 年	德国	中国	美国	英国	法国
2018 年	德国	中国	美国	法国	比利时
2019 年	德国	中国	美国	比利时	法国
2020 年	德国	中国	美国	英国	新西兰
2021 年	德国	中国	美国	法国	比利时

数据来源：UN Comtrade。

表3.3　2011—2021年稀散矿产资源出度排名前五位的国家

排名	1	2	3	4	5
2011 年	美国	德国	英国	中国	法国
2012 年	德国	英国	美国	中国	法国
2013 年	德国	英国	美国	中国	印度
2014 年	德国	美国	英国	中国	意大利
2015 年	德国	美国	英国	中国	新西兰
2016 年	德国	美国	英国	中国	法国

2017 年	德国	美国	中国	英国	法国
2018 年	美国	德国	中国	英国	比利时
2019 年	德国	美国	中国	英国	法国
2020 年	德国	美国	中国	英国	比利时
2021 年	德国	美国	中国	比利时	英国

数据来源：UN Comtrade。

如表3.3所示，稀散矿产10年来出度国家差异较小。2017年前，德国、英国、美国等发达国家占据了重要席位；2017年后，中国的重要性开始凸显。另外，法国、新西兰、意大利、比利时也是稀散矿产出口大国，分别出口到美国、加拿大、爱尔兰等欧美经济大国。德国、美国则稳定处于出口贸易前列，特别是德国在稀散矿产国际贸易中具有很强的活跃度。稀散矿产的生产或贸易渠道已被表3.2、表3.3中的国家牢牢掌握。这表明进口国家相对集中且相对稳定。在过去的10年中，排名前五位的进口国家保持了相对稳定的态势，其中，中国、德国、美国、法国、英国等国家一直处于领先地位。它们的标志性特征实现了多元化的进口。

3.2.3.2 加权度——贸易额

在复杂网络中，节点的重要基础指标之一是加权度。它指的是与单个节点相连的边数的权重之和。该指标反映了某个国家（地区）的贸易量总和。因此，本节将加权度作为衡量进出口贸易关系的一种新方法，并通过计算不同时期进出口贸易额对其进行比较分析。随着加权度的增加，贸易额也随之扩大，表明其在国际贸易中的地位愈加重要。

节点i的出口加权度计算公式：

$$W_i^{out} = \sum_{j=1}^{n} w_{ij} \tag{3.8}$$

节点i的进口加权度计算公式：

$$W_i^{in} = \sum_{j=1}^{n} w_{ji} \tag{3.9}$$

通过对表3.4、表3.5中各指标进行分析，得出了各个国家（地区）之间的贸易关系及其影响因素，并根据这些数据建立了一个简单的贸易引力模型。如表3.5所示，中国、中国香港、德国、韩国、美国等拥有丰富稀散矿产资源的国家（地区）是稀散矿产出口贸易的重要组成部分。中国凭借其自身丰富的稀散矿产资源和低廉的出口价格优势，已成为全球重要的稀散矿产出口国。此外，稀散矿产出口在德国、韩国、美国、日本等国家中也扮演着重要的角色。在稀散矿产进口方面，中国以及美国、韩国等传统进口国也一直是全球最大的稀散矿产资源进口国。

表3.4 2011—2021年稀散矿产加权入度排名前五位的国家（地区）

排名	1	2	3	4	5
2011年	中国	日本	英国	韩国	美国
2012年	中国	美国	日本	德国	韩国
2013年	中国	日本	美国	德国	韩国
2014年	中国	美国	日本	韩国	德国
2015年	中国	日本	美国	韩国	德国
2016年	中国	德国	美国	巴西	中国香港
2017年	中国	德国	美国	日本	中国香港
2018年	中国	日本	韩国	美国	德国
2019年	中国	德国	韩国	美国	白学
2020年	中国	中国香港	加拿大	韩国	美国
2021年	中国	中国香港	韩国	德国	加拿大

表3.5 2011—2021年稀散矿产加权出度排名前五位的国家（地区）

排名	1	2	3	4	5
2011年	美国	日本	中国香港	中国	英国
2013年	美国	中国	日本	韩国	德国
2014年	美国	韩国	日本	中国	德国
2015年	美国	中国	日本	韩国	德国
2016年	美国	中国	中国香港	德国	日本
2017年	美国	中国	中国香港	德国	日本
2018年	中国	美国	中国香港	德国	日本
2019年	中国	美国	中国香港	德国	日本
2020年	中国	中国香港	美国	德国	日本
2021年	中国	中国香港	美国	德国	日本

3.2.3.3 中心性——节点重要程度

在网络分析中，度量节点中心性的最直接指标是度中心性。通过对网络上所有节点的加权平均来计算整个网络的中心性，进而确定该网是否为完全连通。3种常用的中心度类型包括度中心性、中介中心性以及接近中心性。

（1）度中心性。在网络分析中，度中心性是一项最直接的度量指标，可以用来描述节点之间的联系和相互影响。本节利用"节点对"距离和平均路径长度来定义节点的度中心性。节点的度中心性与其在网络中的重要性成正比，即节点度中心性越高，其在网络中的地位越重要。某个节点度中心性计算公式如下：

$$DC_i = \frac{k_i}{N-1} \tag{3.10}$$

其中，节点i与其他节点均相连的边的数量，用$N-1$来表示。

本节通过计算"点对"空间中所有顶点到任意一点的距离来度量网络中点的聚集程度，并以此衡量每个点是否为中心。鉴于度中心性指标与节点的度指标具有相似之处，故在此不对其进行深入剖析。

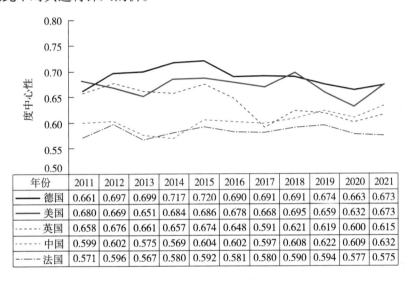

年份	2011	2012	2013	2014	2015	2016	2017	2018	2019	2020	2021
德国	0.661	0.697	0.699	0.717	0.720	0.690	0.691	0.691	0.674	0.663	0.673
美国	0.680	0.669	0.651	0.684	0.686	0.678	0.668	0.695	0.659	0.632	0.673
英国	0.658	0.676	0.661	0.657	0.674	0.648	0.591	0.621	0.619	0.600	0.615
中国	0.599	0.602	0.575	0.569	0.604	0.602	0.597	0.608	0.622	0.609	0.632
法国	0.571	0.596	0.567	0.580	0.592	0.581	0.580	0.590	0.594	0.577	0.575

图3.6　主要国家稀散矿产资源度中心性

数据来源：UN Comtrade。

（2）接近中心性。考虑节点间最短路径的平均长度，接近中心性成为一个重要的指标。本节在分析了传统的距离测度和最近点算法后，提出一种新的度量方法——接近中心性来计算网络的近邻关系，并利用这种近邻关系构建加权图以提高逼近中心性指数。衡量贸易经济体与其他贸易经济体接近程度的指标是其接近中心性。当某一节点到图中其他节点的最短距离较短时，其接近中心性显著增强；相较于其他中心性指标，接近中心性更趋近于几何上的中心位置。

接近中心性公式如下：

$$CC_i = \frac{N-1}{\sum\limits_{j=1}^{N} d_{ij}} \tag{3.11}$$

式中，d_{ij}为节点i到其余各点的平均距离。平均距离的倒数就是接近中心性。

采用统计学方法对计算出的接近中心性进行归一化处理，并从中挑选出2011—2021年国际稀散矿产资源贸易网络中心性程度较高的5个国家进行深入分析。如图3.7所示，在稀散矿产资源贸易中，德国、美国、中国、英国、印度等国家是最接近贸易中心的。中国稀散矿产出口创汇最广泛和贸易额最多，竞争优势较强，但是美国和德国等传统经济强国在贸易中仍然占据核心位置，并和世界上其他稀散矿产贸易国家（地区）建立了较为密切的贸易网络。因此，在稀散矿产资源贸易过程中，各个国家（地区）之间的接触程度和联系强度都会发生改变。随着时间的推移，越来越多的国家（地区）在稀散矿产资源贸易中逐渐逼近其核心地位。这表明世界主要国家（地区）的接近中心性不断加强。

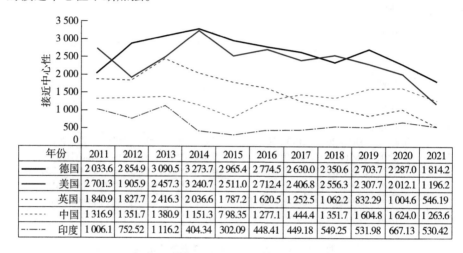

年份	2011	2012	2013	2014	2015	2016	2017	2018	2019	2020	2021
德国	2 033.6	2 854.9	3 090.5	3 273.7	2 965.4	2 774.5	2 630.0	2 350.6	2 703.7	2 287.0	1 814.2
美国	2 701.3	1 905.9	2 457.3	3 240.7	2 511.0	2 712.4	2 406.8	2 556.3	2 307.7	2 012.1	1 196.2
英国	1 840.9	1 827.7	2 416.3	2 036.6	1 787.2	1 620.5	1 252.5	1 062.2	832.29	1 004.6	546.19
中国	1 316.9	1 351.7	1 380.9	1 151.3	7 98.35	1 277.1	1 444.4	1 351.7	1 604.8	1 624.0	1 263.6
印度	1 006.1	752.52	1 116.2	404.34	302.09	448.41	449.18	549.25	531.98	667.13	530.42

图3.7 主要国家稀散矿产资源接近中心性

数据来源：UN Comtrade。

3.2.4 中国稀散矿产资源的全球贸易地位复杂网络分析

在上述分析中，本章详细探讨了10年来全球稀散矿产资源的贸易格局。在此基础上，通过构建国际贸易模型，利用投入产出表以及相关数据，研究了中国在稀散矿产资源领域的贸易关系和影响因素，发现了一些新现象。中国在国际稀散矿产资源贸易中扮演着至关重要的角色，本节将以中国为核心节点，对其进出口关系进行综述，并对其在国际贸易网络中的地位进行测算和分析，同时比较分析中国在2011—2021年间的贸易关系演变历程。

3.2.4.1 贸易进出口中中国地位关系分析

稀散矿产资源的进出口国家关系。根据2011—2021年中国进出口稀散矿产资源国家数量的汇总，如图3.8所示，中国稀散矿产资源的进口来源国国家数量约50个，随着我国工业受稀散矿产资源的重要影响以及这一趋势的发展，可以推断，未来稀散矿产资源的来源国将持续稳步增长，但其增速不会过高。这是因为稀散矿产资源的进口主要受资源禀赋和地域等因素的影响，存在许多制约因素。在出口贸易方面，中国出口的稀散矿产种类较少，且以初级产品为主，出口结构单一。中国稀散矿产资源的出口波动很大，2011年以前，中国稀散矿产资源的开采力度和效率都很低，所以中国基本上没有稀散矿产资源的出口；2011年以后，随着科技的发展，稀散矿产资源作为中国开采潜力很大的资源产品逐步得到开发。原来出口到韩国、日本和孟加拉国等邻国，2017年以后，中国稀散矿产资源的出口地开始向其他国家或地区扩展；2019年达到54个出口国。根据表3.4的计算结果，得出中国在稀散矿产资源国际贸易网络中的入度排名，表明稀散矿产资源的进口关系对整个国际贸易关系产生了深远影响。中国在该网络中的入度排名常年居首位，偶尔也会位居第二。中国在稀散矿产资源进口贸易网络中扮演着至关重要的角色，主导着这一领域的贸易活动。中国稀散矿产资源出度排名之前靠后，主要是因为稀散矿产资源出口很少。但是从2015年起，中国开始逐渐占据出口网络的一定位置。随着国内供需变化和中国是世界上稀散矿产资源储量比较稀缺的国家之一，今后稀散矿产资源的出口也有可能发生不小的改变。

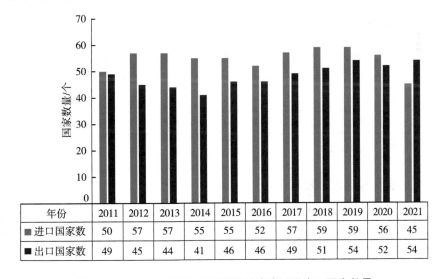

年份	2011	2012	2013	2014	2015	2016	2017	2018	2019	2020	2021
■进口国家数	50	57	57	55	55	52	57	59	59	56	45
■出口国家数	49	45	44	41	46	46	49	51	54	52	54

图3.8　2011—2021年中国稀散矿产资源进出口国家数量

数据来源：UN Comtrade。

3.2.4.2 进出口贸易额

稀散矿产资源的进出口贸易额。如图3.9所示，2011—2021年，中国稀散矿产资源进口贸易额先出现骤落式下降；2017年出现井喷式上升；2018年出现同比下降；2019—2021年则稳定在一定的范围内。相较于出口来说，中国稀散矿产资源对外依存度高，国内需求在很大程度上依靠进口。

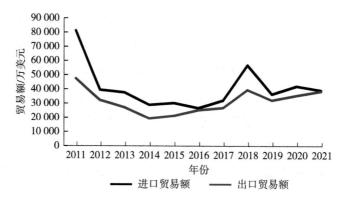

图3.9 2011–2021年中国稀散矿产资源进出口贸易额

数据来源：UN Comtrade。

由表3.6可以看出，2012—2021年中国稀散矿产资源进口贸易额始终位列全球第一，说明中国是稀散矿产资源进口贸易量最大的国家，中国对稀散矿产资源的需求旺盛，且进口需求仍在迅速增长。稀散矿产资源出口贸易额近年来也持续增长，稳定在全球第一位。

表3.6 2011—2021年中国稀散矿产资源进出口排名

年份	2012	2013	2014	2015	2016	2017	2018	2019	2020	2021
进口排名	1	1	1	1	1	1	1	1	1	1
出口排名	2	2	4	2	2	2	1	1	1	1

数据来源：UN Comtrade。

3.2.4.3 主要贸易国家（地区）

稀散矿产资源的主要贸易国家（地区）。如图3.10，这10年间，稀散矿产资源国际贸易网络中心变多且单个中心的聚集度有所降低，出部分国家（地区）中心向全球化趋势发展。中国处于稀散矿产资源贸易网络较为中心的位置，美国、英国、德国、日本和印度等是中国稀散矿产资源贸易主要的贸易国家（地区），关系紧密，贸易量大。

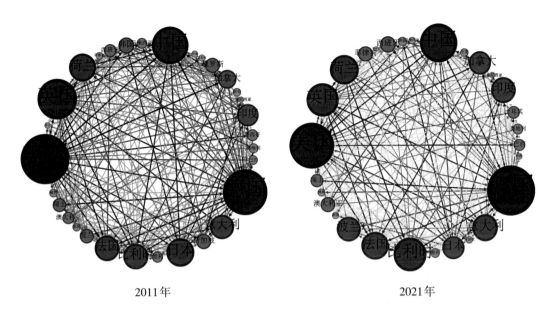

| 2011年 | 2021年 |

图3.10　2011年和2021年稀散矿产资源的主要贸易国家或地区

从表3.7中可以看出，美国、日本、德国、韩国、中国香港是中国主要的贸易伙伴，中国与以上国家（地区）之间的贸易额占总贸易额的80%以上。其中，与中国香港的贸易往来最为频繁，贸易额基本处于世界第一位，可见中国香港稀散矿产资源消费量巨大。

表3.7　2011—2021年中国稀散矿产资源主要贸易国家（地区）

排名	1	2	3	4	5
2011 年	中国香港	日本	英国	韩国	美国
2012 年	中国香港	美国	韩国	加拿大	日本
2013 年	中国香港	美国	韩国	日本	加拿大
2014 年	美国	韩国	中国香港	日本	德国
2015 年	中国香港	美国	韩国	日本	德国
2016 年	中国香港	美国	韩国	日本	德国
2017 年	中国香港	美国	日本	韩国	加拿大
2018 年	中国香港	德国	美国	韩国	日本
2019 年	中国香港	日本	韩国	美国	加拿大
2020 年	中国香港	马来西亚	日本	韩国	德国
2021 年	中国香港	德国	日本	美国	比利时

3.2.5 中国稀散矿产资源全球角色地位分析

以衡量贸易网络中一个节点作为媒介的能力，中介中心性是一个重要的衡量标准。中国在2011—2021年国际贸易网络中的节点控制程度，可通过图3.11所呈现的数据来进行展示，即中国在稀散矿产资源全球贸易中的中介中心性。

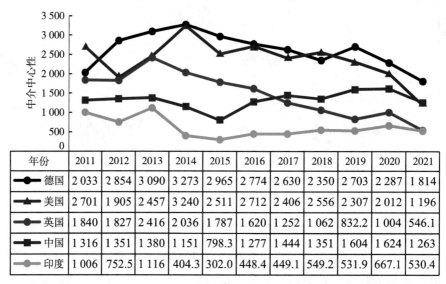

年份	2011	2012	2013	2014	2015	2016	2017	2018	2019	2020	2021
德国	2 033	2 854	3 090	3 273	2 965	2 774	2 630	2 350	2 703	2 287	1 814
美国	2 701	1 905	2 457	3 240	2 511	2 712	2 406	2 556	2 307	2 012	1 196
英国	1 840	1 827	2 416	2 036	1 787	1 620	1 252	1 062	832.2	1 004	546.1
中国	1 316	1 351	1 380	1 151	798.3	1 277	1 444	1 351	1 604	1 624	1 263
印度	1 006	752.5	1 116	404.3	302.0	448.4	449.1	549.2	531.9	667.1	530.4

图3.11　2011—2021年中国在全球稀散矿产资源贸易的控制程度

表3.8显示了2012—2021年中国对国际稀散矿产资源贸易控制程度。排名越高，说明其影响力越大。从中可以看出，中国在全球稀散矿产的贸易量一直处于领先地位，但是近年来随着国际市场对稀土等稀贵金属需求增加以及中国稀土出口政策调整，贸易规模呈现下降趋势。如表3.8所示，中国在国际稀散矿产资源贸易中的地位不断攀升，其掌控能力逐渐增强，直至2021年达到巅峰状态。在过去的10年中，中国一直保持在前四位，表明中国凭借丰富的劳动力资源和庞大的国内市场需求，已经形成了一种独特的加工贸易竞争优势，并不断增强在国际贸易中充当中介的能力。

表3.8　2012—2021年中国稀散矿产资源中介地位分析

年份	2012	2013	2014	2015	2016	2017	2018	2019	2020	2021
中介中心性	1 351.74	1 380.97	1 151.23	798.35	1 277.17	1 444.42	1 351.74	1 604.85	1 624.00	1 263.60
排名	4	4	4	4	4	3	3	3	3	2

3.3 稀散矿产资源产业链中国家（地区）社团的格局分析

3.3.1 小团体及特征演变分析

国际贸易网络可以被划分为多个社团。通过对社团结构的演变进行分析，我们可以了解国际贸易格局的历史变迁。这些社团是由一系列节点的了集合组成的。这些节点之间的连接相对稀疏，但子集和内部节点之间的连接异常密集。国际贸易网络结构与传统国际经济模型有很大区别，国际贸易网络一般具有小世界特征和无标度性特征。在国际贸易网络中，不同的国家可能会形成多个小团体。这些小团体内部的国家之间的关系相对紧密，但处于不同小团体之间的国家间的关系相对松散。由于每个社团都有其独有的特征和行为方式，因此，在构建贸易社团时必须考虑其特征，并将这些因素综合起来进行建模。因为贸易经济体之间的实际贸易额不同，所以本节采用社区探测算法来将其划分为不同的社团，并使用Gephi软件对社团化结果进行可视化分析。

3.3.1.1 模块度指标——衡量贸易全球化程度

近年来，Newman提出了模块度（modularity）的概念，推动了社区检测领域的快速发展。模块度是一种新的网络结构度量方法，不仅能体现小世界特征，而且能够很好地描述实际网络系统的结构特征。节点之间的紧密或松散关系可以通过模块度来反映。这种度量可以反映出节点之间的关联状态。基于模块度的理论，本节提出了一种新的网络社区发现方法，并将其应用到贸易网络研究当中。利用模块度算法，可以确定贸易网络的社团结构。可以针对不同场景划分社团，使用对应的模块度指标评价网络划分程度。其取值区间为0～1。随着模块度的逐渐逼近，网络的分化程度逐渐加深，呈现越来越复杂的趋势，同时贸易网络也呈现一定程度的集群现象，而且全球化对贸易网络的影响变得越来越微弱。模块度高的节点往往具有更高的聚类系数，而低的则没有这样的特征。随着模块度逐渐趋近于0，网络分化的程度逐渐减弱，贸易网络的全球化趋势也越来越明显。本节提出了基于节点重要性和聚类系数的贸易网络结构识别方法。以下是计算模块度的公式：

$$Q = \frac{1}{2m} \sum_{ij} \left[W_{ij} - \frac{A_i A_j}{2m} \right] \delta(c_i, c_j) \tag{3.12}$$

式中，W_{ij} 为点 i 和点 j 之间的边的权重；

$A_i = \sum_j w_{i,j}$ 为点 i 的所有边的权重之和；

$A_j = \sum_i w_{j,i}$ 为点 j 的所有边的权重之和；

$m = \frac{1}{2} \sum_{i,j} w_{i,j}$；

c_i 为点 i 所在的社团；

c_j 为点 j 所在的社团。如果点 i 与点 j 在同一个社团，那么 $c_i = c_j$，则 $\delta(c_i, c_j) = 1$，否则 $\delta(c_i, c_j) = 0$。当所有节点都归属同一个社区的时候，$Q=0$。

随着 Q 值的增加，社区的结构变得更加清晰，呈现更加清晰的面貌。本节在已有研究成果上提出了一个基于模块度研究稀散矿产品国际贸易国家社团结构的方法。实际上，模块度是一种更普适的度量方式，具有独特的形式和特点。通过实验证明，与其他几种常用的社团测度方法相比，本节提出的基于模块度和加权平均距离的聚类模型具有较好的性能。该算法的最大优点在于，它不需要考虑图像分辨率的极限，而且可以根据需要选择不同的社团大小，从而实现更加灵活的图像处理。在此基础上，利用模块度来描述国际资源市场结构和贸易行为特征，为分析国际资源市场关系提供了新的视角。考虑该算法的优越性，本节采用该算法对模块度进行计算，以此作为整理稀散矿产资源产品国际贸易中国家社团格局的数据基础，从而获得更深入的认识。

如图3.12所示，近年来稀散矿产资源的全球化程度并不稳定，存在一定波动。

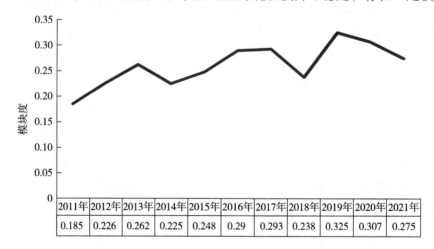

	2011年	2012年	2013年	2014年	2015年	2016年	2017年	2018年	2019年	2020年	2021年
	0.185	0.226	0.262	0.225	0.248	0.29	0.293	0.238	0.325	0.307	0.275

图3.12　2011—2021年全球稀散矿产资源产品贸易网络模块度

数据来源：UN Comtrade。

3.3.1.2 社团数量

如图3.13所示，稀散矿产资源贸易分化所涉及的社团数量呈现不稳定的趋势，网络中社团数量在2~8个之间波动较大，但缺乏明显的相似性。随着时间的变化，网络密度不断增大，社团数量和节点数却逐渐减少。2020年，稀散矿产资源社团的数量达到了惊人的8个；而在随后的2021年，这一数字降至最低点。

2011年	2012年	2013年	2014年	2015年	2016年	2017年	2018年	2019年	2020年	2021年
4	4	5	4	5	3	5	4	6	8	2

图3.13　稀散矿产资源社团数量

数据来源：UN Comtrade。

3.3.2 贸易社团化分析

进一步审视国家（地区）社团的演变趋势，可以发现其变化之处。因此，在对这些社团进行分类时必须考虑其实际存在时间和性质。

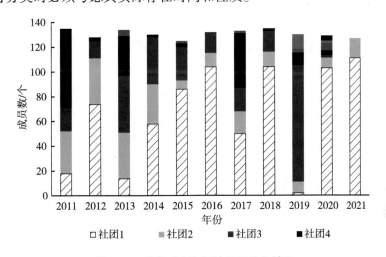

图3.14　稀散矿产资源的社团分化情况

数据来源：UN Comtrade。

观察图3.14，发现该领域的社团数量波动不定，仅有4～9个社团，少数社团成员来自较少的国家（地区）。首先，10年来，稀散矿产资源国际贸易社团主要由3个成员组成，占据了90%～95%的成员总数。其次，对稀散矿产资源社团结构进行了划分，发现社团规模、平均度、聚类系数都在逐渐增大。基于2011年和2021年稀散矿产资源国际社团分布结构（见图3.15），本节对过去10年中社团的分布和演化特征进行了深入分析。

2011年，稀散矿产资源贸易国家（地区）最大的市场份额为欧洲国际社团所垄断。在全球范围内，占据56%的市场份额的是由德国和英国领导的社团。这些社团遍布66个国家（地区）。该地区的矿产储量位列全球第四，展现出其在矿产资源开发方面的卓越实力。本章第四部分分析了国际矿产资源合作的新趋势。第二社团由美国、加拿大、智利等国家（地区）以及东南亚国家印度和新加坡等组成，包含27个国家（地区），占据总数的23%。该地区矿产储量在全世界排名第八。亚—澳大利亚社团的主要贸易伙伴为中国、印度及中国香港，其涵盖22个国家（地区），占贸易国家（地区）总数的20%。

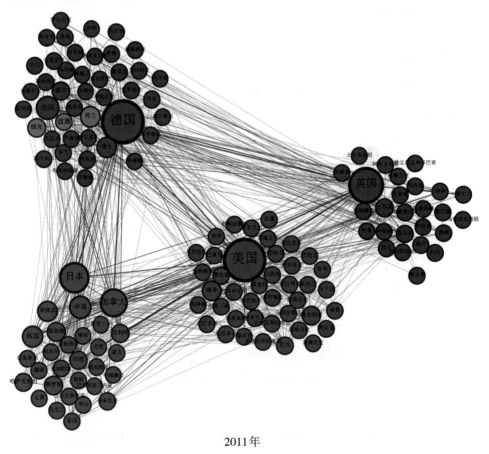

2011年

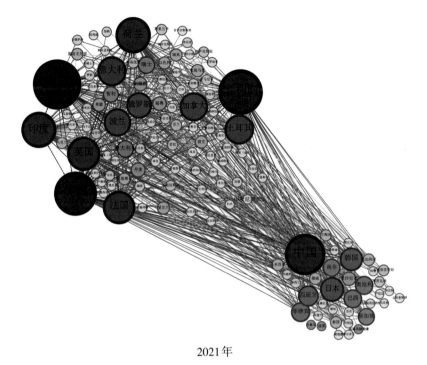

2021年

图3.15 稀散矿产资源国际贸易网络主要社团成员分布

数据来源：UN Comtrade。

2021年的稀散矿产资源主要国家（地区）社团保持不变，但欧洲社团成员逐渐减少，而美洲社团成员则有所增加。这表明一些其他社团成员加入了美洲社团，如土耳其、意大利等，而亚洲社团除印度以外几乎没有变化。另外，衍生出更多规模较小的社团，如赞比亚、莫桑比克、纳米比亚和安戈尔等非洲贸易不发达的小团体，以促进其分化。在三大社团中，欧洲社团贸易份额最大，主要进口国有土耳其、加拿大、法国，出口国则是巴西、莫桑比克、希腊、印度、土耳其等稀散矿产资源资源禀赋国家；美洲社团进口国包括美国、奥地利、德国、英国、墨西哥、俄罗斯等欧美发达国家，出口国较单一，主要是圭亚那、牙买加；亚洲社团成员较少，进口国主要是中国、韩国、马来西亚，出口国家（地区）则是中国香港、印度尼西亚（见表3.9）。

表3.9 稀散矿产资源国际贸易网络主要国家（地区）社团成员分布

社团	主要出口国家（地区）	主要进口国家（地区）
欧洲社团	巴西、比利时、希腊、印度、土耳其	土耳其、加拿大、法国、沙特阿拉伯、乌克兰、爱尔兰
美洲社团	圭亚那、牙买加、	美国、德国、英国、墨西哥、俄罗斯
亚洲社团	中国香港、印度尼西亚	中国、韩国、马来西亚

数据来源：UN Comtrade。

由此，稀散矿产资源的贸易网络国家（地区）社团呈现以下特征。

首先，尽管社团数量略有波动，但主要社团呈现一定的社团化特征，其稳定性较高，变化不大，且相较于全球化趋势而言，表现较为稳定。在全球经济一体化进程中，各国都逐渐意识到加强本国经济实力是实现自身发展的关键。这使各国之间的竞争日益激烈，矿产行业作为一国综合国力的重要组成部分，自然成为关注焦点。其次，仍有极少数国家（地区）垄断着稀散矿产资源的交易，呈现以少数国家（地区）为主导的明显社团化趋势。这种现象在全球范围内仍然存在。最后，从贸易结构来看，大多数国家（地区）倾向于向其他发展中国家（地区）出口稀散矿产。在稀散矿产资源出口贸易额方面，中国香港、韩国、巴西、几内亚等国家（地区）所属的社团，内部贸易主要依赖于这些国家（地区）作为进口来源。这是它们在国际贸易中的重要角色。在过去的10年中，亚洲和澳大利亚的社团呈现不断分化的趋势，表明这些社团内部的贸易联系并不紧密，可能是由一些国家（地区）的政策和国际形势的演变导致的。稀散矿产资源贸易的主要出口国家（地区）以其资源禀赋为主导，其进出口贸易和社团分化呈现高度的地缘特征，成为该领域不可或缺的重要组成部分。

3.4 全球稀散矿产资源产业链贸易格局影响因素QAP分析

前文对2011—2021年稀散矿产资源产业链贸易网络拓扑结构和演化特征展开了研究，找出双边进出口贸易关系与贸易额变化是导致网络结构和节点中心性发生变化的直接因素。本章对网络中的贸易额进行了较全面的分析和讨论，认为潜在的网络属性影响因素同样值得进一步研究与探讨。在这一节中将使用QAP分析方法对世界稀散矿产资源产业链国际贸易网络形成背后的深层原因进行探究和论证。

3.4.1 影响因素的选取和模型构建

在综合现有有关贸易合作变化影响因素的研究成果的基础上，本节旨在从经济规模、地理、文化和科技4个方面，筛选出对贸易格局演变具有关系性影响的因素。

3.4.1.1 影响因素的选取

（1）被解释变量的选取。通过统计分析世界稀散矿产资源交易数据发现，稀散矿产资源的贸易相对集中。据统计，2016年稀散矿产资源贸易额居前三十位的国家，其贸易额总和在全球稀散矿产贸易总额中所占比例为99%。中国是稀散矿产资源大国，但不是世界上最大的稀散矿产资源生产国与出口国。为了避免稀疏网络用于QAP回归分析中出现拟合效果不好的情况，本节所选研究对象是2016年稀散矿产资源贸易额前三十位的国家，并以2011—2021年稀散矿产资源产业链贸易数据为代表，作为QAP分析中的被解释变量。

（2）解释变量的选取。影响世界稀散矿产资源产业链上产品贸易演化的因素相对较多，根据现有研究者相关研究结果和数据收集可得性进行筛选，对贸易网络可能产生影响的4个要素进行研究，即经济要素、地理要素、文化要素以及科技要素。

随后，对以上影响因素进行拆分和细化，形成6个二级指标。其中，经济因素是用两国的经济距离量度的；距离因素是基于两国之间的地理距离，以有无接壤为尺度；文化因素是通过两国官方语言与殖民地之间的文化联系进行量度的；科技因素是用各国申请专利被采纳的次数作为量度的。

（3）解释变量的假设说明。①国内生产总值。一般来说，一国的经济发展水平和它的贸易总量是呈正向相关的。在学界，首先，人们普遍采用GDP作为衡量一国经济发展的指标。然后，利用任意两国GDP差异的绝对值，构建30阶矩阵，并将其用于经济规模的解释变量，从而研究经济规模对稀散矿产资源产业链上的产品贸易网络的影响。

②地理距离。除对运输成本产生影响之外，还会对国与国之间信息交换的效率产生影响。两个国家之间的地理距离越长，它们进行贸易的成本就越高；相反，它们进行贸易的成本就越低。所以，地理距离会对国际贸易产生很大的影响。本节由此选择了两个国家首都的地理距离差来构造矩阵，并作为一个解释变量。

③国土接壤。与土地相邻的国家开展国际贸易，降低其贸易成本是一项可行的措施。为此，本节选择两国领土毗邻与否，构造二值矩阵，以考察两国在世界范围内的分散矿产资源产业链上的产品贸易网络。

④共同语言。语言的不同是不同民族文化之间的不同表现形式之一。两个国家之间有着共同的官方语言，就意味着它们的文化背景可能存在一定的相似性。这样，在进行贸易的时候，它们之间就更容易接受对方的贸易产品。另外，由于两个国家之间的语言是最主要的交流手段，因此两个国家之间的相互了解，也就大幅降低了在文化交易中所遇到的交流障碍，使双方之间的交易更加方便。通过构建不同国家之间有无通用正式语言的二值矩阵，考察其对稀散矿产资源产业链上的商品交易网络的影响。

⑤殖民关系。如果两个国家之间在历史上有过殖民地的关系，那么它们之间的文

化发展就会具有某种程度的互动，就会对它们之间的贸易有所帮助。本项目拟通过构建二值矩阵，通过分析两国之间是否存在共同的殖民地，以及两国之间是否为一个国家，来考察两国之间的相互关系，从而分析对稀散矿产资源产业链上的商品贸易网络产生的影响。

⑥专利数量。本节旨在探究稀散矿产资源产业链产品贸易网络受两国科技水平差异的影响，并以各国每年向世界知识产权组织（WIPO）申请通过的专利数量为科技距离的评价标准，构建差值矩阵，作为代表经济规模的解释变量。

3.4.1.2 模型的构建

针对2011—2021年稀散矿产资源贸易额排名前三十位的国家，本节采用加权贸易网络 $W(t)$ 作为被解释变量，t 代表不同年份，并以GDP、地理距离、国土接壤、共同语言、殖民关系和专利数量6个要素构建QAP模型，从而推导出QAP模型：

$$W(t) = \sigma_0 + \sigma_1 GDP + \sigma_2 Contig + \sigma_3 GD + \sigma_4 Lang + \sigma_5 Colon + \sigma_6 Patent \quad (3.13)$$

式中，$W(t)$ 为稀散矿产资源有向加权贸易网络矩阵；

GDP 为国家间经济规模差值矩阵，矩阵元素为国家间GDP差值的绝对值；

$Contig$ 为各国间是否接壤二值矩阵，矩阵元素为0或1，其中，1表示两国之间接壤，0则表示两国之间不接壤；

GD 为国家间地理距离差值矩阵，矩阵元素为各国之间首都的地理距离；

$Lang$ 为各国是否有共同官方语言二值矩阵，矩阵元素为0或1，其中，1表示两国之间有一致的官方语言，0则表示两国之间无共同官方语言；

$Colon$ 为各国是否有殖民关系二值矩阵，矩阵元素为0或1，其中，1表示两国之间有过殖民关系，0则表示两国之间无殖民关系；

$Patent$ 为国家间专利数量差值矩阵，矩阵元素为各国之间申请通过的专利数量差值的绝对值。

由于各类变量数据的度量单位不一致，故本节对相关矩阵数据预先运用UCINET软件进行标准化处理。

3.4.2 QAP分析结果及结论

3.4.2.1 QAP相关性分析

利用UCINET软件，对2011—2021年稀散矿产资源进出口贸易网络各影响因素矩阵进行5 000次随机置换，得到各个指标与贸易属性的相关系数和对应的统计 P 值，如表3.10所示。

表3.10 稀散矿产资源国际贸易网络影响因素QAP相关性分析结果

年份	GDP指标	是否接壤指标	地理距离指标	语言文化指标	殖民文化指标	专利数量指标
2011	0.152 *** （0.003）	0.238 *** （0.000）	−0.190 *** （0.000）	0.039 （0.151）	−0.021 （0.413）	0.159 *** （0.001）
2012	0.271 *** （0.001）	0.229 *** （0.000）	−0.178 *** （0.000）	0.076 ** （0.025）	−0.009 （0.437）	0.219 *** （0.004）
2013	0.189 *** （0.008）	0.310 *** （0.000）	−0.135 *** （0.000）	0.086 ** （0.022）	−0.022 （0.240）	0.203 ** （0.011）
2014	0.229 *** （0.000）	0.230 *** （0.000）	−0.117 *** （0.001）	0.099 ** （0.026）	−0.031 （0.399）	0.253 *** （0.002）
2015	0.203 *** （0.002）	0.265 *** （0.000）	−0.129 *** （0.000）	0.087 ** （0.031）	−0.026 （0.422）	0.186 *** （0.002）
2016	0.176 ** （0.025）	0.290 *** （0.000）	−0.136 *** （0.000）	0.040 （0.150）	−0.012 （0.430）	0.210 ** （0.026）
2017	0.178 *** （0.006）	0.265 *** （0.000）	−0.132 *** （0.000）	0.075 * （0.054）	−0.002 （0.517）	0.213 *** （0.009）
2018	0.212 *** （0.004）	0.323 *** （0.000）	−0.158 *** （0.000）	0.091 ** （0.017）	0.026 （0.241）	0.202 ** （0.019）
2019	0.212 ** （0.013）	0.273 *** （0.000）	−0.139 *** （0.000）	0.058 （0.110）	−0.012 （0.475）	0.258 ** （0.013）
2021	0.188 *** （0.003）	0.218 *** （0.000）	−0.176 *** （0.000）	0.069 * （0.055）	0.048 （0.117）	—

注：*** 指 $p<0.01$，** 指 $p<0.05$，* 指 $p<0.1$。

通过表3.10可以看出，对于贸易额而言，GDP、国土接壤、共同语言和专利数量4个变量之间存在显著的正向相关性。这种相关性具有显著的统计学意义。具体而言，2011—2021年，GDP和稀散矿产资源贸易额的相关系数的平均值达到0.208 1，并且显著性水平都在0.05以上。这说明GDP和稀散矿产资源贸易在统计意义上有关联。这一相关性表现出幅度平稳的趋势。如果各国经济发展速度不一致或经济增长过程中出现波动的话，那么这种关联性也将随之改变。所以一个国家的GDP数值越高，那么它在世界稀散矿产资源贸易网络中所占贸易额参与程度越高。国土接壤和稀散矿产资源贸易额相关系数基本保持不变且显著性水平均为0.01，表明均在1%水平上高度显著，可见毗邻的国家更倾向于开展进出口贸易活动。共同语言与稀散矿产资源贸易额之间的相关系数呈现先升高后降低的趋势，2011年、2016年、2019年相关性较弱，但10年来该指标显著性水平呈现先降低后升高的趋势，并分别在2011年、2016年、2019年这3年呈现在10%水平下不显著的状况，说明这3年在一定程度上不能反映稀散矿产资源贸易额与共同语言之间是否有相关关系。国家间专利数量与稀散矿产资源贸易额之间相关性水平较稳定，在0.2左右浮动，且显著性水平较高，10年来都在5%以上水平显著相关。

3.4.2.2 QAP回归分析

接下来使用UCINET对2011—2021年国家稀散矿产资源有向加权贸易网络进行逐年QAP回归分析，并选取随机置换5 000次，回归结果如表3.11所示。

表3.11　稀散矿产资源国际贸易网络影响因素QAP回归结果

年份	GDP指标	是否接壤指标	地理距离指标	语言文化指标	殖民文化指标	专利数量指标	R^2	$Adj\text{-}R^2$
2011	0.075 ** (0.046)	0.248 *** (0.000)	-0.125 *** (0.001)	0.035 (0.101)	-0.095 * (0.084)	0.125 *** (0.005)	0.118	0.114
2012	0.222 *** (0.000)	0.228 *** (0.000)	-0.155 *** (0.000)	0.089 *** (0.007)	-0.091 (0.502)	0.084 ** (0.036)	0.187	0.172
2013	0.101 ** (0.047)	0.288 *** (0.000)	-0.120 *** (0.000)	0.091 *** (0.005)	-0.058 (0.329)	0.149 ** (0.032)	0.171	0.166
2014	0.217 *** (0.001)	0.234 *** (0.000)	-0.104 *** (0.001)	0.099 *** (0.006)	-0.103 (0.200)	0.107 ** (0.029)	0.171	0.169
2015	0.123 ** (0.011)	0.275 *** (0.000)	-0.085 *** (0.004)	0.090 *** (0.003)	-0.096 (0.201)	0.121 *** (0.008)	0.149	0.144
2016	0.074 ** (0.022)	0.262 *** (0.000)	-0.114 *** (0.000)	0.052 * (0.051)	-0.072 (0.304)	0.174 ** (0.018)	0.176	0.173
2017	0.081 * (0.054)	0.248 *** (0.000)	-0.103 *** (0.000)	0.075 ** (0.019)	-0.069 (0.208)	0.161 *** (0.007)	0.183	0.179
2018	0.135 ** (0.028)	0.289 *** (0.000)	-0.116 *** (0.000)	0.090 *** (0.008)	-0.056 (0.236)	0.127 ** (0.035)	0.184	0.179
2019	0.089 ** (0.014)	0.239 *** (0.000)	-0.119 *** (0.000)	0.069 ** (0.040)	-0.072 (0.210)	0.204 *** (0.005)	0.183	0.181
2021	0.195 *** (0.003)	0.161 *** (0.001)	-0.153 *** (0.000)	0.052 * (0.086)	-0.004 (0.493)	—	0.096	0.095

注：*** 指 $p<0.01$，** 指 $p<0.05$，* 指 $p<0.1$。

从总体回归结果来看，数值呈逐渐增加的趋势，从2011年的0.118上升至2021年的0.187，表明该模型在全球稀散矿产资源产品贸易网络中的拟合效果良好，所选的各种变量对该网络结构的解释能力逐渐增强。

地理距离指标与有无接壤指标在10年的时间内，皆高度显著，表明距离因素对稀散矿产资源进出口贸易有显著影响。短距离贸易不仅使商品运输成本降低，也降低了长距离贸易信息不对称所造成的风险，还降低了运输期间的安全风险，所以国家往往选择相邻的国家进行交易；相反，若一国与另一相邻国不相接或相距较远则会促进其矿产资源出口，从而提高本国经济发展速度。根据地理距离差值矩阵的回归结果，可以得出2011—2021年的系数均呈现负值。可见，地理距离对于国际贸易关系有较大影响力。

根据语言文化距离差值矩阵的回归结果，可以得出结论：2011—2021年文化因素系数均为正，除2011年外，其他年份均通过了5%的显著性水平检验；并且在2012—2015年间，还通过了1%的显著性水平检验。此外，根据本节的实证研究分析发现，语言文化差异会使不同类别和等级之间的贸易联系更密切。在该贸易网络中，国家之间的共同语言形成了一种紧密的贸易联系，从而促进贸易的发展。从空间维度来看，语言文化差异会随着时间发生改变，但是变化幅度较小。与此同时，它的系数从2011年的0.045上升至2014年的0.099，又下降至2021年的0.052。随着时间的推移，贸易网络结构所受的语言文化差异的影响呈现逐渐增强又减弱的趋势。考虑之前的相关性分析和回归结果未经过显著性检验，因此可以得出结论，殖民文化因素与稀散矿产资源贸易额之间缺乏明显的相关性，因此无法进行统计学上的意义分析。

在科学技术指标方面，专利数量指标的回归系数在过去10年中均达到5%的显著性水平，尤其是2011年、2015年、2017年和2019年表现出高度的显著性。此外，在过去10年中，回归系数从2011年的0.115上升到2021的0.205，表明科技进步对促进国家之间的稀散矿产资源贸易具有积极的促进作用，并且这种影响的程度逐渐加大。

总体来看，稀散矿产资源进出口国际贸易网络中，经济、科技、地理和文化等多种因素与贸易活动之间呈现显著的相关性，并且这种相关性的解释程度不断加强。通过对不同区域之间的对比分析发现，中国与其他国家相比在资源禀赋上具有明显优势。随着距离的增加，进出口贸易的开展受到抑制，而其他指标则呈现高度正相关性，除了殖民文化因素。

3.5 本章小结

第一，稀散矿产贸易网络整体存在一定集聚效应。稀散矿产资源贸易网络呈现以中国、美国、德国、日本等高精尖应用技术发达的国家为网络中心节点，并以其各自的主要贸易伙伴为辅，多中心的稀散矿产贸易网络格局。中国是全球稀散矿产资源最大的进口国家，且稀散矿产资源出口量较大，稀散矿产资源贸易额始终位列世界第一。中国生产稀散矿产资源产值近几年位居世界之首，出口国家最多，是世界上稀散矿产资源第一来源国。由于2017年全球地缘政治矛盾激化，以及2019年全球新冠疫情的暴发，稀散矿产的国际贸易受上述时间点的影响都不一样。直到2021年，各种稀散矿产产品的全球贸易渠道才逐步畅通起来。整体上，稀散金属的贸易网络表现为中国、美国、德国、日本这类高精尖应用技术比较完善的国家是网络中心节点，它们各自的主要贸易伙伴是次要的，多中心稀散矿产贸易网络格局已经形成。

第二，稀散矿产贸易网络之间存在一定的社团划分现象，不同稀散矿产社团划分存在较大区别，但均受地缘区划因素的影响。稀散矿产资源的掌控有较稳定社团特性。重要的社团变化不大，稀散矿产资源贸易量尚为少数国家所掌握，且稀散矿产资源社团化程度逐渐增强，呈现多元化的发展态势。由于矿产开采的技术条件和社会条件都比较优越，因此稀散矿产资源的开采规模较大，且多以大型矿山为主。随着经济形势的演变，稀散矿产资源社团的分化呈现不稳定的趋势，从一开始呈现的高度集中状态，逐渐分化为多个独立的社团，并且社团内的贸易交流也变得越来越紧密。一些社团在国际市场上通过与其他国家建立贸易往来关系，以获取利益并成为国际政治中独立的势力。社团贸易对世界各国产生深刻而广泛的影响。它不仅有利于本国企业发展，也有助于提高国际竞争力。社团的地理位置决定了其贸易活动的地域聚集程度，因此大多数国家倾向于与周边国家进行大规模的贸易往来。随着社会发展和生产力水平的提高，各国之间的距离逐渐缩短，世界范围内社团数量不断增加，各社团内部的分工越来越细，专业化程度也有很大提升。由于地理上的紧密联系，许多国家之间形成了紧密的贸易网络，从而推动了这些地区社团之间的竞争和合作。社团对世界经济和国际贸易发展起着非常积极的作用，但是社团内部成员也存在严重分化现象。社团所呈现的特征主要集中在几个核心国家，而其他贸易小国则呈现互补性质，只有极少数国家能够长期掌握整个网络和其所在社团。

第三，稀散矿产贸易网络演变受经济规模、地理距离、共同语言、专利指标和贸易自由度指标等因素的影响，不同稀散矿产种类所受影响不尽相同。从整体上看，QAP模型较好地解释了国际稀散矿贸易网络中的各影响因素。稀散矿产资源的贸易网络受经济规模、共同语言和地理距离指标等因素的影响较大，并随时间的推移，经济规模，地理距离的影响范围在逐步扩大。

4 全球战略性稀土矿产资源贸易格局演变分析

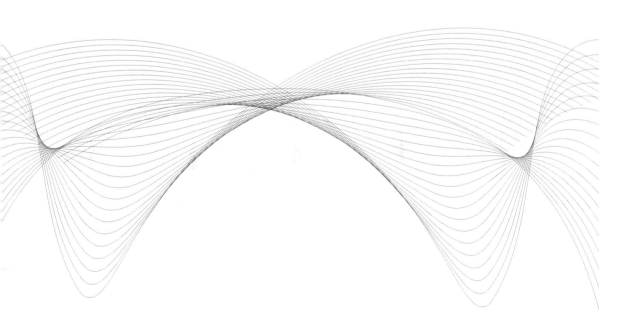

4.1 导论

本章以中国稀土贸易安全评价研究为对象，基于战略性稀土矿产资源贸易理论识别中国稀土贸易安全诸多影响因素，如外部冲击、内部产业因素、贸易结构、国际市场参与程度和贸易效益等。并且构建安全评价体系，运用主成分分析法进行实证分析，根据研究结果，从贸易结构、贸易政策、技术水平和产业安全等方面提出加强维护中国稀土贸易安全的措施，从而更好地指导政府政策制定以及稀土产业的结构升级。

4.2 概念界定

4.2.1 稀土的定义

稀土是一类产品，包含镧、铈、钇等共计17种元素中的一个或多个的钪矿、轻稀土矿等。根据国际纯粹与应用化学联合会的定义，稀土类元素是门捷列夫元素周期表第三副族，简称稀土（RE或R）。

镧、铈、镨、钕、钷、钐、铕，称为轻稀土；钆、铽、镝、钬、铒、铥、镱、镥、钪和钇称为中重稀土。相比较而言，中重稀土更加稀有，在国防、新材料合成等高科技领域均有运用，且其不易找到替代品，因而价格也昂贵。稀土是一种战略稀缺资源。军事利用在稀土消费总量中占有重要地位，稀土的开发利用对军事技术的发展起到了巨大的推动作用。区域战争，特别是未来的区域战争，从某种意义上说，已成为一场利用稀土能力的战争。稀土产业安全对于国家经济安全，乃至国家安全具有战略意义，对于国防安全和社会稳定具有重要作用。稀土元素的特殊性影响国民经济几乎所有的产业，也影响其他产业的安全和发展，因此稀土产业的安全不仅影响其单个行业的安全，也影响相关产业的安全。

"工业维生素"、"工业黄金"和"21世纪新材料宝库"等称呼都被用来形容这一重要的矿产资源——稀土。稀土具有丰富的磁性、光和电特性，是现代发展中新材料运用的重要支撑。其中，主要包括稀土永磁材料、稀土催化剂材料、发光材料、光纤、磁光存储材料、超导材料、介电材料等。

在传统行业中，稀土于玻璃、冶金、化工和农业轻纺上均有作用。例如，稀土抛光粉广泛应用于光学玻璃和其他特种稀土发光玻璃；在石油化工行业，稀土可以提高催化剂的反应性能。在农业方面，稀土有利于提高作物产量、品质和抗逆性。同时，稀土是一种低毒物质，可安全应用于农产品，不会对人畜造成伤害和环境污染。合理使用稀土可提高作物抗旱、抗涝和抗倒伏的能力。

稀土的应用已与人们的生活息息相关。稀土材料在电信等方面发挥着巨大的作用，使得产品更加高性能，促进了产业创新，也使得生活更加方便。在全球稀土产业链分布中，稀土下游产品新材料磁体比重最大，战略储备意义巨大。稀土已经逐渐成为高科技发展的重要驱动力。

4.2.2 稀土贸易安全的定义

在现代，贸易安全的思想源于第一次世界大战后。最初欧洲煤钢体联盟通过采取积极的贸易措施来限制战略物资的自由销售，从而遏制战争。1993年，美国克林顿政府正式将贸易安全的概念提升至国家级别。进入21世纪，为应对国际恐怖主义的威胁，美国将其纳入贸易安全内涵，并加强相应职能。

对于我国学者而言，贸易安全的内涵界定也不统一，但归纳起来有两类主要观点：一类观点强调贸易安全是一种能力；另一类观点强调贸易安全是一种状态。大多学者界定贸易安全内涵时将其归纳为一种能力或一种状态。贸易安全可被定义为一种能力，即当一国面对贸易风险或冲击时，该国在外贸过程中能够抵御风险，实现健康发展的能力。贸易安全也可被定义为一种状态，即当一国进行贸易时，在不确定的国内外环境中能实现外贸稳定，并持续发展的状态。

进一步，贸易安全的内涵可以扩展到具体产业。例如，粮食贸易安全是指一个国家能够采取的有效措施，可以抵御粮食价格大幅波动、粮食禁运等外部冲击，并通过贸易填补国内粮食缺口，同时使贸易主体之间达成良性交易。天然气贸易安全则强调一个国家以可支付的价格获取稳定、充足的天然气供应，并以合理的价格提供稳定、适量的出口天然气。在已有的研究中，李期等（2022）认为中国稀土贸易安全可界定为在国际市场稀土需求旺盛状态下，有效发挥中国稀土资源优势，积极参与国际市场，有效抵御外部冲击，形成较为稳定的稀土贸易网络格局，并获取应得贸易效益。

针对稀土产业而言，其安全性包含生存和发展两个方面的含义。在生存问题上，稀土产业部门，除了需要维持自身正常运行，还需要满足国家经济发展需求。稀土产业生存安全又可以分为储备安全和稀土资源国际局势安全。储备安全包括确定战略物资储备的数量和质量，确保军事紧急状态原材料的充足供应，规范储备制度，使储备制度成为常态；保障国际稀土资源安全需要调整稀土产业，并实现稀土供应多元化。在发展问题上，强调稀土产业持续发展能力强、在激烈竞争中具备强竞争力、没有威胁的状态，可以采取多元化政策，积极引导稀土产业向更健康、更环保、更可持续的方向发展。稀土行业的安全要求确保稀土行业能够抵御内部风险、抵御来自工业外部环境的冲击。

稀土的贸易安全具有战略性意义，并且稀土贸易安全也受诸多因素的影响，具有复杂性。综上所述，本书将中国稀土贸易安全定义为，在国际市场稀土需求旺盛状态下，中国能够采取有效措施抵御不利外部因素的冲击，维持自身健康发展，积极参与国际市场并获取贸易效益。

4.3 中国稀土贸易现状

4.3.1 供需情况

中国是全球稀土储量、供应和消费第一大国，因而中国稀土市场的供需变化也在一定程度上影响着世界稀土市场。

4.3.1.1 稀土供给

由于资源分布不均，大多数国家通过进口获得稀土资源。在稀土产品贸易中，美国曾是最大供应商。但中国的稀土产量在20世纪90年代急剧增加，超过了美国，成为世界上最大的稀土生产国和出口国。2011—2021年，中国稀土产量及占全球稀土产量的比例如图4.1所示。

虽然近年来中国稀土产量有所下降，但从美国地质调查局公布的数据可以得知，2021年，中国稀土储备量就已达到4 400万吨，占全球总储备量的36.67%。从全球稀土储备量和产量来看，中国稀土的资源量只占世界的38%；但近20年来，中国开采的稀土几乎占了世界绝大多数产量。现在已经知道的稀土矿物种类有250多种，其中可供利用的工业稀土矿物有50多种。内蒙古自治区白云鄂博稀土矿与南方离子吸附型稀土矿为我国重要的两大稀土资源基地。这两种类型的稀土矿在地理位置上处于我国的南北两端，在稀土分配类型上是"北轻南重"。中国的稀土产业链中的三大环节包括原矿开采、冶炼分离和加工应用。它是目前世界上最全面的、具有全产业链的优势，为确保中国稀土产业全球优势奠定了良好的基础。由此可见，中国依然是国全球第一大稀土供给国。

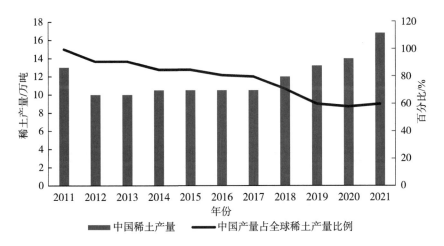

图4.1　2011—2021年中国稀土产量及占全球稀土产量比例

数据来源：美国地质调查局。

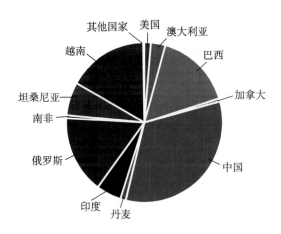

图4.2　2021年各国稀土储备量占比

数据来源：美国地质调查局。

4.3.1.2 稀土需求

在世界稀土需求上升的同时，中国对稀土的消费量也在增加（见图4.3）。美国地质调局统计数据显示，2021年全球稀土总产量约为28万吨，较2020年增长了16.67%，但仍未能满足全球市场的需求。所以，稀土资源所具有的不可再生性，与中国不断增长的稀土需求之间存在难以解决的矛盾，势必加剧大国对全球稀土资源的抢夺，引发难以避免的利益冲突。

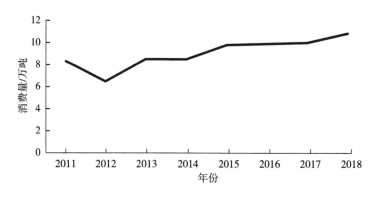

图4.3　2011—2018年中国稀土消费量

数据来源:《稀土信息》。

4.3.2 贸易规模

中国于1973年首次尝试出口稀土,但由于稀土相关技术有限,出口的产品主要是一些混合稀土化合物的中间产品或者一些富集物稀土,出口产品的质量普遍偏低。1973—1978年,中国出口稀土相关产品共计近150吨。随着中国稀土贸易的发展,稀土出口量不断上升,出口价格却一直维持在低廉水平。出口的垄断地位并未给中国带来应有的贸易效益,中国意识到稀土的战略性地位。

然而,许多国家对于中国出台的一系列规范产业发展的举措发出了集体抵制,以美国为首的发达国家对中国发起控诉。此后中国对稀土出口的限制有所放缓。在政策调整期间,中国稀土出口仍然难以控制,西方国家则在此期间大量恶意囤积稀土。2018年以后中国稀土出口增速有所回落(见表4.1、图4.4)。这和中美贸易摩擦的加剧存在一定关系。随着世界各国对稀土的不断重视,并逐步将其纳入战略储备,一些大型工业化国家,如美国、欧盟、日本等一些主要发达经济体,为防止过度对中国稀土资源出口的依赖,相继出台了政策,采取措施试图建立本土稀土产业链。

表4.1　中国稀土出口贸易份额

年份	全球出口总额（亿美元）	全球出口总量（万吨）	中国出口总额（亿美元）	中国出口总量（万吨）
2011	42.33	6.14	26.67	1.69
2012	20.29	6.07	9.07	1.63
2013	13.63	8.24	5.69	2.25
2014	11.28	10.54	3.72	2.78
2015	10.78	11.52	3.72	3.48

续 表

年份	全球出口总额（亿美元）	全球出口总量（万吨）	中国出口总额（亿美元）	中国出口总量（万吨）
2016	10.54	12.08	3.45	4.72
2017	12.01	11.45	4.15	5.12
2018	13.75	13.34	5.18	5.32
2019	13.79	13.94	4.40	4.63
2020	13.63	14.04	3.44	3.54

数据来源：UN Comtrade。

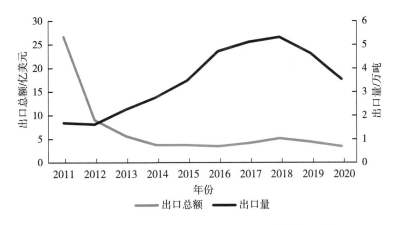

图4.4 2011—2020年中国稀土出口总额与出口量

数据来源：UN Comtrade。

2011年以来，中国稀土出口大幅萎缩，由2011年的26.67亿美元降至2020年的3.44亿美元，国际市场份额由63%降至25.24%。但近年来，中国稀土出口价格仍旧低廉，大量出口没有变化，出口量优势并未表现出贸易效益，总体增速有所放缓。2016—2018年，政策性管理开采量和出口量，其间出口量扩大，中国稀土产品出口总额呈现增长趋势。但2018年，中国稀土出口额和出口量出现转折，大幅下降，主要原因是中美贸易摩擦的升级。因此，根据稀土贸易形势的变化可以发现，国际经贸关系对稀土的进出口影响较大，各国间经贸关系的好坏会直接影响稀土贸易。未来管控措施的升级也将为稀土产品价格的提升产生积极的影响。

如表4.2所示，中国稀土进口由2011年的0.41亿美元增至2020年的6.21亿美元，占世界进口总额的比重由0.76%增至34.08%。尤其是2020年，中国稀土分别进口6.21亿美元、出口3.44亿美元，首次成为稀土净进口国。目前，中国稀土冶炼分离产业能力和技术水平优势明显。

表4.2　中国稀土进口贸易份额

年份	全球进口总额（亿美元）	全球进口总量（万吨）	中国进口总额（亿美元）	中国进口总量（万吨）
2011	54.16	9.28	0.67	0.15
2012	25.92	8.50	0.48	0.14
2013	14.48	9.66	1.58	0.37
2014	13.50	28.23	0.58	0.46
2015	12.74	28.89	0.93	1.08
2016	13.97	29.73	0.97	1.64
2017	13.60	19.30	1.82	3.51
2018	15.22	21.38	2.59	9.82
2019	17.24	20.18	3.26	8.76
2020	18.22	20.93	6.21	11.95

数据来源：UN Comtrade。

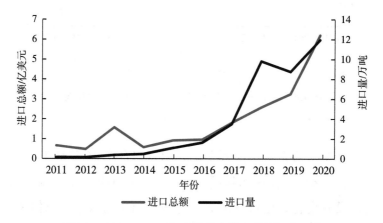

图4.5　2011—2020年中国稀土进口总额与进口量

数据来源：UN Comtrade。

4.3.3 贸易产品结构

从出口贸易来看，位于下游的磁铁类稀土应用产品是中国稀土出口的主要产品。2011—2020年，磁铁类产品出口额总体上下波动，由2011年的23.68亿美元下降至2016年的15.98亿美元，之后又有所回升。从表4.3可知，其依旧是中国出口比例最高的稀土产品。

与此同时，稀土金属类产品出口存在一定波动，但基本维持在较低水平。钛合金类和混合稀土类产品则在大规模粗放出口后逐步得到控制，可以观察到其出口额逐渐下降直到稳定在较低水平（见图4.6）。

表4.3 2011—2020年中国出口稀土产品金额

单位：亿美元

年份	矿物质稀土类	稀土金属类	混合稀土类	钛合金类	磁铁类
2011	1.17	6.04	18.52	21.46	23.68
2012	1.25	1.87	5.89	11.28	22.09
2013	1.27	1.12	4.24	3.55	17.21
2014	1.46	0.78	2.60	3.57	17.05
2015	1.65	0.83	2.55	3.09	16.54
2016	1.30	0.58	2.31	2.52	15.98
2017	1.24	0.80	3.01	3.09	18.01
2018	1.45	1.51	3.26	3.67	20.62
2019	1.25	1.16	3.06	3.26	19.86
2020	1.15	0.81	2.47	2.74	19.73

数据来源：UN Comtrade。

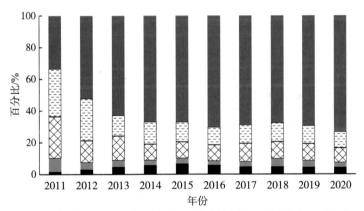

图4.6 2011—2020年中国稀土出口产品比例

数据来源：UN Comtrade。

在进口贸易方面，从图4.7中可以观察到，混合稀土类产品进口在整体上维持上升趋势，钛合金类产品的进口量平稳，稀土金属类产品则逐年减少至基本不再进口。

表4.4 2011—2020年中国进口稀土产品金额

单位：亿美元

年份	矿物质稀土类	稀土金属类	混合稀土类	钛合金类	磁铁类
2011	1.630	0.009	0.605	0.411	9.170
2012	1.986	0.016	0.365	0.447	9.353
2013	2.243	0.013	1.527	0.159	6.330
2014	2.419	0.010	0.573	0.183	5.699
2015	2.601	0.021	0.573	0.189	4.403
2016	3.233	0.005	0.862	0.217	3.849
2017	9.731	0.066	1.670	0.257	4.245
2018	14.760	0.012	1.971	0.407	3.817
2019	12.518	0.020	2.652	0.442	2.912
2020	8.534	0.060	4.941	1.228	2.646

数据来源：UN Comtrade。

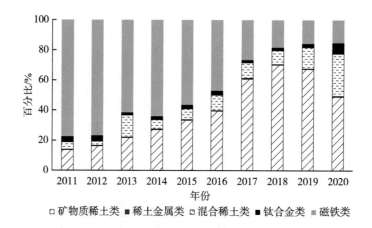

图4.7 2011—2020年中国进口稀土产品比例

数据来源：UN Comtrade。

总体来看，中国稀土进出口贸易产品结构存在较大差异。矿物质稀土类产品是最大进口产品，磁铁类产品则是最大出口产品，表明中国的稀土产业链情况：通过进口附加值较低的稀土原材料，经过在国内加工制造，再出口附加值较高的稀土产品，以实现在国际稀土市场中地位的提升。

4.3.4 市场结构

近年来，中国逐步成为全球稀土矿冶炼分离中心，从稀土出口国变为净进口国，并在稀土制品进口领域逐步实现国产替代；而马来西亚、越南则成为新的全球稀土贸易大国。其中越南在稀土制品领域发展同样较快。全球稀土贸易格局发生显著的变化。

从出口视角出发，中国稀土多出口到发达地区。2019年，中国稀土产品出口近60个国家和地区。出口量排名前二十位的国家占中国出口总量的99.2%，出口额占贸易总额的97.85%。出口额前十位国家如图4.8所示。其中，出口日本约为1.65万吨，出口额约为2.16亿美元；出口美国约为1.53万吨，出口额约为7928.5万美元。从进口视角出发，自缅甸进口占进口总量的70.08%，全部为稀土矿产品。自马来西亚进口则占进口总量的24.63%，其中多为稀土分离产品。

中国稀土出口格局的相应国家构成较为单一，虽然稀土出口总量位居世界第一，但出口市场很少，主要集中在发达国家。美、日的双边贸易量最大，日本在美国稀土产品出口中比重最高。对于中国而言，流入美国的稀土产品也在逐年增长。

长期以来，单一的稀土出口格局使得中国贸易对象过度集中。由图4.8可知，中国稀土出口日本约为1.65万吨，出口额达2.16亿美元；出口美国约为1.53万吨，出口额约为7928.5万美元。中国对这两国的出口额约占出口总额的67%。这种高度集中的现象容易导致贸易不安全情况的发生。单一的出口格局，一方面由于经济发达国家高新技术产品的研发对稀土的依赖度极高；另一方面，发达国家在现实需求之外，既要为战略需求不断储备稀土，还要保障资源安全，通过规避中国法律的投资方式掠夺中国的稀土资源。

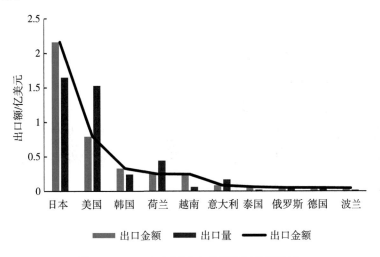

图4.8　2019年中国稀土出口贸易伙伴统计

数据来源：UN Comtrade。

4.4 稀土贸易安全评价体系的构建与评价方法

4.4.1 稀土贸易安全评价体系的构建

4.4.1.1 指标体系的设计原则

（1）科学性原则。指标体系的构建应建立在科学性基础之上。这些指标既要反映客观现实，还要紧扣稀土贸易安全的主题，将着重目标与过程相结合，形成一个更加明确的系统。坚持科学性原则是信息客观、可靠与评估结果有效的前提。

（2）系统性原则。稀土产品种类繁多，指标体系的设计必须全面反映影响稀土贸易安全的因素，对贸易安全进行综合评价。本节从国际市场参与程度、外部影响、经济受贸易的影响程度和资源禀赋等多个方面构建评价指标体系，分析了稀土贸易的安全性，多维度构成了一个统一的有机整体。

（3）代表性原则。稀土贸易安全评价有许多影响因素。在选择指标时，应遵循代表性原则，将一般性、有说服力的重要因素纳入评价指标体系。为保证评价结果不偏离客观现实，应避免指标之间的重叠和遗漏重要影响因素。本节对指标的选择进行了评价，在每种指标类型下，分别选取细分指标，形成了具有代表性的评价体系。

（4）可行性原则。在选择指标的过程中，能否收集到数据是重要的一环。无论是指标的准确性，还是其对应数据的情况都应该被合理考虑。指标不具备代表性以及数据的缺少都将导致研究无法顺利进行，也会导致不可信的评价结果。

（5）动态性原则。在复杂的国际市场面前，中国稀土贸易将无可避免地受内外部环境的影响。政治、经济等因素的变化，都会影响中国稀土贸易安全。因此，必须充分考虑外部环境变化对评价目标的影响，使其能够动态反映不同评价结果在不同时间、不同外部贸易环境下稀土贸易的安全性程度。

4.4.1.2 影响因素的选取及依据

通过广泛查阅资料，本节参考学者吴英娜（2008）关于国家贸易安全评价指标体系构建的研究，以及学者顾国达和尹靖华（2014）关于粮食贸易安全水平测度指标的研究，建立了中国稀土贸易安全评价指标体系（见表4.5）。

表4.5　中国稀土贸易安全评价指标体系

总目标	指标种类	具体指标
中国稀土贸易安全	外部冲击	汇率变动（X_1）
	贸易结构	贸易产品结构（X_2）
		贸易地理结构（X_3）
	内部产业因素	资源禀赋（X_4）
	国际市场参与程度	贸易竞争力（X_5）
		贸易依存度（X_6）
		市场份额（X_7）
	贸易效益	经济增长贡献率（X_8）
		初级产品效益度（X_9）

4.4.1.3 指标解释

（1）外部冲击。在经济全球化背景下，针对一个国家稀土贸易的安全威胁具有多源性，其风险来源跨越了国境和产业。本节选取汇率变动（汇率变化率的绝对值）表示中国稀土贸易的外部风险来源。

稀土贸易面临如贸易摩擦等的诸多外源因素。汇率波动程度越大，进行国际贸易的信用成本越高，对贸易安全冲击也就越大。

（2）内部产业因素。内部产业因素代表中国稀土贸易的内部风险来源。根据稀土产业特点，其安全状况受资源安全的影响。内部产业因素包含资源禀赋（相对丰度）。资源禀赋代表一个国家拥有的各种生产要素。国家以其生产要素禀赋对不同的产业制定相应政策，从而通过充分利用充裕要素，生产要素密集型产品，提升贸易量。相对丰度保证了一个国家内部资源的供应，即影响内部风险水平的高低。

本章将结合外部冲击和内部产业因素分析稀土贸易安全状况。

（3）贸易结构。贸易结构指构成贸易活动要素间的比例关系，是发展中质的体现。其涵盖了贸易产品结构（稀土新材料出口、稀土冶炼分离产品出口）与贸易地理结构（贸易集中度）等因素。

贸易集中度是指稀土进出口来源地的集中情况。如果集中度低，表示稀土进出口来源多元化，贸易安全程度较好；若集中程度高，代表贸易安全程度较差。

贸易产品结构指标反映了各种商品在进出口中所占的比例，描述了一个国家在国际分工中的总体地位。在出口产品中高技术附加值的产品较多，表明该产品在国际市场中具有较强的竞争能力，潜在的贸易波动较小，产品安全、可靠；反之，产品竞争力较低。

（4）国际市场参与程度。不合理的国际市场参与程度将使一个国家的经济易受外部影响，国家贸易安全则将遭受更高风险。国际市场参与程度具体包括贸易竞争力、贸易依存度和市场份额指标。

贸易竞争力指数是指稀土的贸易竞争力。一般来说，如果稀土的贸易竞争力取值范围在（0.8，1），表示稀土具有很强的竞争优势，（0.5，0.8）的范围表明稀土具有相对较强的竞争优势，（0，0.5）的范围表示稀土的竞争优势较弱；范围（-0.5，0）显示稀土竞争的较弱劣势，而（-0.8，-0.5）的范围表明稀土的竞争劣势较大，范围（-1，-0.8）则被认为具有巨大的竞争劣势。

对外贸易依存度通过计算稀土进出口贸易总额与GDP之比得出，以衡量一个地区经济对国际市场的依赖程度。一般来说，稀土对外贸易依存度越高，稀土贸易越不安全，但这并非绝对的，必须与其他指标结合一起判断。

国际市场占有率表现了一国稀土行业参与国际市场的程度。中国稀土产品年产量占世界总产量的比重越大，贸易安全程度越高，对国外产品供需企业的生产波动和价格干预反应越好。相对而言，国际市场份额越低，贸易安全程度则越低，外国市场与供求商的影响程度则越高。

（5）贸易效益。在外贸活动中，贸易效益是综合效益的体现，是一种贸易目标，包含经济、社会和环境效益，具体表现为贸易对经济增长贡献率和初级产品效益度。

稀土贸易在GDP上的体现是稀土净出口额与国内生产总值的比值，表现了贸易对一个国家或地区经济整体的影响。该值越高，贸易影响越大，贸易安全程度越高。

初级产品效益度以初级产品贸易量观察环境效益。初级产品效益度越高，则该产品消耗越少，环境效益就越高。

4.4.2 稀土贸易安全评价方法

本节主要采用主成分分析法评价中国的稀土贸易安全。

1933年，霍特林提出了一种主成分分析方法，旨在将指标系统中的多因素解释转化为少数主要成分解释。定量分析中的指标一般较多，不易进行具体的分析。主成分分析法将多个指标转换为少量成分，并将高度相关的变量转换为彼此独立或不相关的变量。

主成分能较好地解释每个变量对目标的影响程度。本节选取9项指标并对其进行研究，采用主成分分析法对中国稀土贸易安全进行测量。其步骤为：①变量数据标准化。②计算相关矩阵 R。③确定 R 的特征值、特征向量和贡献率，确定主成分数量。④计算主要成分。⑤综合评价主要成分。提取主成分的公式为式（4.1），综合评估分数表达式为式（4.2），C 是每个主要成分的方差贡献率：

$$\begin{cases} F_1 = a_{11}x_1 + a_{12}x_2 + \cdots + a_{110}x_{10} \\ F_n = a_{n1}x_1 + a_{n2}x_2 + \cdots + a_{n10}x_{10} \end{cases} \quad (4.1)$$

$$F = C_1F_1 + C_2F_2 + \cdots + C_nF_n \quad (4.2)$$

4.5 基于主成分分析法的中国稀土贸易安全评价

4.5.1 指标数据来源及处理

4.5.1.1 指标原始数据来源

稀土贸易安全评价指标数据、稀土贸易数据来自联合国商品贸易统计数据库（UN comtrade），稀土行业相关数据源于《国家统计年鉴》、《稀土信息》、中国稀土行业协会统计和美国地质调查局，其余数据来自国家统计局。本节借鉴何欢浪等的研究，以联合国商品贸易统计数据库商品 HS92 编码为数据基础（见表4.6），构建中国稀土贸易安全评价指标，其原始数据如表4.7所示。

表4.6 稀土产品分类及 HS 编码

产品层级	大类名称	HS编码
上游产品	稀土矿	253090
	稀土金属矿	280530
中游产品	稀土氯/氧化物	284690
	稀土盐类	284610
	稀土铁合金	720299
下游产品	稀土肥料	310590
	稀土发光体	320650
	稀土磁铁	850511

表4.7 中国稀土贸易安全评价体系原始数据

年份	X_1	X_2	X_3	X_4	X_5	X_6	X_7	X_8	X_9
2005	8.10	0.694	0.553 0	30.68%	0.356 4	0.000 6	0.215 6	0.000 41	0.180 9

年份	X_1	X_2	X_3	X_4	X_5	X_6	X_7	X_8	X_9
2006	7.81	0.826	0.576 3	30.68%	0.372 0	0.000 6	0.259 9	0.000 45	0.179 2
2007	7.39	0.875	0.608 1	30.68%	0.484 9	0.000 7	0.301 1	0.000 54	0.175 3
2008	6.85	0.659	0.560 6	30.68%	0.563 9	0.000 6	0.276 7	0.000 50	0.115 3
2009	6.81	0.434	0.477 6	36.36%	0.345 5	0.000 3	0.246 9	0.000 24	0.120 6
2010	6.62	0.888	0.502 8	50.00%	0.525 3	0.000 5	0.339 5	0.000 43	0.118 6
2011	6.62	1.126	0.609 8	50.00%	0.703 2	0.001 1	0.462 2	0.000 99	0.100 2
2012	6.46	0.411	0.508 0	50.00%	0.534 8	0.000 6	0.348 1	0.000 52	0.087 7
2013	6.31	0.334	0.437 4	39.29%	0.427 2	0.000 4	0.291 6	0.000 30	0.115 3
2014	6.58	0.219	0.334 8	42.31%	0.456 3	0.000 3	0.286 0	0.000 25	0.126 2
2015	6.23	0.225	0.315 9	42.31%	0.480 3	0.000 3	0.310 5	0.000 23	0.146 1
2016	6.64	0.212	0.362 3	36.67%	0.439 9	0.000 2	0.294 7	0.000 21	0.154 0
2017	6.89	0.231	0.363 7	36.67%	0.232 8	0.000 3	0.311 7	0.000 22	0.266 5
2018	6.62	0.249	0.318 5	36.67%	0.185 2	0.000 3	0.300 5	0.000 22	0.329 7
2019	7.15	0.221	0.327 4	36.67%	0.209 0	0.000 3	0.295 4	0.000 20	0.303 7
2020	6.90	0.174	0.300 1	36.67%	0.211 1	0.000 3	0.286 4	0.000 19	0.227 5

4.5.1.2 指标原始数据处理

在对稀土贸易安全进行主成分分析之前，原始数据需要进行标准化处理，以进行后续的分析（见表4.8）。

本章构建的稀土贸易安全评价体系中的评价指标中存在正向指标、逆向指标和适度性指标。正向指标值越大越好，逆向指标值越小越好，适度性指标则需一定合理范围内。本节选取的9个指标中有7个正向指标，分别是产品结构、资源禀赋、贸易竞争力、对外依存度、市场份额、经济增长贡献率与初级产品效益度。这些指标不需要处理。贸易地理结构是逆向指标，必须取其倒数进行处理。汇率变动是适度性指标，不需要处理。

表4.8　中国稀土贸易安全评价体系原始数据处理

年份	X_1	X_2	X_3	X_4	X_5	X_6	X_7	X_8	X_9
2005	8.10	0.694	1.808 3	30.68%	0.356 4	0.000 6	0.215 6	0.000 41	0.180 9
2006	7.81	0.826	1.735 1	30.68%	0.372 0	0.000 6	0.259 9	0.000 45	0.179 2
2007	7.39	0.875	1.644 5	30.68%	0.484 9	0.000 7	0.301 1	0.000 54	0.175 3
2008	6.85	0.659	1.783 7	30.68%	0.563 9	0.000 6	0.276 7	0.000 50	0.115 3

年份	X_1	X_2	X_3	X_4	X_5	X_6	X_7	X_8	X_9
2009	6.81	0.434	2.093 4	36.36%	0.345 5	0.000 3	0.246 9	0.000 24	0.120 6
2010	6.62	0.888	1.988 5	50.00%	0.525 3	0.000 5	0.339 5	0.000 43	0.118 6
2011	6.62	1.126	1.639 9	50.00%	0.703 2	0.001 1	0.462 2	0.000 99	0.100 2
2012	6.46	0.411	1.968 4	50.00%	0.534 8	0.000 6	0.348 1	0.000 52	0.087 7
2013	6.31	0.334	2.286 0	39.29%	0.427 2	0.000 4	0.291 6	0.000 30	0.115 3
2014	6.58	0.219	2.986 8	42.31%	0.456 3	0.000 3	0.286 0	0.000 25	0.126 2
2015	6.23	0.225	3.165 2	42.31%	0.480 3	0.000 3	0.310 5	0.000 23	0.146 1
2016	6.64	0.212	2.759 5	36.67%	0.439 9	0.000 2	0.294 7	0.000 21	0.154 0
2017	6.89	0.231	2.749 1	36.67%	0.232 8	0.000 3	0.311 7	0.000 22	0.266 5
2018	6.62	0.249	3.139 1	36.67%	0.185 2	0.000 3	0.300 5	0.000 22	0.329 7
2019	7.15	0.221	3.054 2	36.67%	0.209 0	0.000 3	0.295 4	0.000 20	0.303 7
2020	6.90	0.174	3.331 2	36.67%	0.211 1	0.000 3	0.286 4	0.000 19	0.227 5

4.5.2 基于主成分分析法的实证分析

4.5.2.1 相关系数矩阵

其如表4.9所示。

表4.9　相关系数矩阵

R	X_1	X_2	X_3	X_4	X_5	X_6	X_7	X_8	X_9
X_1	1.000	0.379	−0.394	−0.666	−0.265	0.211	−0.501	0.103	1.273
X_1	0.379	1.000	−0.870	0.091	0.632	0.886	0.361	0.862	−0.419
X_1	−0.394	−0.870	1.000	0.036	−0.624	−0.788	−0.132	−0.757	0.569
X_1	−0.666	0.091	0.036	1.000	0.473	0.250	0.758	0.329	−0.412
X_1	−0.265	0.632	−0.624	0.473	1.000	0.694	0.555	0.766	−0.855
X_1	0.211	0.886	−0.788	0.250	0.694	1.000	0.596	0.991	−0.419
X_1	−0.501	0.361	−0.132	0.758	0.555	0.596	1.000	0.661	−0.237
X_1	0.103	0.862	−0.757	0.329	0.766	0.991	0.661	1.000	−0.490
X_1	0.273	−0.419	0.569	−0.412	−0.855	−0.419	−0.237	−0.490	1.000

4.5.2.2 特征值与贡献率

由SPSS26软件可计算出特征值和贡献率。取特征值大于1可得两个主成分。这两个主成分包含总信息的82.763 %。第一主成分对评价指标体系数据的解释程度为55.877 %；第一、第二主成分对评价指标体系数据的共同解释程度为82.763 %（见表4.10）。

表4.10　解释的总方差

成分	初始特征值			提取载荷平方和		
	总计	方差百分比（%）	累计（%）	总计	方差百分比（%）	累计（%）
1	5.029	55.877	55.877	5.029	55.877	55.877
2	2.420	26.886	82.763	2.420	26.886	82.763

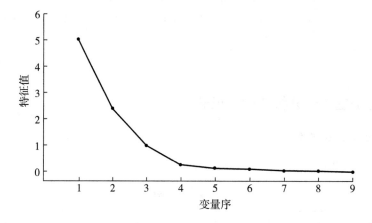

图4.9　碎石图

4.5.2.3 因子载荷系数

两个主成分的因子载荷系数如表4.11所示。

表4.11　主成分因子载荷系数

成分	变量	因子载荷系数	
		1	2
1	X_8	0.956	−0.116
	X_6	0.927	−0.222
	X_5	0.889	0.206
	X_2	0.857	−0.421
	X_3	−0.796	0.501
	X_9	−0.689	−0.201
	X_7	0.648	0.570
2	X_1	−0.028	−0.944
	X_4	0.449	0.794

由表4.11可以看出，第一主成分主要解释的变量包括经济增长贡献率、贸易依存度、贸易竞争力、产品结构、贸易集中度、初级产品效益度和市场份额。其中，经济增长贡献率的载荷系数最大，达到95.6%；贸易依存度指标的载荷系数次之，为92.7%；贸易竞争力指标的载荷系数和产品结构指标的载荷系数分别为88.9%和85.7%；贸易集中度指标的载荷系数为79.6%；初级产品效益度指标的载荷系数为68.9%；市场份额指标的载荷系数为64.8%。第一主成分对评价指标体系数据解释程度为55.877%。

第二主成分主要解释的变量包括汇率变动和相对丰度。其中，汇率变动的载荷系数为94.4%，表示该主成分能较好地解释该指标；相对丰度指标的载荷系数为79.4%。第二主成分对评价指标体系数据解释程度为26.886%。

表4.12　得分系数矩阵

变量	1	2
Zscore (X_8)	0.426	−0.075
Zscore (X_6)	0.413	−0.143
Zscore (X_5)	0.396	0.132
Zscore (X_2)	0.382	−0.271
Zscore (X_3)	−0.355	0.322
Zscore (X_9)	−0.307	−0.129
Zscore (X_7)	0.289	0.366
Zscore (X_1)	−0.012	−0.607
Zscore (X_4)	0.200	0.510

4.5.2.4 主成分得分及综合得分

各指标系数为主成分载荷系数与主成分对应的特征值之比。根据两个主成分 Y_1、Y_2 的方差贡献率55.877%和26.886%，构建综合评价函数，公式如下：

$$Z=0.558\,77Y_1+0.268\,86Y_2 \tag{4.3}$$

之后，由主成分系数矩阵列出主成分表达式：

$$Y_1=0.426\,X_8+0.413\,X_6+0.396\,X_5+0.382\,X_2-0.355\,X_3-0.307\,X_9+0.289\,X_7-0.012\,X_1+0.2X_4 \tag{4.4}$$

$$Y_2=-0.075\,X_8-0.143\,X_6+0.132\,X_5-0.271\,X_2+0.322\,X_3-0.129\,X_9+0.366\,X_7-0.607\,X_1+0.51X_4 \tag{4.5}$$

表4.13　各成分得分及综合得分表

年份	第一主成分得分	第二主成分得分	综合得分
2005	−0.07	−3.24	−0.91
2006	0.62	−2.78	−0.4
2007	1.57	−2.05	0.33
2008	1.35	−1.08	0.46
2009	−0.73	−0.4	−0.51
2010	2.02	1.01	1.4
2011	5.95	1.08	3.62
2012	2.05	1.62	1.58
2013	−0.18	0.93	0.15
2014	−0.84	1.33	−0.11
2015	−0.93	2.02	0.02
2016	−1.19	0.77	−0.46
2017	−1.97	0.15	−1.06
2018	−2.56	0.41	−1.32
2019	−2.53	−0.17	−1.46
2020	−2.55	0.41	−1.32

4.5.2.5 综合得分趋势

由图4.10可知，中国稀土产业贸易安全状况在2005—2008年间呈现逐渐上升趋势；2009年有所下降。可以认为，2008年发生全球金融危机，全球贸易受此影响，中国稀土产业贸易安全状况恶化。此后贸易安全状态上升，并于2011年达到峰值；2012年开始，中国稀土贸易安全得分总体开始呈下降趋势，2020年得分有所回升。

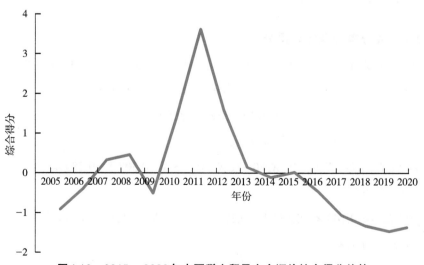

图4.10　2015—2020年中国稀土贸易安全评价综合得分趋势

4.5.3 基于主成分分析法的中国稀土贸易安全评价结果分析

第一主成分主要反映经济增长贡献率、贸易依存度、贸易竞争力和产品结构等因素，与综合得分情况相似（见图4.11）。第二主成分主要解释汇率变动和相对丰度，其整体呈上升状态（见图4.12）。

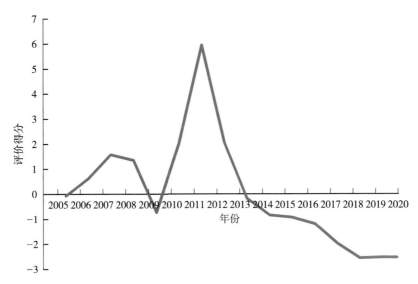

图4.11　2005—2020年第一主成分得分趋势

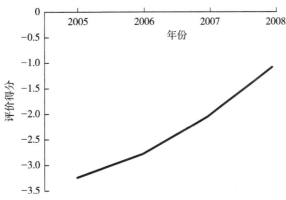

图4.12　2005—2020年第二主成分得分趋势

4.6 本章小结

本章构建了中国稀土贸易安全评价体系进行实证分析，并采用主成分分析法评价贸易安全状况。在稀土贸易安全评价研究中，一方面基于理论分析，对影响中国稀土贸易安全的因素进行识别。通过梳理已有研究整理出外部冲击、内部产业因素、贸易结构、国际市场参与程度和贸易效益5个指标种类，又选取了9个具体指标，其中包含汇率变动、资源禀赋、贸易产品结构、贸易地理结构、贸易竞争力、贸易依存度、市场份额、贸易对经济增长贡献率和初级产品效益度，并基于主成分分析法进行实证分析。

本章认为，在2005—2011年间，中国稀土贸易安全处于上下波动状态，总体处于贸易安全状态，但中国实施稀土出口退税、配额等贸易政策，使得中国稀土贸易安全状态并不稳定。在2012—2018年间，其安全水平下降后有所回升；中国2014年WTO败诉后，出口稀土管制的脚步逐步放缓。在此期间西方国家恶意大量囤积稀土。2018年，中美贸易摩擦加剧，这些政治等因素都影响了中国稀土贸易安全水平。因此，中国需要提高稀土产业技术水平以保障稀土贸易安全。

5 全球战略性三稀矿产资源全球供应链风险分析

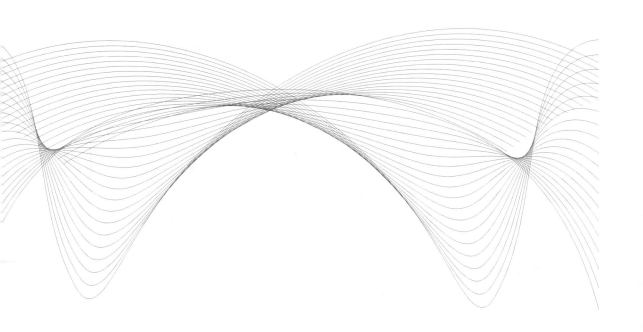

5.1 导论

本章首先选取了稀有金属锆、稀散金属锗、稀土金属钕供应链产品为核心研究对象，以复杂网络理论、供应链风险管理理论和系统动力学理论为基础，以UN Comtrade数据库进出口国家数据为原始数据，通过复杂网络理论构建三稀矿产资源供应链网络模型，分析其网络结构特征和节点重要性。其次基于三稀矿产资源供应链网络构建供应链风险传播模型，利用Matlab软件，模拟锆、锗、钕供应链产品在供给短缺情境下的风险传播过程，分别对锆、锗、钕供应链产品关键国家在不同抗风险能力和不同供给冲击下的风险传播影响程度进行预测。

5.2 相关概念界定

5.2.1 三稀矿产资源

2011年4月，财政部和国土资源部《2011年矿产资源节约与综合利用专项资金申报指南的通知》中，三稀矿产第一次出现在大众的视野。该通知明确指出，要把三稀矿产资源列入中央财政专项资金扶持范围，以促进三稀资源利用新技术、新工艺，提高矿产资源的"三率"水平。至此，三稀矿产资源作为一个整体概念被提出，而不再是其他矿种的附属品。三稀矿产资源是稀土、稀有和稀散资源的总称。稀土金属包含镧、铈、镨、钕、钷、钐、铕、钆、铽、镝、钬、铒、铥、镱、镥、钪、钇等；稀有金属包含铌、钽、锂、铍、锆、铪、锶、铷、铯等；稀散元素包含镓、锗、铟、铊、铼、镉、硒、碲等。这些材料是战略性新兴产业所需的功能材料和结构材料。在高新技术领域中，全球对稀有、稀土和稀散金属矿物的依赖性日益增强。

5.2.2 供应链风险

供应链系统是一个复杂的系统。Mark等（2007）认为，供应链风险可分为两类，即因自身网络结构导致的风险及由外部因素带来的风险。Prater（2001）认为，供应链本身是脆弱的，即因供应链内部具有敏捷性不足的特点，导致其内部的脆弱性；供应链外部的脆弱性是由复杂的外部环境和需求的不确定性造成的。丁伟东（2003）认为，供应链风险所带来的危害是极其重大的，会针对供应链系统的脆弱性，给整个供应链系统的上、下游带来难以估计的损失。因此，本章认为各种因素都会造成供应链风险；而且供应链网络的各个节点又都是相互联系、息息相关的，每一个节点的细小波动都会影响整个供应链的正常运作，甚至导致整个供应链的破裂和失败。

5.3 战略性三稀矿产资源全球供应链网络格局

5.3.1 网络模型构建及网络分析指标

网络模型构建

本章运用UN Comtrade数据库，对2000年、2005年、2010年、2015年、2020年锆、锗、钕供应链产品的国家贸易量进行了收集，并将其作为数据支撑，分别构建三稀矿产资源供应链产品的国际贸易关系有向无权和有向加权复杂网络模型。其中，节点是进出口国家，进出口国家的贸易关系是网络的边，边的方向就是各产品的流动方向，贸易量为边的权重，各产品流出即为出口，流入即为进口。

在有向无权国际贸易复杂网络中，用邻接矩阵对三稀矿产品的国际贸易网络进行表示。当t年时，若第i国将三稀矿产品出口至第j国，那么邻接矩阵中$a_{ij}(t)$为1，此时节点i和节点j之间就建立起了连边；若第i国在t年时，与第j国没有发生关于三稀矿产品的贸易关系，那么邻接矩阵的$a_{ij}(t)$为0，也就是说节点i和节点j之间不存在连边。

$$A(t) = \begin{bmatrix} a_{11} & \cdots & a_{1n} \\ \vdots & \ddots & \vdots \\ a_{n1} & \cdots & a_{nn} \end{bmatrix} \quad a_{ij} = \begin{cases} 1, & \text{节点}i\text{与节点}j\text{有贸易往来} \\ 0, & \text{节点}i\text{与节点}j\text{无贸易往来} \end{cases} \tag{5.1}$$

式中，n为三稀矿产品贸易网络中的国家总个数；

a_{ij}为第i国指向第j国的连边数量；

a_{ji}为第j国指向第i国的连边数量。

在有向加权国际贸易复杂网络中，采取的量为三稀矿产品贸易量对贸易关系赋予权重w。当t年时，若第i国将三稀矿产品出口至第j国，那么邻接矩阵中$w_{ij}(t)$为1，即节点i和j之间有条有权重的连边；若第i国在t年时，与第j国没有发生关于三稀矿产品的贸易关系，那么邻接矩阵中$w_{ij}(t)$为0，也就是说节点i和j之间不存在连边。

$$w(t) = \begin{bmatrix} w_{11} & \cdots & w_{1n} \\ \vdots & \ddots & \vdots \\ w_{n1} & \cdots & w_{nn} \end{bmatrix} \quad w_{ij} = \begin{cases} 1, & \text{节点}i\text{与节点}j\text{有贸易往来} \\ 0, & \text{节点}i\text{与节点}j\text{无贸易往来} \end{cases} \tag{5.2}$$

式中，n为三稀矿产品贸易网络中的国家总个数；

w_{ij} 为第 i 国指向第 j 国的连边数量；

w_{ji} 为第 j 国指向第 i 国的连边数量。

5.3.1.2 网络格局基本分析指标

（1）整体网络分析指标

①学者通常采用网络密度指标来衡量每个国家在贸易中的紧密情况。倘若贸易网络中相互关联的国家个数增加，那么网络密度将随之变大，各节点间的紧密程度也就越大。网络密度的取值为 0～1。网络密度越大，贸易网络的联系就越紧密。具体计算公式如下：

$$G = \frac{2L}{N(N-1)} \tag{5.3}$$

式中，L 为贸易网络中节点 i 到节点 j 的总边数；

N 为贸易网络中节点的总个数。

②平均路径长度 L 也称网络的平均距离。它是网络中贸易要经过的平均边数，用于度量该网络中各节点间的贸易效率高低。数字越大，表示贸易所要传输的边界数量越多，贸易的效率就越差；数字越小，则表示贸易所要通过的边界数量越少，贸易的效率就越高。具体计算公式表示如下：

$$L = \frac{1}{n(n-1)} \sum_{ij} d_{ij} \tag{5.4}$$

式中，n 为在贸易网络中的节点数量；

d_{ij} 为节点 i 到节点 j 间的最短连边数。

③平均聚类系数表示网络中各节点聚类系数的均值，可以用来分析整体网络的紧密程度。平均聚类系数的取值为 0～1。该数值越大，贸易网络越紧密；反之，贸易网络的成团程度越小。具体计算公式表示如下：

$$C = \frac{1}{n} \sum \frac{n}{(k_i-1)k_i} \tag{5.5}$$

式中，n 为节点 i 邻边的数量；

k_i 为节点 i 的度值。

（2）节点重要性分析指标

①节点度表示单个节点与其他节点间的总边数。我们在研究供应链产品贸易网络时，可以用节点度来衡量国家间的贸易关系。节点度越大，则该节点国家与其直接进行贸易的伙伴国越多，该国在该产品上的贸易活跃度和影响力就越大。节点度可以分为出度和入度。出度 K_i^{out} 为节点 i 国出口伙伴国的数量；入度 K_i^{in} 为节点 i 国进口伙伴

国的数量。节点的出度和入度可分别扩充为加权出度WK_i^{out}和加权入度WK_i^{in}。

$$K_i^{out}=\sum_{j=1}^{n} a_{ij} \tag{5.6}$$

$$K_i^{in}=\sum_{j=1}^{n} a_{ji} \tag{5.7}$$

$$WK_i^{out}=\sum_{j=1}^{n} w_{ij}a_{ij} \tag{5.8}$$

$$WK_i^{in}=\sum_{j=1}^{n} w_{ji}a_{ji} \tag{5.9}$$

式中，n为贸易网络中节点国家的数量；

a_{ij}、a_{ji}为三稀矿产品无权网络矩阵的具体数值。当$a_{ij}=1$时，国家间存在贸易关系；当$a_{ji}=0$时，国家间不存在贸易关系。

通过研究三稀矿产资源国际贸易节点的出入度和加权出入度，可以看出节点国家在网络结构中的影响力。节点国家的度越大，说明贸易伙伴国越多，进出口量越大，网络结构影响力越高。

②中介中心性为某个节点经过其他两个节点间最短路线的桥梁的次数，反映了该经济体对整个贸易经济体的控制程度。若中介中心性越大，则该节点在整个贸易网络中的重要性就越高，该贸易经济体对所有贸易经济体的控制力也就越强。

某个节点的中介中心性的计算公式如下：

$$BC_i=\frac{\sum_{S\neq i\neq t}\dfrac{n_{st}^i}{g_{st}}}{(N-1)(N-2)/2} \tag{5.10}$$

式中，n_{st}^i为经过节点i，且为最短路径的路径数量；

g_{st}为连接s和t的最短路径的数量。

三稀矿产资源普遍存在分布较为集中的特点。其贸易连通性受地理因素、政治因素和经济因素的多重影响，并且其工业化应用产业链长，技术要求高，大量进口依赖型国家无法直接从资源开采国直接进口原矿石进行应用，而必须通过中介节点进行资源进口。因此，研究节点的中介中心性能够进一步评估三稀矿产资源全球贸易网络中节点在贸易链、供应链中的重要性。

5.3.2 锆资源全球供应链网络格局

锆作为一种稀有金属，因其优异的耐腐蚀性、高熔点、高硬度等特点，在航空航天、军事、原子能等领域得到了广泛的应用。随着锆供应链产品在电子、国防技术、信息技术和新型材料业等行业中的作用日益突出，锆资源消费量不断增加，其供应链在全球贸易中的地位愈加重要。从储量上看，世界锆资源主要分布在南非、澳大利亚、莫桑比克等国。中国锆矿储量仅为 5×10^5 吨，不足全球锆资源的1%，所以中国的锆资源严重依赖进口，进口规模较大且进口来源国多集中于南非、澳大利亚等资源禀赋型国家，供给潜在风险较大。因此，分析稀有金属中锆全球供应链网络格局和国家节点的重要性对于三稀矿产资源供应链风险研究具有重要意义。

5.3.2.1 数据来源与网络构建

本节以三稀矿产资源中稀有金属的锆元素为代表，根据联合国贸易数据库，在锆资源供应链上、中、下游产品中各选取一种产品。其中，有HS编码为261510的锆矿石和精矿、HS编码为282560的二氧化锆和HS编码为8109的锆制品（包括废物和废料）。以5年为跨度，利用Gephi和Ucinet软件构建2000年、2005年、2010年、2015年、2020年全球锆矿和精矿、二氧化锆、锆制品的国际贸易有向无权和有向加权复杂网络，以此来研究锆供应链网络整体结构特征和节点重要性。在网络图中，节点的大小代表了该国家（地区）与其他国家（地区）贸易关系数量的多寡，即度数；节点的色彩和边缘的粗细则代表着贸易的权重。颜色越深，节点的贸易量就越大；边越粗，则该条边的贸易权重就越大。由于相关贸易国家（地区）数量较多，部分年份贸易变化较小，为了更直观地呈现国家（地区）贸易关系的演化规律，过滤掉了一些贸易量较小的国家（地区），同时根据贸易变化呈现视图。

5.3.2.2 锆资源全球供应链整体网络格局分析

如图5.1所示，总体来说，全球锆矿和精矿贸易以少数资源禀赋型国家如南非、澳大利亚和发达国家为贸易的主导力量。2000年，美国在贸易网络中与其他国家（地区）之间的贸易关系最为频繁；2005年、2010年、2020年中国锆矿和精矿的进口量均位于所有进口国家（地区）的首位，其次是日本、美国、意大利等。近20年来，锆矿和精矿的主要出口国是澳大利亚和南非，全球锆矿和精矿的贸易量波动总体较小，但中国由主要自澳大利亚进口转为自南非进口。

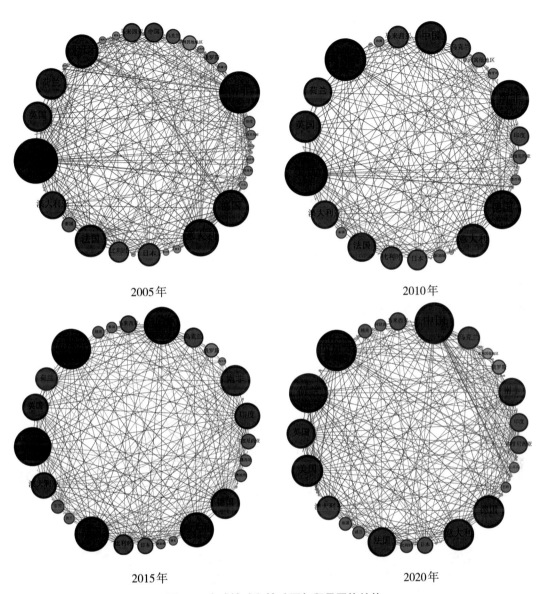

2005年

2010年

2015年

2020年

图5.1 全球锆矿和精矿历年贸易网络结构

数据来源：根据UN Comtrade整理所得。

图5.2显示了全球锆矿和精矿贸易网络在2000年、2005年、2010年、2015年、2020年的节点、边、平均度的分布情况。从中可以看出，全球锆矿和精矿进出口贸易的国家（地区）出现了小幅波动，但整体保持稳定；且参与锆矿贸易的节点国家（地区）数量越来越多，2015年达到115个节点国家（地区），之后于2020年稳定在100个节点国家（地区）。从节点边数来看，各节点国家（地区）的边数从2000年的541条开始逐年递增；2015年达到峰值，为675条；2020年达到592条。锆矿和精矿

的国家（地区）贸易丰富性在提升。在平均度方面，近年来锆矿的平均度波动较小，平均每个国家（地区）都与5～6个国家（地区）有着锆矿和精矿的贸易往来。

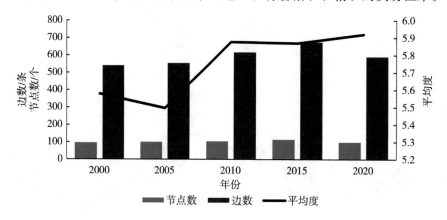

图5.2　2000—2020年锆矿和精矿网络节点、边、平均度

数据来源：根据UN Comtrade整理所得。

如图5.3所示，与锆矿和精矿贸易网络相比，参与二氧化锆贸易的主体国家（地区）相似程度较高，主要以一些资源禀赋型国家（地区）和发达国家（地区）为主，但主要出口国和主要进口国的差异较大。2005年、2010年、2015年、2020年，从进口国家（地区）来看，日本二氧化锆进口量位于贸易国家（地区）首位，其次是美国、法国、德国等国家；从出口国家（地区）来看，中国二氧化锆出口量位于贸易国家（地区）首位，说明中国在全球二氧化锆贸易中发挥着重要作用。同时，全球二氧化锆贸易量总体而言波动不大，各个国家（地区）之间贸易往来相对平稳。

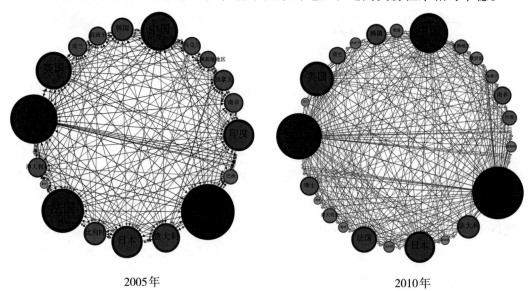

2005年　　　　　　　　　　　　　2010年

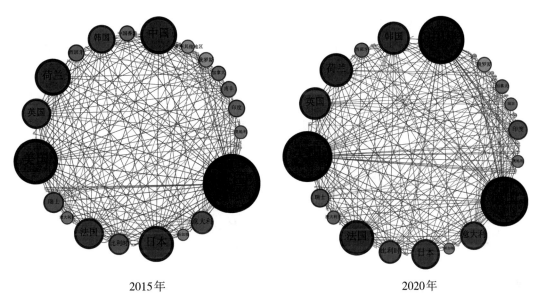

2015年 　　　　　　　　　　　2020年

图5.3　全球二氧化锆历年贸易网络结构

数据来源：根据UN Comtrade整理所得。

从图5.4中可以看出，二氧化锆节点国家（地区）数量呈递增趋势，2020年达到峰值，为107个，说明贸易国家（地区）进行二氧化锆贸易的参与度不断提高。全球二氧化锆贸易往来日益紧密，由2000年的394条上涨至2020年的662条，边数几乎提升了一倍，说明二氧化锆国家（地区）与国家（地区）之间的贸易往来日益频繁。在平均度方面，平均每一个节点国家（地区）都与4～6个节点国家（地区）之间存在二氧化锆的进出口贸易。这表明近几年来，在二氧化锆贸易网络中节点与节点之间的贸易联系在逐渐增强。

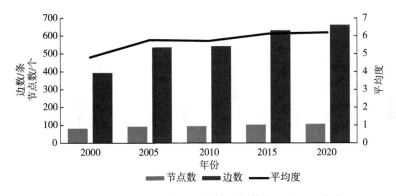

图5.4　2000—2020年二氧化锆网络节点、边、平均度

数据来源：根据UN Comtrade整理所得。

从图5.5中可以看出，与二氧化锆相比，资源禀赋型贸易国家（地区）出现较大变化，以意大利、南非等国家为主，主体进出口贸易国家（地区）仍然以中国、美国、日本、德国等国家为主，在贸易网络中地位较高。2015年，中国由二氧化锆贸易出口第一转为锆制品贸易进口第一，同时和其他国家（地区）也存在较多的贸易往来，说明中国通过浇注、模压等工艺将二氧化锆转化为锆制品的工艺尚不成熟，仍需依赖其他国家（地区）进口锆制品，且中国对锆制品的需求量巨大。

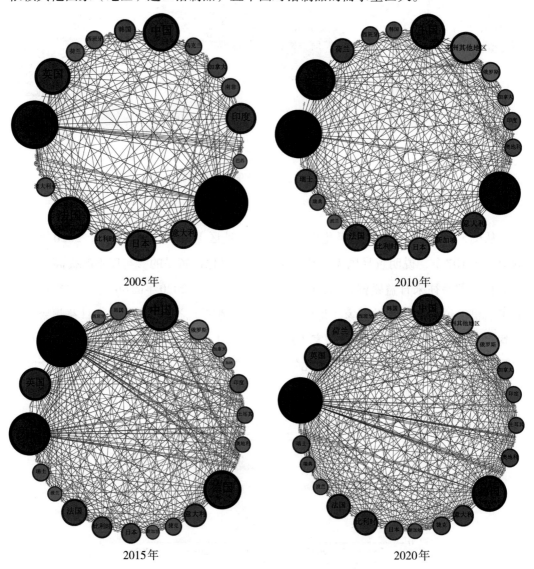

2005年

2010年

2015年

2020年

图5.5　全球锆制品历年贸易网络结构

数据来源：根据UN Comtrade整理所得。

如图5.6所示，与二氧化锆贸易网络节点相比，锆制品的贸易网络节点数量在2000年、2005年、2010年、2015年、2020年均大于二氧化锆网络节点数量，说明越来越多的国家（地区）参与到锆制品下游产品贸易中来。边数呈现不断上涨趋势，2015年达到峰值，为708条；2020年出现少量回落，锆制品贸易参与国家（地区）之间的贸易往来越来越频繁。从平均度来看，每个国家（地区）都与4～5个国家（地区）有着锆制品进出口贸易，由2000年的4.729上升至2015年的5.95，2020年则出现轻微下降。总体而言，近年来，锆制品贸易网络的贸易连通性不断增强。

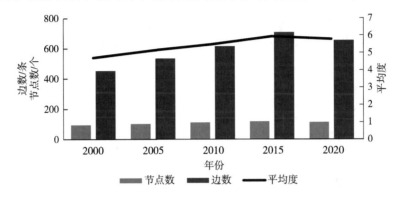

图5.6　2000—2020年锆制品网络节点、边、平均度

数据来源：根据UN Comtrade整理所得。

图5.7呈现的是2000年、2005年、2010年、2015年、2020年锆资源全球供应链网络密度的变化情况。在锆供应链上、中、下游产品中，其网络密度相差不大。其中，锆制品的网络密度相对较小，近20年来在0.05左右波动。锆矿和精矿在20年来排名第二，网络密度指数在0.055左右波动；在2015年出现拐点，降至0.051。相对来说，二氧化锆在2000—2020年贸易网络中的网络密度最高，网络密度指数在0.06左右，且波动幅度较小，各个国家（地区）之间的二氧化锆贸易的集聚效应较强。

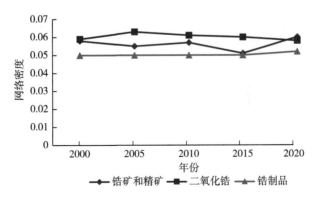

图5.7　2000—2020年锆资源供应链产品网络密度

数据来源：根据UN Comtrade整理所得。

从图5.8中可以看出，2005—2010年，锆石和精矿石的平均路径长度显著降低，贸易效率有所改善；2020年达到2.383个。相比之下，锆制品的贸易传输效率处于第二的位置。2005—2020年，其贸易效率持续上升；至2020年达到2.32个，意味着每次贸易都要跨越2.32个国家。在3种商品中，二氧化锆的交易效率排首位，其平均路径长度为2.265个，也就是说，每次贸易只需要跨越2.265个国家。一般情况下，国际贸易网络的平均路径长度超过3个，表示该网络效率较低；低于2个则表明贸易效率较高。相比较而言，二氧化锆的交易最高效，有利于各国之间贸易成本的节约。

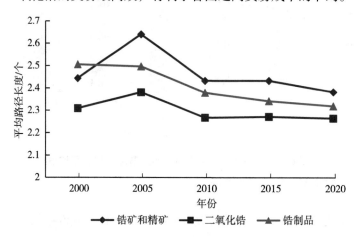

图5.8　2000—2020年锆资源供应链产品平均路径长度

数据来源：根据UN Comtrade整理所得。

如图5.9所示，平均聚类系数从高到低分别是二氧化锆、锆制品、锆矿和精矿。首先，二氧化锆的平均聚类系数变化最大，呈现持续升高的态势，由2000年的0.351

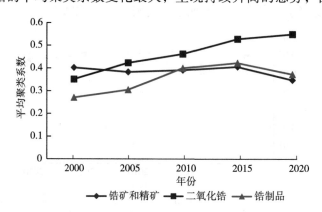

图5.9　2000—2020年锆资源供应链产品平均聚类系数

数据来源：根据UN Comtrade整理所得。

升高至2020年的0.549，说明二氧化锆的国际贸易已经形成了一定的聚集效应。其次，针对锆矿和精矿、锆制品，锆矿和精矿平均聚类系数2000—2015年一直在0.4左右，2015—2020年呈现下降趋势，总体较为平稳，但平均聚类系数较低。锆制品在2000—2010年间平均聚类系数有了较大的提升，由0.271上升至0.4；2010—2020年平均聚类系数与锆矿数值极为接近，但总体数值也较低。结果显示，在全球范围内，锆矿和锆制品的贸易网络结构比较松散，没有形成稳定的聚类成团效应。

5.3.2.3 锆资源全球供应链个体网络特征分析

（1）节点度。在使用Gephi制成的锆资源供应链网络图中，选取了2000年、2005年、2010年、2015年、2020年锆供应链产品中的节点出度和节点入度排名前五位的国家，对供应链网络中个体节点的贸易活跃程度进行分析。

锆矿和精矿在2000—2020年间的出度国家差异较小。从表5.1中可以看出，南非、西班牙、荷兰、美国、德国等资源禀赋型国家和少数发达国家占据了重要地位，2000—2020年一直处于出度排名前五位的位置。值得注意的是，西班牙逐步成为出口国排名第一的国家，在锆矿国际贸易中表现出了较高的活跃度。从锆矿入度来看，中国长时间保持锆矿和精矿入度排名第一的位置，说明中国在锆矿和精矿的国际贸易中与多个国家均有进口贸易的往来，在锆矿和精矿进口国中占据核心地位；但2000—2020年入度排名前五位的国家总体变动较大，美国、荷兰等国不仅出度较高，入度也较高，说明这些国家会在进口锆矿和精矿之后再次进行出口；马来西亚、法国、印度尼西亚等国在锆矿和精矿国际贸易中也具有较强的活跃度，进口国逐渐多元化。

表5.1　2000—2020年锆矿和精矿出入度排名前五位的国家

	锆矿和精矿国际贸易出度前五位					锆矿和精矿国际贸易入度前五位				
排名	1	2	3	4	5	1	2	3	4	5
2000年	南非	美国	德国	意大利	西班牙	中国	美国	日本	英国	法国
2005年	美国	南非	西班牙	德国	意大利	中国	印度	印度尼西亚	马来西亚	英国
2010年	美国	西班牙	南非	法国	德国	中国	印度	意大利	法国	印度尼西亚
2015年	西班牙	德国	美国	南非	荷兰	中国	荷兰	法国	日本	马来西亚
2020年	西班牙	荷兰	美国	南非	德国	中国	印度	意大利	荷兰	法国

数据来源：根据UN Comtrade整理所得。

从表5.2中可以看出，二氧化锆出度排名前五位的国家较为稳定，德国与美国均稳居二氧化锆世界贸易额的前列，表明美国与德国具有多元化渠道；其次是中国、英国、日本与法国等国，与其他国家贸易往来密切。与锆矿和精矿相比，南非、西班牙等资源禀赋型国家可能因提炼、制取工艺不成熟的原因，出口多元化程度大幅降低。从二氧化锆贸易进口国数量来看，排名前五位的国家以德国、英国、日本等发达国家为主，需求较为广泛；中国也在2020年成为二氧化锆贸易入度排名第二的国家；然后是俄罗斯、印度、意大利，进口多元化较大。二氧化锆作为熔点性超高的耐火性材料，在航天航空领域被广泛应用，已成为多个国家炙手可热的稀有金属产品。

表5.2　2000—2020年二氧化锆出入度排名前五位的国家

二氧化锆国际贸易出度前五位					二氧化锆国际贸易入度前五位				
排名	1	2	3	4	5	1	2	3	4	5
2000年	德国	美国	法国	英国	日本	英国	德国	中国	美国	韩国
2005年	德国	美国	法国	中国	英国	德国	加拿大	法国	印度	美国
2010年	德国	美国	中国	英国	日本	德国	美国	中国	俄罗斯	日本
2015年	德国	美国	中国	日本	英国	荷兰	德国	美国	日本	俄罗斯
2020年	美国	德国	中国	法国	英国	荷兰	中国	德国	意大利	美国

数据来源：根据UN Comtrade整理所得。

从表5.3中可以看出，锆制品出口国家数量排名前五位的国家与二氧化锆的贸易总额相比变化很小，可以看出，美国、德国、中国、英国、日本已基本掌握成熟的冶炼技术，在锆制品贸易中与很多国家的贸易往来较为密切且往来国家颇多。从锆制品入度排名来看，2000—2020年入度排名前五位的国家变动幅度总体较小；美国成为锆制品进口需求最广泛的国家；其次是德国、法国、中国、英国、加拿大、印度，进口较为频繁。锆制品作为锆供应链中较为成熟的产品，在发达国家和一些发展中国家如中国、印度等地备受青睐。

表5.3　2000—2020年锆制品出入度排名前五位的国家

锆制品国际贸易出度前五位					锆制品国际贸易入度前五位				
排名	1	2	3	4	5	1	2	3	4	5
2000	美国	德国	英国	日本	意大利	美国	德国	英国	法国	中国
2005	美国	德国	英国	中国	意大利	美国	法国	中国	德国	加拿大
2010	美国	德国	中国	英国	意大利	美国	德国	法国	中国	印度
2015	德国	美国	中国	日本	英国	美国	德国	中国	法国	中国
2020	美国	中国	德国	英国	日本	美国	德国	中国	法国	荷兰

数据来源：根据UN Comtrade整理所得。

（2）加权度。使用Gephi制成的锆产品贸易复杂网络数据进行统计，选取2000年、2005年、2010年、2015年、2020年锆矿和精矿、二氧化锆、锆制品加权出度和加权入度排名前五位的国家来进行分析。

如图5.10所示，2000年、2005年澳大利亚与南非相继占据了锆矿和精矿产品主要的出口市场份额，澳大利亚、南非、莫桑比克锆资源储量占据了全球的81.8%；但2010年，澳大利亚出口贸易量出现急剧下滑的情况；2015年、2020年出口贸易量相较于2000年和2005年，降低了将近4倍。这可能和澳大利亚在2015年停产18个月的最大锆矿矿山的开采有关。2015年与2020年南非为全球锆矿和精矿最大出口国。从加权入度的变化来看，中国在锆矿和精矿产品主要进口市场份额中占据主要地位。2000—2020年，中国进口贸易量总体呈现上涨趋势，2010年出现轻微动荡。其次是西班牙、印度、意大利、荷兰的锆矿需求量也较高，但是和中国的进口量有一定差距，中国已成为进口锆矿的贸易大国。

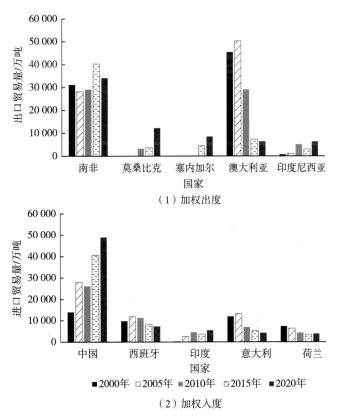

（1）加权出度

（2）加权入度

图5.10　2000—2020年全球主要国家锆矿和精矿加权出度和加权入度

数据来源：根据UN Comtrade整理所得。

图5.11呈现的是2000—2020年全球二氧化锆加权出度和加权入度排名前五位的国家。二氧化锆与锆矿的加权出度国家相比，发生了较大的转变。中国在2000年时出口二氧化锆贸易量还较小，但2005—2020年逐渐成为二氧化锆出口的主导力量，表明中国在大量进口锆矿之后不断提升自身提炼工艺，工艺已达到较为成熟的水平；其次，美国、法国、荷兰、日本也在二氧化锆贸易中占据重要的地位。从二氧化锆加权入度国家来看，美国、德国、西班牙、日本、法国对二氧化锆进口贸易需求较大。其中，美国在2020年进口贸易量达到5 800多吨；日本和法国从2000年的较少量出口开始出现波动上升趋势，日本尤为明显。

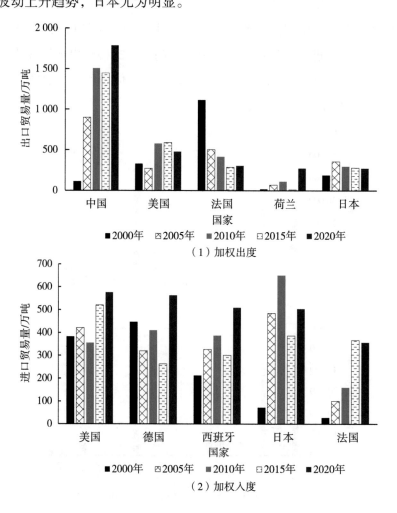

图5.11　2000—2020年全球主要国家二氧化锆加权出度和加权入度

数据来源：根据UN Comtrade整理所得。

如图5.12所示，美国逐渐成为锆制品出口的主导国家，2005年、2015、2020年总体稳定1 500吨左右，2010年达到峰值。美国作为二氧化锆进口大国，在锆产业链下游产品中转变了身份。这和美国自身的先进制备技术息息相关。此外，中国、西班牙、南非、德国也在锆制品出口贸易中占据重要地位，但和美国仍存在差距。从锆制品加权入度来看，中国、美国、德国成为锆制品核心进口大国，2015和2020年占据了非常大的份额；其次是法国和英国，说明锆制品作为较为成熟的下游产品，已被中国、美国、德国作为战略性新兴产品大量进口。

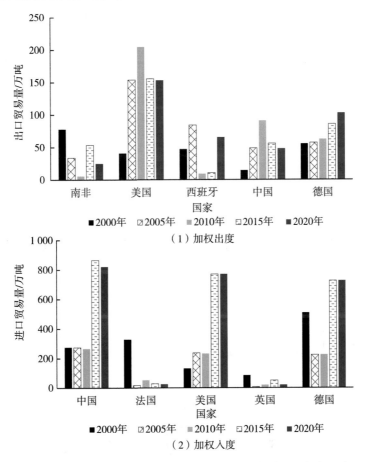

图5.12　2000—2020年全球主要国家锆制品加权出度和加权入度

数据来源：根据UN Comtrade整理所得。

（3）中介中心性。全球三稀矿产资源供应链网络节点的中介中心性用来度量一个节点国家通过其他两个节点之间最短路的桥梁的次数。在三稀矿产资源供应链网络中，受产业结构、地理位置、地缘政治等多种因素的影响，许多贸易网络下游国家对三稀矿产资源的进口必须通过多个国家发挥中介作用来完成。中介指标越大，其重要程度越高，节点国家在整个产业链中便有着更高的掌控能力。通过Gephi软件对2000年、2005年、2010年、2015年、2020年各节点中介中心性进行了归一化处理，然后选取2000年、2005年、2010年、2015年、2020年中介中心性排名靠前的5个国家，对锆矿和精矿、二氧化锆、锆制品中介中心性来进行分析，结果如图5.13所示。

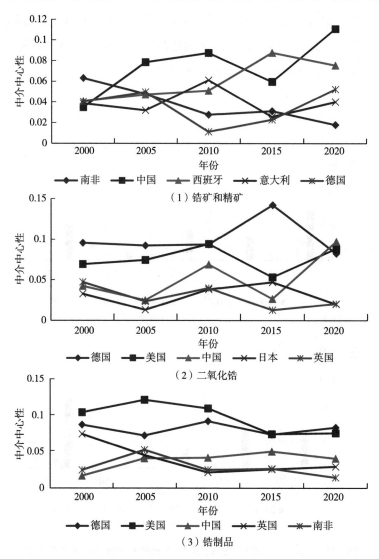

图5.13　2000—2020年全球主要国家锆资源供应链产品中介中心性指标

数据来源：根据UN Comtrade整理所得。

从图5.13中可以看出，锆供应链产品中锆矿和精矿的贸易分化程度较高，其中，中国、美国、德国掌握了锆上、中、下游产品的贸易，处于核心地位。在锆矿和精矿贸易方面，中国在2005年、2010年、2020年均位于首位。中国作为锆矿和精矿进口量排名第一的国家，在锆矿进出口贸易中控制力度较强。南非、西班牙也在贸易中处于重要地位。在二氧化锆贸易中，美国和德国2000—2020年一直处于较强的控制地位。德国在2015年达到峰值；中国、日本、英国在贸易中的控制力逐渐升高。值得关注的是，中国在2020年的中介中心性超过美国和德国，成为控制力度第一的国家。锆制品中介中心性排名前五位国家的情况与二氧化锆中介中心性排名前五位的国家较为相似，但美国超越德国成为锆制品控制力度第一的国家，中国、英国、南非的中介中心性起伏变化较小，虽有一定的控制力度，但与美国相比仍然相差较大。

5.3.3 锗资源全球供应链网络格局

锗作为稀散金属，是地壳中较分散的元素之一。随着绿色革命和新能源技术的不断发展与应用，锗元素上、中、下游产品因其在太阳能领域中具备高转化效率、耐辐射、长使用寿命等优势，已经成为新能源产业的核心材料，得到国际社会的广泛关注。全球锗资源较为贫乏且分布集中，主要分布在中国、美国、俄罗斯等国。中国作为全球第二大锗资源国，保有储量约为3 500吨。目前，中国锗资源出口量已占据全球70%，是全球主要的锗资源出口国。本节通过研究锗全球供应链网络格局，分析中国锗资源主要出口的具体国家，了解锗供应链风险传播机制，从而为中国在全球锗供应链中占据主动权提供理论支撑。

5.3.3.1 数据来源与网络构建

本节选取三稀矿产中稀散金属的锗元素作为代表。锗供应链主要分为三级，即上游产品、深加工产品和下游产品。因上游产品（锗矿石）在UN Comtrade中未写明明确编码，考虑数据可获得性，最终选取HS编码为282560的氧化锗、HS编码为8112的锗制品（包括废物和废料）和HS编码为854140的光伏电池为研究对象。氧化锗（HS：282560）代码因和5.3.2节二氧化锆代码相同，其实证结果可能和二氧化锆结论类似。年份选取2000年、2005年、2010年、2015年、2020年，利用Gephi软件进行可视化分析，以网络变化程度呈现可视化结果，以国家为节点，以贸易往来为连边，构建有向加权贸易网络和无向加权贸易网络。

5.3.3.2 锗资源全球供应链整体网络格局分析

图5.14呈现的是2005年、2010年、2015年、2020年全球氧化锗贸易网络结构图。贸易国家以资源禀赋型国家和一些发达国家为主导力量。从进口国来看，日本在全球氧化锗贸易中居于至关重要的地位；其次是美国、法国、德国等国家。从出口国来看，中国氧化锗出口量一直位于出口国首位，说明中国在全球氧化锗贸易中发挥着重

要作用。总体而言，全球氧化锗贸易量波动不大，各国之间贸易往来相对平稳。

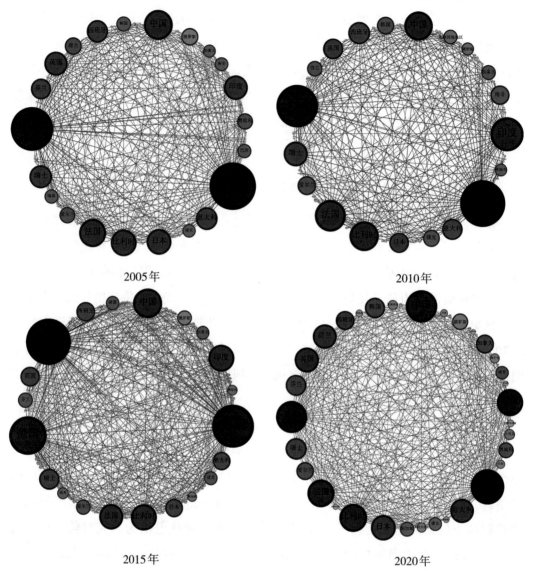

2005年　　　　　　　　　　　　2010年

2015年　　　　　　　　　　　　2020年

图5.14　全球氧化锗历年贸易网络结构

数据来源：根据UN Comtrade整理所得。

从图5.15中可以看出，全球氧化锗的节点国家数量呈现上升趋势；2020年达到峰值，为107个，说明越来越多的节点国家参与到氧化锗的贸易中来，氧化锗贸易逐渐呈现多元化。从边数来看，氧化锗贸易从2000年的394条达到了2020年的662条，国家与国家之间的贸易往来越发频繁。从平均度来看，平均每个国家都与4～6个国家有着氧化锗进出口贸易。这表明近年来，氧化锗网络的贸易连通性不断增强。

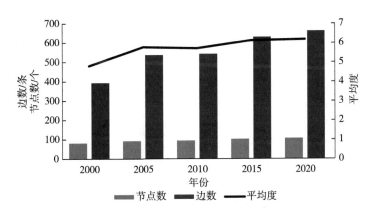

图5.15 2000—2020年氧化锗网络节点、边、平均度

数据来源：根据UN Comtrade整理所得。

图5.16呈现的是2000年、2005年、2010年、2015年、2020年锗制品贸易网络结构图。从中可以看出，亚洲、欧洲、美洲国家（地区）成为锗制品贸易网络的主导力量。从出口国家（地区）来看，亚洲国家（地区）成为2000年、2015年、2020年锗制品出口量排名前列的国家（地区）。从进口国家（地区）来看，2010年、2015年、2020年中国和日本在锗制品国际贸易中占据重要地位。总体而言，贸易国家（地区）变动很小，说明锗制品贸易网络较为稳定。

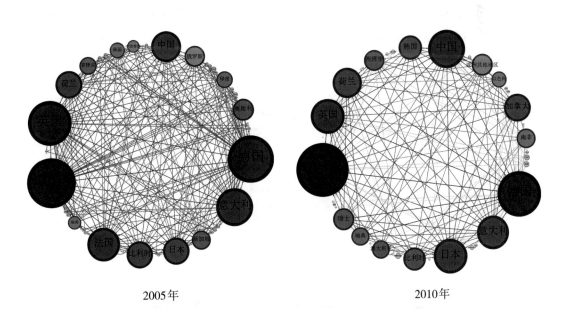

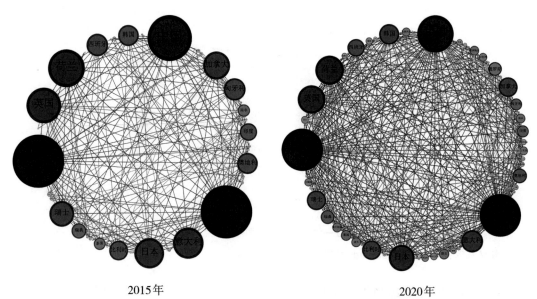

| 2015年 | 2020年 |

图5.16　全球锗制品历年贸易网络结构

数据来源：根据UN Comtrade整理所得。

如图5.17所示，全球锗制品进出口国家（地区）2000—2010年的节点数一直处于上升状态，2010年之后趋于平稳。其节点数相较于氧化锗而言，每年扩大70个节点左右，说明锗制品贸易多元化程度较高。从边数来看，锗制品边数比氧化锗多600条左右，表明锗制品在世界贸易网络中的活跃度越来越高。从平均度来看，一个国家（地区）平均会与七八个国家（地区）有锗制品贸易的往来，而且平均度不断上升，2015年达到了8.775个的最高值，2020年稳定在7.57个的水平。

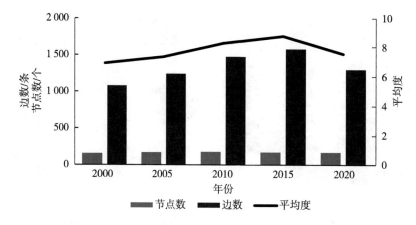

图5.17　2000—2020年锗制品网络节点、边、平均度

数据来源：根据UN Comtrade整理所得。

　　图5.18呈现的是全球光伏电池2000年、2005年、2010年、2020年的贸易网络结构。光伏电池是锗供应链中成熟的下游产品。越来越多的国家（地区）参与光伏电池的贸易，使其贸易呈现极度多元化。值得注意的是，2005年中国从日本大量进口光伏电池。2005年，中国光伏电池进口贸易量位居首位，2010年、2020年中国为出口光伏电池第一大国，与美国、德国等国家有密切的贸易往来，说明中国近年来在光伏产业上的生产技术上已逐渐成熟。

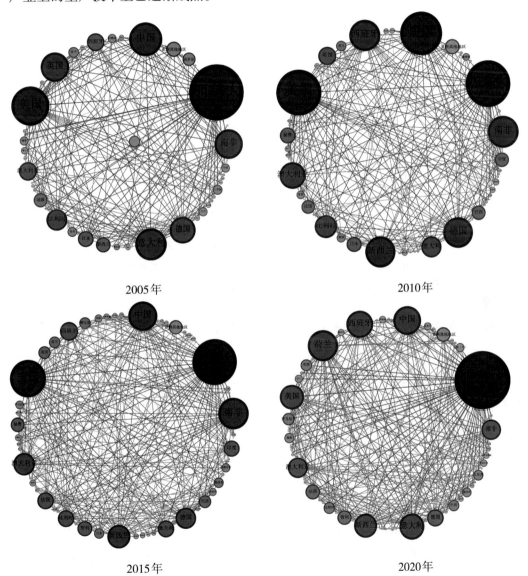

2005年　　　　　　　　　　　　　　　　2010年

2015年　　　　　　　　　　　　　　　　2020年

图5.18　全球光伏电池历年贸易网络结构

数据来源：根据UN Comtrade整理所得。

图5.19呈现的是2000年、2005年、2010年、2015年、2020年光伏电池网络节点、边和平均度的变化情况。从节点数来看，除了2000年，光伏电池2005—2020年节点数保持在210个左右，相对于锗制品，节点数上升50左右。光伏电池作为锗下游产品，相较于锗上游和中游产品来说，受各个国家（地区）的关注度更高，有更多国家（地区）参与到光伏电池的贸易中来。从边数来看，边数从2000年的3 269条达到了2020年的5 089条；2015年达到5 429条的峰值，说明国家（地区）与国家（地区）之间的贸易联系越来越频繁，平均一个国家（地区）就与23个国家（地区）有光伏电池的贸易往来。

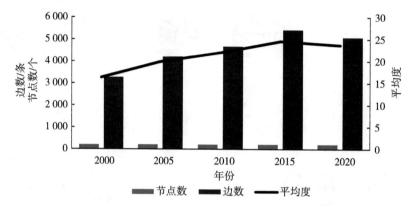

图5.19　2000—2020年光伏电池网络节点、边、平均度

数据来源：根据UN Comtrade整理所得。

从图5.20中可以看出，在锗资源供应链产品中，相比较而言，锗制品的网络密度最小，2000—2020年一直在0.045左右波动；2015年达到0.051的最高值；2020年稳定在0.044的水平。这表明，锗制品在世界范围内的贸易往来较少，各国之间联系还不太密切。氧化锗的网络密度在0.058和0.061之间，20年来网络密度排名第二，波动幅度不大。相对而言，光伏电池在贸易网络中的网络密度最高，2000—2015年一直呈现上升趋势；2020年稳定在0.111，光伏电池的贸易网络最为紧密，各国之间的贸易形成了高度的集聚效应。

图5.21呈现的是2000年、2005年、2010年、2015年、2020年锗资源供应链平均路径长度。氧化锗2000年、2005年的平均路径长度一直保持在2.3以上，从2010年开始贸易效率有所提升，2020年稳定在2.265，说明每次贸易平均要跨越2.265个国家。锗制品的平均路径长度2000—2015年发生轻微波动，相对而言，贸易效率低于氧化锗；2020年稳定在2.256。光伏电池2000—2015年贸易效率不断提升；2020年稳定在2.138，每次光伏电池贸易平均要跨越2.138个国家。相对而言，光伏电池的贸易效率最高。

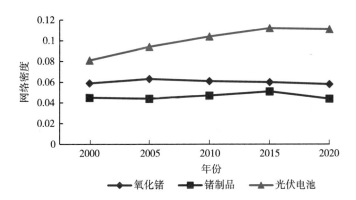

图5.20   2000—2020年锗资源供应链产品网络密度

数据来源：根据UN Comtrade整理所得。

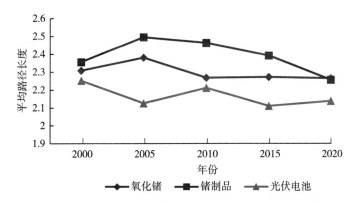

图5.21   2000—2020年锗资源供应链产品平均路径长度

数据来源：根据UN Comtrade整理所得。

如图5.22所示，氧化锗的平均聚类系数在0.351和0.549之间波动，平均聚类系数2000—2020年呈现不断上升趋势，说明氧化锗的集聚效应不断提升。锗制品的平均聚类系数20年来波动较大，2005—2015年出现上升趋势，但2020年回落至0.431，说明锗制品没有形成稳定的集聚效应。相对而言，光伏电池的平均聚类系数最高，2000—2020年都稳定在0.6以上，说明光伏电池贸易网络已经形成稳定的集聚成团效应。

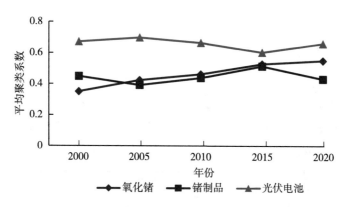

图5.22　2000—2020年锗资源供应链产品平均聚类系数

数据来源：根据UN Comtrade整理所得。

5.3.3.3 锗资源全球供应链个体网络特征分析

（1）节点度。运用Gephi软件统计节点国家出入度的数据，选取2000年、2005年、2010年、2015年、2020年氧化锗、锗制品、光伏电池出入度排名前五位的国家来分析节点国家贸易的丰富性。

如表5.4所示，氧化锗出度排名前五位的国家2000—2020年较为相似，德国和美国在贸易中一直处于核心地位，说明美国和德国在氧化锗贸易中出口伙伴国最多，其次是中国、英国、日本等国家。从氧化锗贸易入度来看，排名前五位的国家以德国、英国、日本等发达国家为主，需求较为广泛；中国在2020年氧化锗贸易入度排名上升至第二位；同时俄罗斯、印度、意大利等国家与其他国家的贸易关系也较为频繁，进口多元化较大。

表5.4　2000—2020年氧化锗出入度排名前五位的国家

	氧化锗国际贸易出度前五位					氧化锗国际贸易入度前五位				
排名	1	2	3	4	5	1	2	3	4	5
2000年	德国	美国	法国	英国	日本	英国	德国	中国	美国	韩国
2005年	德国	美国	法国	中国	英国	德国	加拿大	法国	印度	美国
2010年	德国	美国	中国	英国	日本	德国	美国	中国	俄罗斯	日本
2015年	德国	美国	中国	日本	英国	荷兰	德国	美国	日本	俄罗斯
2020年	美国	德国	中国	法国	英国	荷兰	中国	德国	意大利	美国

数据来源：根据UN Comtrade整理所得。

表5.5呈现的是2000—2020年锗制品出入度排名前五位的贸易国家。与氧化锗进

行比较，可以看出，美国、德国、中国仍然是出口活跃程度非常高的国家。亚洲其他国家在2000年处于锗制品国际贸易出度第一位，但之后排名稍有下降。美国在2005年、2010年、2015年、2020年一直处于锗制品贸易出度首位，其次是德国、中国、英国、比利时，在贸易网络中与其他国家往来密切。在氧化锗入度上，美国、德国、中国依旧是锗制品贸易进口国数量靠前的国家。值得注意的是，日本在2020年锗制品贸易进口国数量排名第一，比起其他国家，其进口多元化程度高。

表5.5 2000—2020年锗制品出入度排名前五位的国家

	锗制品国际贸易出度前五位					锗制品国际贸易入度前五位				
排名	1	2	3	4	5	1	2	3	4	5
2000 年	亚洲其他国家	美国	德国	英国	意大利	美国	德国	英国	法国	中国
2005 年	美国	德国	中国	英国	意大利	美国	德国	中国	英国	新加坡
2010 年	美国	德国	英国	中国	亚洲其他国家	中国	德国	英国	美国	荷兰
2015 年	美国	中国	德国	英国	法国	中国	美国	德国	英国	荷兰
2020 年	美国	德国	中国	英国	比利时	日本	荷兰	美国	德国	中国

数据来源：根据UN Comtrade整理所得。

从表5.6可以看出，光伏电池国际贸易出口国数量排名前五位的国家主要以中国、德国、美国、法国等国家为主，与氧化锗、锗制品排名前五位的国家类似，但2000—2020年排名前五位的国家有较小的波动，排名前二位的国家主要以美国、德国、中国为主；其次，法国、意大利和英国等国家贸易出口较为频繁。在光伏电池进口贸易上，2000年、2005年美国、德国、法国、加拿大、意大利等国需求最为广泛；2010年、2015年、2020年光伏电池贸易进口国逐渐呈现多元化，中国、墨西哥、西班牙、荷兰等国进口国家数量排名上升。光伏电池作为新能源产品，在锗供应链中占据重要地位。光伏电池国际贸易关系逐渐复杂化、丰富化。

表5.6 2000—2020年光伏电池出入度排名前五位的贸易国

	光伏电池国际贸易出度前五位					光伏电池国际贸易入度前五位				
排名	1	2	3	4	5	1	2	3	4	5
2000 年	美国	德国	法国	意大利	英国	美国	法国	德国	加拿大	意大利
2005 年	德国	美国	法国	中国	英国	美国	德国	墨西哥	加拿大	西班牙

续　表

	光伏电池国际贸易出度前五位					光伏电池国际贸易入度前五位				
排名	1	2	3	4	5	1	2	3	4	5
2010年	中国	德国	法国	英国	亚洲其他国家	德国	墨西哥	中国	西班牙	瑞士
2015年	德国	法国	意大利	英国	亚洲其他国家	荷兰	德国	法国	西班牙	奥地利
2020年	中国	德国	荷兰	法国	意大利	中国	美国	德国	波兰	荷兰

数据来源：根据UN Comtrade整理所得。

（2）加权度。使用Gephi制成的锗供应链复杂网络数据进行统计，选取2000年、2005年、2010年、2015年、2020年氧化锗、锗制品、光伏电池加权出度和加权入度排名靠前的5个国家来进行分析。

图5.23呈现的是2000—2020年全球主要国家氧化锗加权出度和加权入度的情况。从氧化锗加权出度排名前五位的国家来看，中国逐渐成为氧化锗出口的主导力量，其出口量随年份逐渐上升；其次，美国、法国、荷兰、日本在氧化锗贸易中也占据较为重要的地位。从氧化锗加权入度排名前五位的国家来看，美国和德国在氧化锗进口贸易中处于重要地位，2020年美国达到5 800多吨。2000—2010年，美国、德国和西班牙在氧化锗贸易中变化幅度较小；法国和日本从2000年的较少量进口开始出现波动上升趋势，上升幅度较大，而日本进口贸易量上升的显著特征更大。

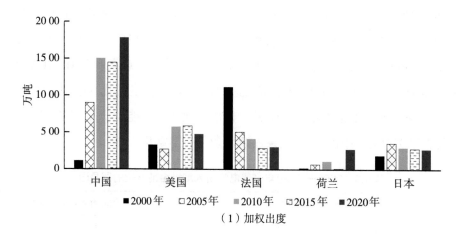

（1）加权出度

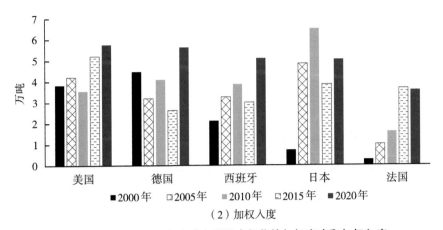

（2）加权入度

图5.23 2000—2020年全球主要国家氧化锗加权出度和加权入度

数据来源：根据UN Comtrade整理所得。

如图5.24所示，与氧化锗主要出口国家相比，亚洲其他国家在锗制品加权出度中占据首位，峰值在2010年达到4.8万吨左右，2020年出现明显回落。这可能与疫情肆虐，劳动力减少，导致亚洲其他国家锗制品生产量大幅减少有关。出口方面，俄罗斯、美国、法国、英国等国家也在锗制品出口贸易中占据主要地位。进口方面，中国、日本、荷兰、德国、美国等国家成为进口需求量最大的国家。中国在2015年达到3000吨的高峰，锗制品进口贸易国家活跃程度高。

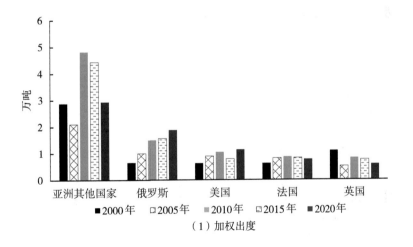

（1）加权出度

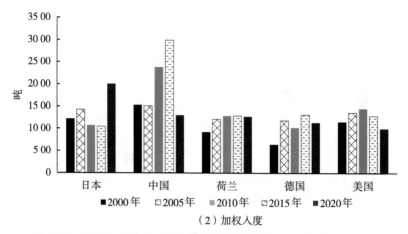

（2）加权入度

图5.24　2000—2020年全球主要国家锗制品加权出度和加权入度

数据来源：根据UN Comtrade整理所得。

从图5.25可以看出，中国已成为光伏电池贸易出口的核心国家，在2020年出口贸易达到152万吨的峰值；泰国、荷兰、韩国2000—2020年出口贸易量不断提升。光伏电池作为锗上、中、下游产品里十分成熟的产品，在国际贸易中已大量进行出口。从进口贸易量来看，美国进口光伏电池贸易量从2010年开始均处于首位，说明美国对光伏电池的需求量非常大；其次，德国、英国、日本、法国等发达国家在贸易中也处于重要地位。由结果可得，光伏电池进出口多元化程度不断增强，进口已经逐渐成为各国对光伏电池需求来源的重要途径，并为本国的新能源产业提供了必要的渠道来源。

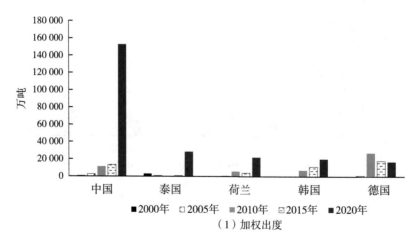

（1）加权出度

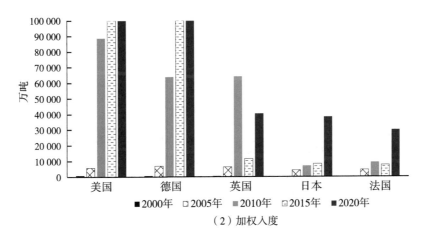

（2）加权入度

图5.25 2000—2020年全球主要国家光伏电池加权出度和加权入度

数据来源：根据UN Comtrade整理所得。

（3）中介中心性。通过Gephi软件对2000年、2005年、2010年、2015年、2020年锗上、中、下游产品各节点中介中心性进行归一化处理，选取2000年、2005年、2010年、2015年、2020年中介中心性排名前五位的国家，对氧化锗、锗制品、光伏电池的中介中心性来进行分析。

图5.26呈现的是2000年、2005年、2010年、2015年、2020年全球主要国家锗供应链产品中介中心性指标的情况。从结果可以看出，美国、中国、德国、英国在3种锗产品中的中介中心性都位居前列，说明这4个国家已掌握了锗供应链产品的贸易，在贸易网络中的地位较高。在氧化锗贸易中，德国居于第一的位置，其中介效应最为显著，在氧化锗贸易中处于绝对控制的地位。在锗制品贸易中，排名前列的除美国、德国、中国、英国之外，荷兰也成为锗制品进出口贸易的重要国家，其中介中心性在2015年达到0.271 0的峰值。从光伏电池排名前五位的中介中心性可以看出，美国和法国为控制力度较强的两个国家，中国2020年的中介效应凸显，其中介中心性相对前几年而言，达到0.138 3的峰值，但与美国、法国相比仍然存在一些差距；其次，英国的光伏电池控制力度20年来较为稳定。

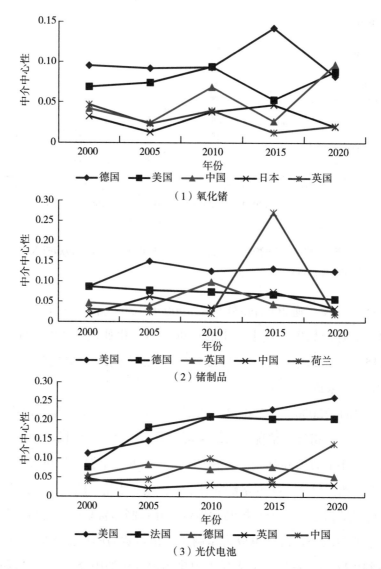

图5.26 2000—2020年全球主要国家锗资源供应链产品中介中心性指标

数据来源：根据UN Comtrade整理所得。

5.3.4 钕资源全球供应链网络格局

钕元素是较活泼的稀土金属之一，在稀土领域中扮演着重要角色。随着科技不断发展及工业化进程的加速，钕资源受到各个国家的高度重视，目前钕的下游产品钕铁硼磁铁已广泛应用于航天航空、电子工程、医疗等领域，成为稀土使用中最重要的材料。我国作为全球钕资源储量和出口量最大的国家，近年来通过加大科研投入，提升稀土终端产品附加值，在钕资源全球供应链中已占据主导地位。中美博弈的加剧，导致稀土战场也逐渐走向白热化，美国、英国、澳大利亚等国家都在做稀土供应链布局的调整，试图重构不依赖中国的稀土供应链，致使中国稀土资源供应的优势地位正逐渐降低。本节通过研究钕资源全球供应链网络格局，分析中国钕资源供给风险为全球供应链中的国家所带来的影响程度，便于中国在谈判和政治博弈中对特定国家采取相应的政策措施。

5.3.4.1 数据来源与网络构建

以三稀矿产中稀土资源的钕元素为代表，根据联合国贸易数据库UN Comtrade，在钕上、中、下游产品中各选取1种产品，分别为HS编码为284690的氧化钕、HS编码为280530的金属钕和HS编码为850511的稀土永磁材料。以5年为跨度，利用Gephi软件构建出2000年、2005年、2010年、2015年、2020年全球氧化钕、金属钕、稀土永磁材料的国际贸易无权有向和加权有向贸易网络，以此来研究节点国家在钕供应链网络中的地位变化程度。在网络图中，节点的大小代表该国家与其他国家贸易关系数量的多寡，即度数；而节点的色彩和边缘的粗细，则代表贸易的权重，颜色越深，这个节点的贸易量就越大；边越粗，则该条边的贸易权重就越大。由于相关贸易国家数量较多，部分年份贸易变化较小。为了更直观地呈现国家贸易关系的演化规律，过滤掉一些贸易量较小的国家，同时根据贸易变化呈现视图。

5.3.4.2 钕资源全球供应链整体网络格局分析

图5.27呈现的是氧化钕2000年、2010年、2015年、2020年的全球贸易网络结构。氧化钕主体贸易国家以资源禀赋型国家和少数发达国家为主，中国在2000年、2010年、2015年氧化钕出口贸易量居于首位，说明中国在氧化钕贸易网络中有着至关重要的地位；其次是美国、日本、德国、韩国等国家。值得注意的是，之前中国对美国出口氧化钕的贸易量较大，2020年中国氧化钕进口贸易量位居第一，中国对美国出口氧化钕的贸易量小于中国自美国进口的氧化钕产品贸易量。总体而言，贸易主体国家变化不大，氧化钕贸易网络近年来相对稳定。

从图5.28可以看出，氧化钕进出口国家数量呈递增趋势，2010年达到143个，2010年之后出现较小波动，但贸易网络总体较为稳定。边数从2000年的512条上涨至2015年的923条；2020年稳定在875条。总体而言，2000—2020年氧化钕国际贸易国家参与度不断提高，国与国之间的贸易关系越来越紧密。从平均度来看，从2000年1个国家平均与4个国家进行氧化钕贸易往来到2020年1个国家平均与7个国家进行贸易往来，体现出氧化钕贸易网络的流畅度在不断提升。

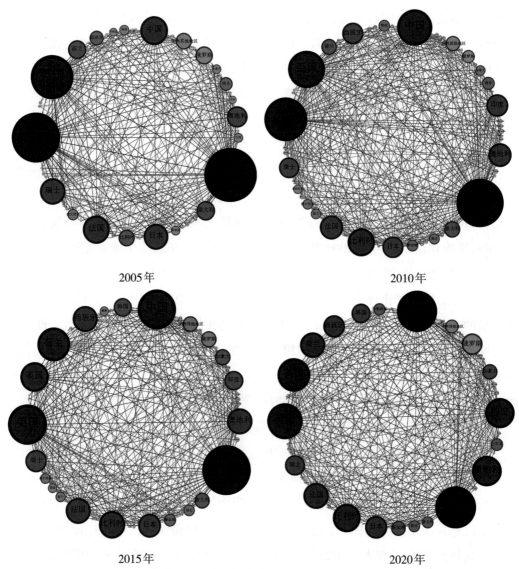

2005年   2010年

2015年   2020年

图5.27 全球氧化钕历年贸易网络结构

数据来源：根据UN Comtrade整理所得。

如图5.29所示，2000—2020年，金属钕的贸易逐渐呈现多元化，美国和中国逐渐成为金属钕贸易网络中的中心国家；德国、英国和荷兰在贸易网络中也处于重要地位，仅次于美国和中国。20年来，金属钕贸易逐渐走向多元发散，同时在贸易网络中贸易频繁且处于重要地位的国家越来越多，说明金属钕在国际贸易中越发重要。金属钕作为钕中游产品中独具魅力的工业珍宝，在科技不断更新的时代，越发成为国家之间争抢的产品。

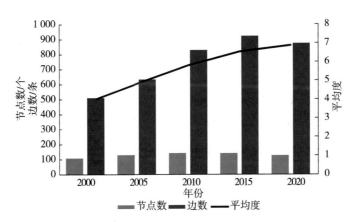

图5.28 2000—2020年氧化钕贸易网络节点、边、平均度

数据来源：根据UN Comtrade整理所得。

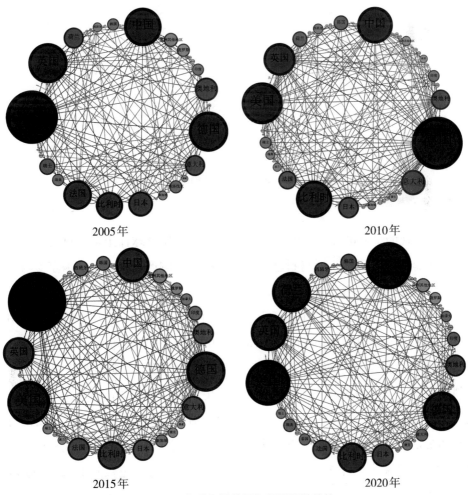

图5.29 全球金属钕历年贸易网络结构

数据来源：根据UN Comtrade整理所得。

图5.30显示了金属钕贸易网络在2000年、2005年、2010年、2015年、2020年中的节点、边和平均度的变化情况。从节点数来看，金属钕贸易国家数保持在79～94个。2000—2020年贸易数量总体上较平稳，说明金属钕贸易国依存度变化不大；边数从2000年的300条开始上涨，2015年达到峰值，为491条。值得注意的是，2020年金属钕的节点数虽然在20年中处于数量最低，但边数有385条，说明金属钕贸易国家之间的丰富性在增强。2020年，平均每个国家与5个国家有金属钕贸易往来，金属钕的贸易连通性在不断提升。

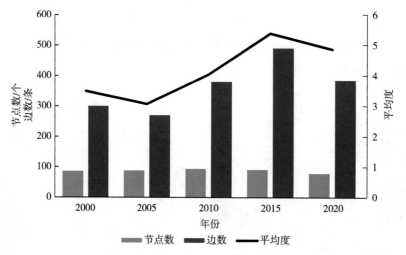

图5.30　2000—2020年金属钕贸易网络节点、边、平均度

数据来源：根据UN Comtrade整理所得。

图5.31呈现的是2000年、2005年、2010年、2020年全球稀土永磁材料贸易网络结构。相对于金属钕，稀土永磁材料已是成熟的稀土下游产品，有更多国家参与稀土永磁材料的贸易，其贸易多元化程度变高，主导国家或地区和金属钕贸易主体国家或地区较为类似。2000—2020年，中国稀土永磁材料贸易出口量一直居于首位，表明中国在稀土永磁贸易网络中的地位鲜明；2000—2010年，中国香港一直是最大稀土永磁材料进口地区。值得注意的是，2020年美国成为最大稀土永磁材料进口国。稀土永磁材料作为军事领域的成熟产品，在现在大环境下受到很大的青睐，而美国大规模烧结钕铁硼磁体的生产厂家寥寥无几，所以对中国稀土永磁材料的进口依赖度很高。

从图5.32可以看出，稀土永磁材料的进出口国家数量呈现较大幅上升趋势，从2000年157个国家上涨至2020年204个国家，各节点之间边数从1 329条边拓展到2020年的2 885条边，说明各国对稀土永磁材料的需求越发旺盛，越来越多的国家想要加入稀土永磁材料的贸易当中来。稀土永磁材料是新能源汽车的核心材料之一，电子信息、现代交通、航空航天、智能制造等领域更是少不了稀土永磁材料。从近年来稀土永磁材料平均度分布可以看出，稀土永磁材料平均度呈现大幅上升趋势，截至2020年，平均1个国家就与14个国家有稀土永磁贸易往来，稀土永磁网络贸易整体流动性强。

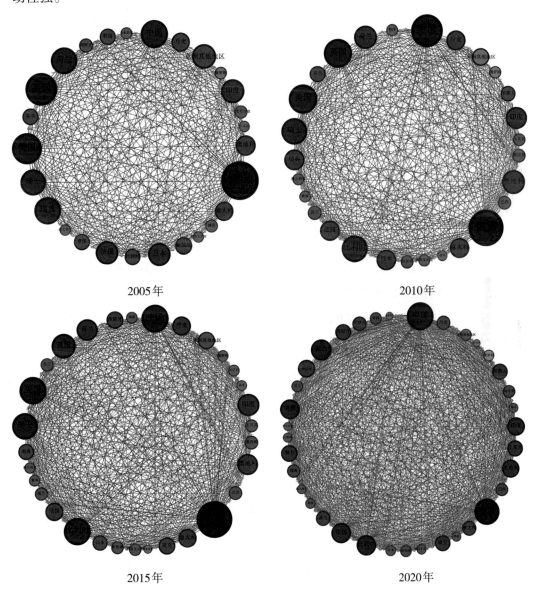

图5.31　全球稀土永磁材料历年贸易网络结构

数据来源：根据UN Comtrade整理所得。

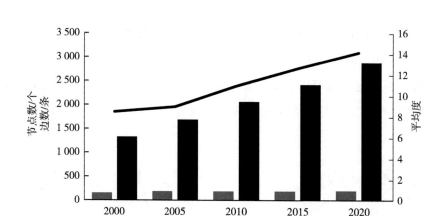

图5.32 2000—2020年稀土永磁材料网络节点、边、平均度

数据来源：根据UN Comtrade整理所得。

图5.33展现的是2000年、2005年、2010年、2015年、2020年钕资源供应链产品网络密度的变化情况。在3种产品中，氧化钕的网络密度相对较小，但变动幅度较大，2005—2020年氧化钕的网络密度指数持续上升，2020年达到0.055的峰值，说明氧化钕在3种产品中的国际贸易关系虽然较为稀疏，但其在国际贸易中的重要性在逐年提升。金属钕在20年来排名第二，2010—2015年呈现较大波动，此后逐渐上升并趋于稳定，2020年最高达到0.062。相对而言，稀土永磁材料的网络密度最高，网络密度指数从2005年开始升高，到2020年达到0.07的峰值。这也说明稀土永磁材料的贸易网络是最紧密的，体现了稀土永磁材料在国际贸易中的重要性。

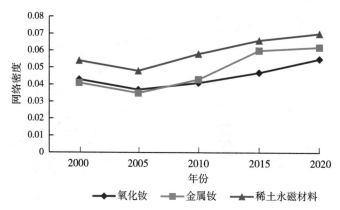

图5.33 2000—2020年钕资源供应链产品网络密度

数据来源：根据UN Comtrade整理所得。

从图5.34可以看出,氧化钕和金属钕的平均路径长度的波动幅度较小,两者的平均路径长度数值相近。稀土永磁材料的平均路径长度相对较低,2020年为2.17,说明1个国家在进行稀土永磁贸易时要跨越2.17个国家。由此看来,相对于稀土永磁材料而言,氧化钕和金属钕的贸易传播效率不高,稀土永磁材料贸易效率最高,两国之间进行贸易的路径较短,贸易成本较低,有利于贸易的往来。

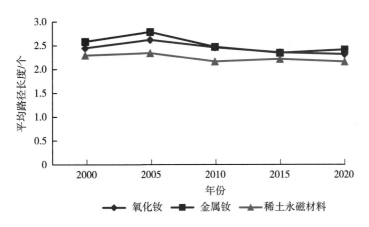

图5.34 2000—2020年钕资源供应链产品平均路径长度

数据来源:根据UN Comtrade整理所得。

如图5.35所示,3种钕产品中,平均聚类系数从高到低,分别是稀土永磁材料、氧化钕、金属钕。对于氧化钕和金属钕而言,氧化钕处于3种钕产品中平均聚类系数排名第二的产品,平均聚类系数2000—2020年较为平稳,在0.4左右持续浮动,金属钕产品的浮动变化最大,2005年出现下滑态势,随后又出现上升态势。总体而言,金属钕的平均聚类系数较低,表明氧化钕和金属钕在国际贸易网络中的结构较为松散,没有形成稳定的聚类成团效应。稀土永磁材料的平均聚类系数2000—2020年持续升高,从0.455上升至0.585。总体而言,稀土永磁材料的国际贸易已经形成一定的聚集效应,聚集程度较高。

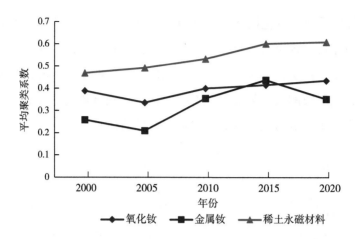

图5.35 2000—2020年钕资源供应链产品平均聚类系数

数据来源：根据UN Comtrade整理所得。

5.3.4.3 钕资源全球供应链个体网络特征分析

（1）网络节点度。运用Gephi软件统计节点国家（地区）的数据，选取2000年、2005年、2010年、2015年、2020年的氧化钕、金属钕、稀土永磁材料出入度排名前五位的国家（地区），来分析节点国家（地区）贸易的丰富性。

如表5.7所示，2000—2020年，氧化钕出度国家（地区）差异较小。中国在2005年、2010年、2015年、2020年出度排名一直保持第一；2000年、2005年美国、日本、法国、德国一直保持在出度排名第二至第五，比利时、马来西亚、韩国等国家逐步开始和其他国家（地区）有频繁的出口贸易往来。从贸易入度来看，2005年、2010年、2015年、2020年日本成为氧化钕入度第一的国家，同时德国、美国、中国、印度的需求也很广泛。所以，相对而言，氧化钕的出口国家（地区）和进口国家（地区）较为集中。

表5.7 2000—2020年氧化钕出入度排名前五位的贸易国家（地区）

	氧化钕国际贸易出度前五位					氧化钕国际贸易入度前五位				
排名	1	2	3	4	5	1	2	3	4	5
2000 年	德国	美国	英国	中国	法国	美国	德国	英国	日本	法国
2005 年	中国	美国	德国	日本	法国	日本	英国	德国	美国	中国
2010 年	中国	美国	英国	德国	比利时	日本	美国	英国	中国	印度
2015 年	中国	美国	德国	比利时	奥地利	日本	德国	中国	美国	法国
2020 年	中国	德国	美国	奥地利	英国	日本	中国	美国	英国	德国

数据来源：根据UN Comtrade整理所得。

从表5.8可以看出，中国在金属钕出口贸易地位和氧化钕类似，2000年、2005年、2010年、2020年一直稳居第一的位置，出口贸易范围多元化程度高；美国、越南、比利时等国的出口范围也较广泛。在金属钕的入度方面，德国在2005年、2010年、2015年、2020年一直稳居首位；德国对金属钕的需求十分广泛，不仅自中国、越南这种资源禀赋型国家进行进口，还自泰国、美国、比利时等国家进口，进口贸易网络呈现多元化。同时，美国、荷兰、意大利、中国等国家的进口贸易也趋于多元化。

表5.8 2000—2020年金属钕出入度排名前五位的贸易国家（地区）

金属钕国际贸易出度前五位					金属钕国际贸易入度前五位				
排名	1	2	3	4	5	1	2	3	4	5
2000年	中国	美国	越南	英国	比利时	美国	法国	英国	日本	德国
2005年	中国	美国	越南	英国	比利时	德国	美国	德国	比利时	法国
2010年	中国	美国	中国香港	比利时	日本	德国	德国	美国	荷兰	泰国
2015年	越南	中国	泰国	菲律宾	中国香港	德国	美国	荷兰	韩国	菲律宾
2020年	中国	泰国	荷兰	韩国	美国	德国	美国	意大利	中国	韩国

数据来源：根据UN Comtrade整理所得。

表5.9 2000—2020年稀土永磁材料出入度排名前五位的贸易国家（地区）

稀土永磁材料国际贸易出度前五位					稀土永磁材料国际贸易入度前五位				
排名	1	2	3	4	5	1	2	3	4	5
2000年	德国	中国	瑞典	荷兰	印度	德国	美国	法国	英国	意大利
2005年	中国	德国	瑞士	英国	美国	美国	德国	英国	荷兰	法国
2010年	中国	德国	比利时	瑞士	美国	美国	德国	英国	意大利	法国
2015年	中国	日本	菲律宾	德国	中国香港	美国	德国	英国	意大利	中国
2020年	中国	日本	德国	越南	美国	美国	德国	英国	荷兰	法国

数据来源：根据UN Comtrade整理所得。

根据表5.9稀土永磁材料出入度排名前五位的贸易国家或地区得出，中国2005年、2010年、2015年、2020年贸易出度稳居第一，从中可以看出，中国在钕资源供应链中处于核心地位，在上、中、下游产品中出口贸易范围十分广泛；其次，日本、德国、英国、美国等国家贸易多元化程度也较高。从稀土永磁材料入度来看，近年来，美国、德国2000—2020年稳定在入度第一、第二位，说明美国和德国对稀土永磁材料的需求多元化程度高；同时，英国、荷兰、中国、意大利在国际贸易中的活跃度很强，进口多元化已经是他们的标识。

（2）加权度。使用Gephi制成的锗供应链网络对加权出度和加权入度进行统计，选取2000年、2005年、2010年、2015年、2020年氧化钕、金属钕、稀土永磁材料加权出度和加权入度排名靠前的5个国家来进行分析。

图5.36呈现的是2000—2020年全球主要国家氧化钕加权出度和加权入度的情况，中国在氧化钕出口贸易中占据核心地位，各国大部分的氧化钕自中国进口，中国的氧化钕出口贸易呈现逐年上涨趋势，2020年达到峰值。其次，美国、奥地利、法国、俄罗斯也在氧化钕贸易出口中占据一席之地，但与中国相比仍存在较大的差距。从贸易加权入度来看，日本处于进口第一的位置，需求量大；美国、德国、中国、法国也有较大的需求，2000—2020年，基本呈现上涨趋势，随着科学技术的不断进步，氧化钕在国际贸易中的地位不断凸显。

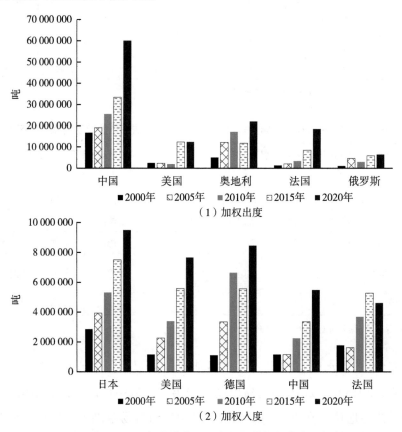

图5.36 2000—2020年全球主要国家氧化钕加权出度和加权入度

数据来源：根据UN Comtrade整理所得。

如图5.37所示，中国仍然是金属钕加权出度第一的国家，2000—2020年呈现递增趋势；泰国、越南、荷兰、日本也在金属钕贸易中处于重要地位，但与中国相比仍存在一定的距离，2020年有70%的金属钕出口来自中国。从加权入度来看，德国、美国、英国成为金属钕进口贸易量前三位的国家，美国在2020年达到峰值，中国和比利时也成为贸易进口量需求较大的国家。

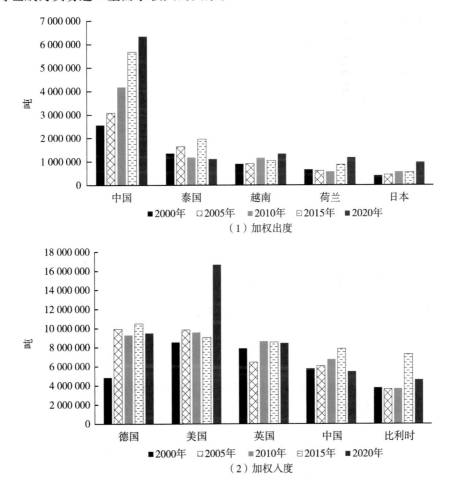

图5.37　2000—2020年全球主要国家金属钕加权出度和加权入度

数据来源：根据UN Comtrade整理所得。

图5.38呈现的是2000年、2005年、2010年、2015年、2020年全球主要国家稀土永磁材料加权出度和加权入度排名前五位的国家（地区）。从加权出度来看，中国2000—2020年出口稀土永磁材料的贸易量巨大，在稀土永磁材料贸易中处于核心地位；日本、中国香港、美国、荷兰虽有出口贸易，但其贸易量相对于中国而言相差较多。从加权入度来看，美国、德国、印度、中国、中国香港成为稀土永磁材料贸易主

要进口国家（地区），说明中国会将稀土永磁材料进口之后再进行出口。总体而言，中国、美国、德国在稀土永磁材料进出口贸易中占据中心地位。

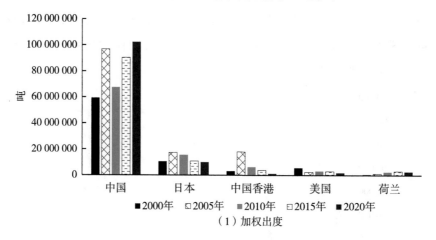

（1）加权出度

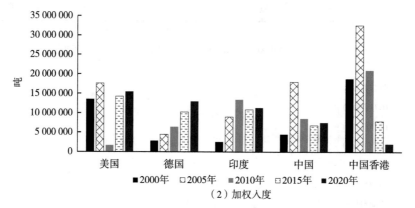

（2）加权入度

图5.38　2000—2020年全球主要国家（地区）稀土永磁材料加权出度和加权入度

数据来源：根据UN Comtrade整理所得。

（3）中介中心性。通过Gephi软件对2000年、2005年、2010年、2015年、2020年钕资源上、中、下游产品各节点中介中心性进行归一化处理，最后选取2000年、2005年、2010年、2015年、2020年中介中心性排名靠前的5个国家，对氧化钕、金属钕、稀土永磁材料的中介中心性进行分析。

图5.39呈现的是2000年、2005年、2010年、2015年、2020年全球主要国家钕供应链产品中介中心性的变化情况。钕供应链中3种产品的分化程度较高，主要是由中国、美国、德国掌握稀土产业链产品的贸易，在贸易网络中发挥着关键性作用。从氧化钕贸易来看，美国和德国的中介中心性较高，在贸易网络中具备较强的控制能力，但其在2000—2020年间呈现不断下降的趋势；而中国一直处于上升趋势，2020年达

到最高，中心性逐渐凸显。在金属钕贸易方面，国家之间的中介中心性变动幅度较大，美国和德国在2000—2015年间依旧处于较为核心的地位；但在2020年，中国的中介中心性大幅上升，成为核心度最高的国家。在稀土永磁材料方面，中国在贸易中的中介中心性一直很高，属于贸易网络中的核心国家，并且中心性一直处于前列且不断上升，远超其他国家；德国、美国、印度、英国的中心性相对稳定但差别较小。

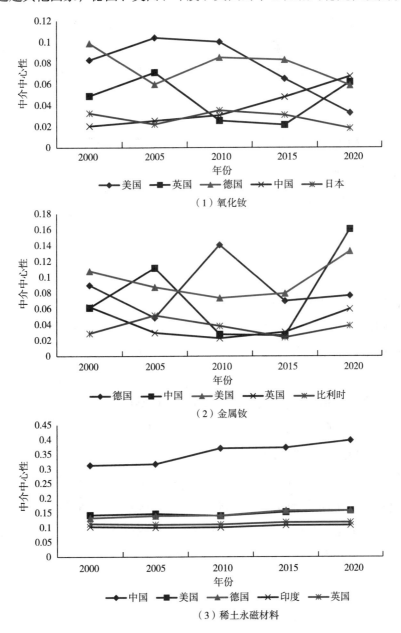

图5.39　2000—2020年全球主要国家钕资源供应链产品中介中心性指标

数据来源：根据UN Comtrade整理所得。

5.4 基于三稀矿产资源供应链网络模型的风险传播分析

在经济全球化的背景下，为平衡供需，越来越多的国家参与三稀矿产资源的贸易，三稀矿产资源供应链网络规模由此逐渐扩大。同时，许多不确定性因素近年频发，如新冠疫情、国际争端等，关键国家一旦因不确定因素减少三稀矿产资源的出口，将会对整个供应链网络造成难以估量的影响。因此，本节基于SI模型，构建三稀矿产资源供应链网络的风险传播模型，通过Matlab软件进行编程实现仿真，模拟了三稀矿产资源中锆供应链、锗供应链、钕供应链在供给短缺情境下的风险传播过程。

5.4.1 供给短缺情境下的三稀矿产资源供应链网络风险传播模型构建

5.4.1.1 传播规则

某一个国家在某种程度上降低了某种产品的出口数量，成为国际贸易供给风险传播源。一个国家降低了这个产品的出口量，它的出口伙伴国家的进口额就会下降。当进口量下降的比例超出了这个国家的临界点时，这个国家就会变成一个新的贸易供应风险的来源。

而在三稀矿产资源的跨国贸易网络中，如果一个国家因受突发风险影响而降低了其出口量，则该国为该商品供给风险传播网络的初始传播源。从这个国家进口货物的国家的进口量也会随之下降。当其减小量超出进口国的负载时，也就是在进口国的全部进口额中所占的某个百分点时，这个进口国就会受到传染，从而变成新的风险传染来源；新的传染来源也会以同样的比率降低这一产品的出口额。上述流程不断重复，直至不再有新的国家在此产品的跨国贸易网中受到传染为止。

5.4.1.2 传播模型构建和算法实现

（1）传播模型构建。SI模型通常用来描述被病毒感染后不能被治愈的疾病。在SI模型中，节点国家中的个体处于两种状态之一：易感染态S和已感染态I。以一部分已经感染的节点国家作为传染源，当已感染体和易感染体接触后，通过传染系数p将易感染体变成已感染体。SI模型如式（5.11）所示。

$$\begin{cases} \dfrac{\mathrm{d}S(t)}{\mathrm{d}t} = -pI(t)S(t) \\ \dfrac{\mathrm{d}I(t)}{\mathrm{d}t} = pI(t)S(t) \end{cases} \quad （5.11）$$

式中，$S(t)$ 为个体在 t 时刻处于正常状态的密度；

$I(t)$ 为个体在 t 时刻处于感染状态的密度。

在三稀矿产资源供应链网络风险传播模型中，节点国家为供给风险传播对象，从而设定两种状态：正常状态 N 和传播状态 Y。部分节点国家作为供给风险传染源。供给风险传播设定为供给短缺情境，即存在供给短缺风险传播状态的国家与正常国家存在进口贸易关系，那么传播系数为 r。传播源集合为 C，初始数量为1，随机选定某个国家 i 为初始传播源，第 t 轮传播后传播源集合中的国家数量为 m_t。

$$\begin{cases} \dfrac{\mathrm{d}N(t)}{\mathrm{d}t} = -rY(t)N(t) \\[3mm] \dfrac{\mathrm{d}Y(t)}{\mathrm{d}t} = rY(t)N(t) \end{cases} \tag{5.12}$$

式中，$N(t)$ 为三稀矿产资源节点国家在 t 时刻处于正常状态下的密度；

$Y(t)$ 为三稀矿产资源节点国家在 t 时刻处于感染状态下的密度。

在三稀矿产资源供给短缺情境下，正常国家的传播系数 γ 的计算公式如下：

$$\gamma = \sum_i^{m_t} \alpha \times W_{ij} / \sum_i^{m} W_{ij} \tag{5.13}$$

式中，m 为三稀矿产资源国际贸易网络供给风险传播模型中总的国家数量；

α 为传播状态下的节点国家 i 减少进口商品的比例。公式如下：

$$\alpha = Import_{k,i,t} / GDP_{i,t} \tag{5.14}$$

式中，$GDP_{i,t}$ 为国家 i 在 t 年的国内生产总值；

$Import_{k,i,t}$ 为 t 年国家 k 从传播源节点国家 i 进口的商品贸易量。

（2）算法实现。

①网络中所有节点的状态均为正常。定义国家节点 i 的初始负载量为 T_i，即国家 i 的进出口贸易总量，国家 i 出口到国家 j 的初始负载量为 W_{ij}。

②假设节点 i 是危机爆发源，状态设置为异常，即国家 i 的出口量减少 a。这里，a 是一个可调参数，范围设定为 $0.3 \sim 1$。结果为所有由节点国家 i 出口的连边的权重 W 都减少 a。

③如果连接到异常节点的任何一个正常节点 j 的进口量的总变化量 $\triangle W$ 超过国家初始负载量 T_i 的感染阈值 b，那么节点国家 j 也变得异常。这里，b 也是一个可调节参数，范围设定为 $0.2 \sim 0.9$。

④重复步骤③，直到网络中无新增异常状态国家，仿真过程终止。

5.4.1.3 风险传播分析指标

本节通过构建三稀矿产资源供应链网络风险传播模型，从雪崩规模、供给冲击、感染阈值以及冲击系数4个方面来分析三稀矿产资源供应链网络风险的传播过程。

（1）雪崩规模。三稀矿产资源供应链网络风险传播模型的最初传播源也叫爆发源，用符号OR表示。任选一个国家作为爆发源，在供给短缺时，与该国贸易关系密切的国家便会发生供给风险，叫作一步传播源。依次类推，与一步传播源贸易关系密切的国家同样会受到供给冲击，从而造成供给风险，叫作两步传播源。如此迭代十步，便没有新的传播源发生。故雪崩规模可定义为因爆发源而受到供给冲击，从而成为传播源的国家数量。这些传播源国家占贸易网络中国家总数的百分比叫作雪崩比例。

（2）供给冲击。在三稀矿产资源供应链网络风险传播模型中，其供应链产品的出口国因自身原因或受突发风险影响减少了三稀矿产品的出口量，进而产生供给短缺风险。那么，在三稀矿产资源供应链风险传播模型中，风险源出口量减少的百分比称为供给冲击，用参数 a 表示。

（3）感染阈值。在三稀矿产资源供应链网络风险传播模型中，供给风险传播国家同潜在传播国家进行进出口贸易时，潜在传播国家抵抗风险的能力越强，则越不易受到其他国家的供给冲击。这种抵抗供给风险的能力就叫作感染阈值，通常采用参数 b 来表示。

（4）冲击系数。在三稀矿产资源供应链网络风险传播模型中，爆发源、供给冲击以及感染阈值都会对雪崩规模造成一定的影响。通常将冲击系数定义为供给冲击与感染阈值的比值，采用参数 a/b 来表示。

5.4.2 锆资源全球供应链网络风险传播仿真分析

5.4.2.1 数据选择与风险仿真设计

稀有金属锆供应链主要分为上游锆矿基础产品、中游冶炼产品和下游制造产品。从UN Comtrade数据库中，选取HS海关代码为261510的锆矿石和精矿、282560的二氧化锆、8109的锆制品（包括废物和废料）中2020年的国际贸易量数据，依据构建的三稀矿产资源供应链网络风险传播模型，设置爆发源的供给冲击参数 a 为0.3，0.4，0.5，…，1，即爆发源锆矿石、二氧化锆和锆制品出口量减少的百分比为30%，40%，50%，…，100%，设置被传播国家的感染阈值参数 b 为0.1，0.2，0.3，…，0.9，冲击系数 a/b 为1.5，2，2.5，…，5，研究供给短缺情境下的稀有金属锆供应链网络风险传播过程。

5.4.2.2 不同供给冲击下的风险传播影响范围

在供给短缺情境下，供给冲击发生变动将会影响风险传播影响的国家数量，即锆资源供应链产品贸易网络的雪崩规模和雪崩比例也会发生变化。分析不同供给冲击情境下锆资源全球供应链网络的风险传播影响范围，可以对锆矿石和精矿、二氧化锆、锆制品国际贸易网络在供给风险传播过程中的关键国家和冲击拐点进行有效的识别。

图5.40呈现的是锆矿石和精矿出口减少引发的雪崩比例情况。当冲击系数为最小值1.5时，全球出现锆矿供给短缺风险，大约会有20个国家对全球锆矿贸易伙伴国产生影响，雪崩比例超过38%。当冲击系数为最大值5时，将会有30个国家将锆矿供给短缺风险传播至其他国家，超过前三十位之后的国家无论冲击系数有多大，其他国家也不会受爆发源风险的影响。爆发源雪崩比例随着供给冲击系数的增大而增大，并且关键爆发源雪崩的比例相差程度较大。

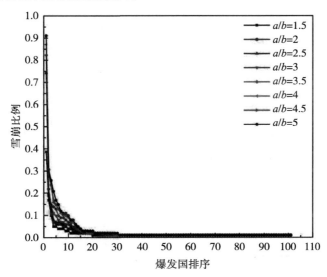

图5.40　锆矿石和精矿出口减少引发的锆矿国际贸易网络风险传播雪崩比例

表5.10和表5.11显示的是冲击系数为最小值和最大值情况下，锆矿石和精矿爆发源排名前十位的国家在出口减少30%和出口完全中断的情况下，供给短缺风险所影响的国家数量和被影响国家占所有国家的比例。从表5.10和5.11中可以看出，南非、荷兰、西班牙等国为主要的爆发源。

表5.10　冲击系数 a/b=1.5锆矿石和精矿国际贸易网络感染国家情况

冲击系数	排名	爆发源	供给冲击（a）	感染阈值（b）	雪崩规模	雪崩比例
a/b=1.5	1	南非	0.3	0.2	39	0.386 1

冲击系数	排名	爆发源	供给冲击（a）	感染阈值（b）	雪崩规模	雪崩比例
a/b=1.5	2	荷兰	0.3	0.2	17	0.168 3
a/b=1.5	3	西班牙	0.3	0.2	10	0.099 0
a/b=1.5	4	中国	0.3	0.2	5	0.049 5
a/b=1.5	5	德国	0.3	0.2	5	0.049 5
a/b=1.5	6	意大利	0.3	0.2	4	0.039 6
a/b=1.5	7	乌克兰	0.3	0.2	4	0.039 6
a/b=1.5	8	阿拉伯	0.3	0.2	4	0.039 6
a/b=1.5	9	美国	0.3	0.2	3	0.029 7
a/b=1.5	10	瑞典	0.3	0.2	3	0.029 7

表5.11　冲击系数 a/b=5 锆矿石和精矿国际贸易网络感染国家情况

冲击系数	排名	爆发源	供给冲击（a）	感染阈值（b）	雪崩规模	雪崩比例
a/b=5	1	南非	1	0.2	92	0.910 8
a/b=5	2	塞内加尔	1	0.2	31	0.306 9
a/b=5	3	荷兰	1	0.2	26	0.257 4
a/b=5	4	莫塞比克	1	0.2	21	0.207 9
a/b=5	5	西班牙	1	0.2	17	0.168 3
a/b=5	6	澳大利亚	1	0.2	15	0.148 5
a/b=5	7	意大利	1	0.2	12	0.118 8
a/b=5	8	马来西亚	1	0.2	11	0.108 9
a/b=5	9	美国	1	0.2	11	0.108 9
a/b=5	10	德国	1	0.2	11	0.099 0

从图5.41可以看出，当冲击系数最小时，会有16个爆发源在减少二氧化锆贸易出口量之后对其他国家造成供给短缺风险的影响；当冲击系数最大时，会有25个爆发源传播供给短缺风险。值得注意的是，当冲击系数最小为1.5时，爆发源排名第一的国家雪崩比例将高达80%，相较对于锆矿石和精矿，雪崩比例提升了将近50%，说明进口国二氧化锆贸易依赖程度高。当冲击系数最大为5时，爆发源排名前十位的国家为二氧化锆供给短缺风险主要传播源。爆发源排名第一的国家几乎对全球95%以上的国家造成雪崩影响。

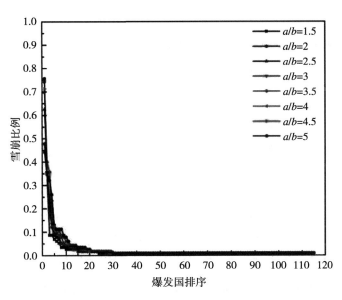

图5.41 二氧化锆出口减少引发的二氧化锆国际贸易网络风险传播雪崩比例

表5.12和表5.13显示了冲击系数为1.5和5的情况下，二氧化锆爆发源排名前十位的国家。从中可以看出，中国、美国、荷兰、日本为二氧化锆主要爆发源。

表5.12 冲击系数 a/b=1.5二氧化锆国际贸易网络感染国家情况

冲击系数	排名	爆发源	供给冲击（a）	感染阈值（b）	雪崩规模	雪崩比例
a/b=1.5	1	中国	0.3	0.2	86	0.803 7
a/b=1.5	2	美国	0.3	0.2	12	0.112 1
a/b=1.5	3	荷兰	0.3	0.2	9	0.084 1
a/b=1.5	4	日本	0.3	0.2	8	0.074 7
a/b=1.5	5	英国	0.3	0.2	6	0.056 1
a/b=1.5	6	韩国	0.3	0.2	4	0.037 4
a/b=1.5	7	法国	0.3	0.2	4	0.037 4
a/b=1.5	8	德国	0.3	0.2	4	0.037 4
a/b=1.5	9	南非	0.3	0.2	4	0.037 4
a/b=1.5	10	意大利	0.3	0.2	3	0.028 0

表5.13 冲击系数 a/b=5二氧化锆国际贸易网络感染国家情况

冲击系数	排名	爆发源	供给冲击（a）	感染阈值（b）	雪崩规模	雪崩比例
a/b=5	1	中国	1	0.2	102	0.953 3
a/b=5	2	美国	1	0.2	43	0.401 9
a/b=5	3	荷兰	1	0.2	38	0.355 1

冲击系数	排名	爆发源	供给冲击（a）	感染阈值（b）	雪崩规模	雪崩比例
a/b=5	4	日本	1	0.2	24	0.224 3
a/b=5	5	南非	1	0.2	23	0.215 0
a/b=5	6	法国	1	0.2	17	0.158 9
a/b=5	7	德国	1	0.2	16	0.149 5
a/b=5	8	英国	1	0.2	13	0.121 5
a/b=5	9	韩国	1	0.2	8	0.074 8
a/b=5	10	印度	1	0.2	5	0.046 7

图5.42呈现的是锆资源供应链下游产品锆制品的供给短缺风险雪崩情况。当冲击系数最小为1.5时，会有24个国家在出现锆制品出口量减少的情况下，将锆制品供给短缺风险传导至其他国家，导致潜在易感染国家受供给短缺风险的影响；冲击系数最大为5时，会有30个国家将供给短缺风险传递给其他国家。相较于锆矿石和精矿、二氧化锆，锆制品是在冲击系数最小的情况下，爆发源最多的国家。其爆发源排序与锆矿石和精矿、二氧化锆类似，呈现阶梯状。当冲击系数最小为1.5时，爆发源排名第一的国家在减少30%的出口之后，将会影响51个国家，使全球40%的国家受供给短缺风险的影响；当冲击系数最大为5时，爆发源排名第一的国家将会影响全球75%的国家，使其受到供给冲击而成为新的爆发源。

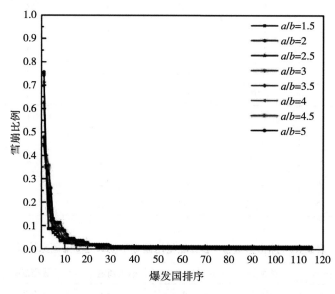

图5.42　锆制品出口减少引发的锆制品国际贸易网络风险传播雪崩比例

表5.14和表5.15显示的是锆制品冲击系数最小和最大时雪崩比例排名前十位的爆

发国。其中，美国、南非、中国、德国为锆制品主要爆发来源国家。

表5.14 冲击系数a/b=1.5锆制品国际贸易网络感染国家情况

冲击系数	排名	爆发源	供给冲击（a）	感染阈值（b）	雪崩规模	雪崩比例
a/b=1.5	1	美国	0.3	0.2	51	0.443 5
a/b=1.5	2	南非	0.3	0.2	40	0.347 8
a/b=1.5	3	中国	0.3	0.2	10	0.086 9
a/b=1.5	4	比利时	0.3	0.2	10	0.086 9
a/b=1.5	5	德国	0.3	0.2	8	0.069 6
a/b=1.5	6	日本	0.3	0.2	7	0.060 9
a/b=1.5	7	意大利	0.3	0.2	6	0.052 2
a/b=1.5	8	加拿大	0.3	0.2	4	0.034 8
a/b=1.5	9	亚洲其他国家	0.3	0.2	4	0.034 8
a/b=1.5	10	马来西亚	0.3	0.2	3	0.026 1

表5.15 冲击系数a/b=5锆制品国际贸易网络感染国家情况

冲击系数	排名	爆发源	供给冲击（a）	感染阈值（b）	雪崩规模	雪崩比例
a/b=5	1	美国	1	0.2	87	0.756 5
a/b=5	2	南非	1	0.2	41	0.356 5
a/b=5	3	中国	1	0.2	37	0.321 7
a/b=5	4	德国	1	0.2	30	0.260 9
a/b=5	5	英国	1	0.2	15	0.130 4
a/b=5	6	日本	1	0.2	13	0.113 0
a/b=5	7	韩国	1	0.2	13	0.113 0
a/b=5	8	比利时	1	0.2	13	0.113 0
a/b=5	9	瑞典	1	0.2	10	0.086 9
a/b=5	10	意大利	1	0.2	9	0.078 3

5.4.2.3.关键国家风险传播的影响程度

（1）供给出口完全中断情况。当供给冲击数值不变的情境下，潜在受影响国家的感染阈值不同，也就是抵抗风险的能力不同，供给短缺风险传播影响的程度将不同。当锆供应链中锆矿、二氧化锆和锆制品国家发生危机时，导致这些国家采取国际贸易极端政策。比如，完全中断锆资源供应链产品的出口。这意味着出口国家将减少100%的产品出口，将会对其他国家造成十分严重的影响。

图5.43呈现的是关键国家锆矿供给完全中断下的风险传播雪崩比例情况。其中，南非、塞内加尔、荷兰、莫塞比克、西班牙、澳大利亚等国为锆矿供给中断风险下雪崩比例排名前十位的国家。一旦南非彻底中断锆矿的出口，贸易国对供应风险的抵御能力小于等于0.2时，全球将有高达90%的国家受供给短缺风险的影响。而当感染阈值提升至0.5以上时，雪崩比例迅速下降，说明各国提升抵御风险的能力可以有效降低感染概率。塞内加尔出现完全中断锆矿石出口的情况下，当各国的感染阈值小于等于0.2时，将会有30%~60%的国家受供给完全中断风险的影响；而当各国抵抗风险能力提升至0.3时，风险急剧降低，只有5%的国家受影响。各国抵抗冲击风险的能力越高，受到锆矿石供给中断的风险概率越小。印度尼西亚一旦完全中断锆矿石的出口，只有在各国抵抗风险的能力为0.1时，才会有18%的国家受供给冲击的影响；一旦各国抵抗风险的能力提升至0.2时，只有4%左右的国家受供给中断风险的影响；各国在提升抵抗冲击风险的能力之后，受印度尼西亚供给完全中断风险影响的国家将接近0。由此可以看出，各国在开展锆矿国际贸易时，可以通过提升自身抵抗风险的能力来避免南非、塞内加尔等关键爆发国供给冲击所带来的风险。

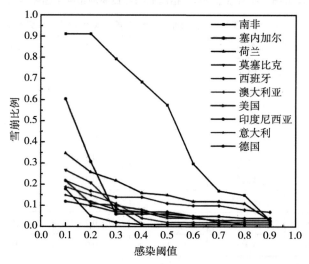

图5.43 关键国家锆矿供给完全中断下的风险传播雪崩比例

如图5.44所示，中国、日本、美国、法国、荷兰、南非、英国等国为二氧化锆供给完全中断情境下雪崩比例排名前十位的国家。与锆矿不同之处在于，中国成为二氧化锆供给完全中断情况下，风险传播雪崩比例排名第一的国家。当中国完全中断二氧化锆的供给，各国抵御风险的能力为0.1时，全球95%左右的国家将会受供给完全中断风险的影响；当各国抵御风险的能力大于0.7时，受供给中断风险的国家数量将急剧下降。一旦日本和美国完全中断二氧化锆的出口，当潜在易感染国家的感染阈值为0.1时，将有70%左右的国家受供给完全中断风险的影响；当各国抵抗风险的能力为0.3时，只有20%左右的国家受供给完全中断风险的影响。而当澳大利亚对二氧化锆进行供给完全中断时，只要各国抵抗风险的能力为0.2及以上时，几乎没有国家会受供给完全中断风险的影响。由此可以看出，在二氧化锆国际贸易中各国需要具备较强的风险抵抗能力，才能降低影响排名最高的国家供给完全中断所带来的风险。

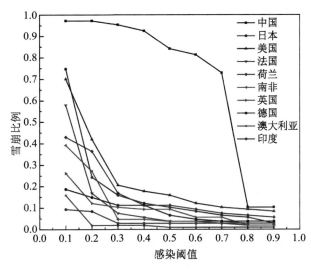

图5.44　关键国家二氧化锆供给完全中断下的风险传播雪崩比例

图5.45呈现的是关键国家锆制品供给完全中断下的风险传播雪崩比例情况。锆制品风险传播的关键国家为美国、德国、南非、中国、加拿大、日本等国。一旦美国完全中断锆制品的出口量，潜在的易感染国家抵御风险的能力小于等于0.3时，将有70%~80%的国家受美国锆制品风险完全中断的影响；随着各进口国抵御风险能力的不断提升，雪崩比例呈现阶梯式下降趋势，且下降趋势较为明显。一旦德国、南非、中国完全中断锆制品出口，当潜在易感染国家抵御风险的能力为0.1时，将有70%左右的国家受供给完全中断的影响；当抵御风险的能力大于0.2时，各潜在国家受供给中断风险的影响将下降很多。这说明，美国是供给锆制品最不安全的国家；其次是德国、南非和中国；但各国通过提升抵御风险能力，可以很好地降低美国锆制品供给短缺所带来的风险。

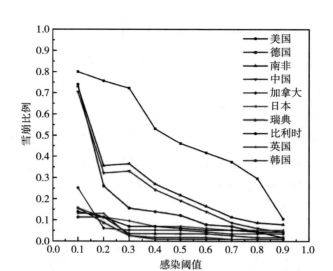

图5.45 关键国家锆制品供给完全中断下的风险传播雪崩比例

（2）感染阈值固定情境。在潜在易感染国家感染阈值固定的情境下，不同的供给冲击所引发的供给风险传播影响程度有很大差异，风险源也会出现一些变化。因选择感染阈值为0.1，不能很好地呈现风险传播影响范围的结果，所以在进行多次调参后，选择感染阈值为0.2；也就是在贸易国家易被供给短缺风险影响的情况下，分析锆资源全球供应链网络风险传播影响的范围，识别此情境下的关键爆发源。

图5.46呈现的是进口国感染阈值为0.2的情境下，也就是供给短缺风险极易被传播的情况下，锆矿供应链网络供给风险的雪崩比例情况。从图5.46中可以看出，锆矿供给短缺所引发的雪崩规模随着出口减少百分比的增大而增大。首先，当南非锆矿出口量减少40%时，有近75%的贸易国家会受到供给短缺影响，而且受影响的国家数量最多；随后当出口减少百分比不断增大时，雪崩比例不断上升。其次，一旦塞内加尔锆矿出口量减少百分比大于70%，受影响的国家数量将会有所增长；当塞内加尔锆矿出口减少百分比达到80%及以上时，会有25%的贸易国家受供给短缺风险的影响。最后，荷兰、西班牙、澳大利亚、意大利、德国的雪崩规模受出口减少百分比影响较小。从中可以看出，当进口国极易被感染的情境下，关键国家减少锆矿出口比例，进口国可以减少对南非的依赖程度，适当将需求转移至荷兰、西班牙、澳大利亚、意大利等雪崩规模较小的国家，达到权力下放，以分散贸易风险。

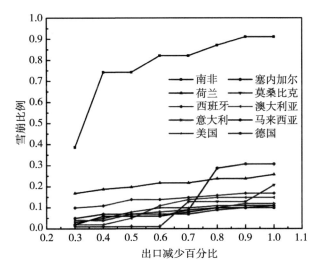

图5.46　进口国感染阈值为0.2时，锆矿国际贸易网络供给风险雪崩比例

　　如图5.47所示，当进口国感染阈值固定为0.2的情境下，中国、美国、荷兰、日本、南非、法国、德国、英国、韩国、印度成为二氧化锆关键国家。中国一旦减少30%二氧化锆的出口，就会有80%的国家受到供给短缺的影响，各国表现出较高的脆弱性；当中国二氧化锆出口减少百分比扩大到50%时，将会有90%左右的国家受到供给短缺的影响。当荷兰减少二氧化锆的出口超过60%时，其供给短缺风险所影响的国家将出现上升；出口减少到70%时，供给短缺风险将会影响30%左右的国家。当美国出口二氧化锆减少量达到80%之后，美国再减少二氧化锆出口将会使供给短缺风险传染至更多国家，最终35%～40%的贸易国家受美国供给短缺风险的传染。日本、法国、南非、英国、韩国、印度随着出口减少百分比的扩大，使雪崩比例逐渐变小，进口国可以多从日本、法国、南非、英国、韩国、印度等地进口二氧化锆来降低被感染的可能。

　　从图5.48可以看出，锆制品相对于锆矿石和二氧化锆来说，关键爆发国供给短缺风险传播更加迅速。美国一旦出口减少40%以上，就会导致60%～80%的国家受供给短缺风险的影响。值得注意的是，南非不受出口减少百分比的影响。南非一旦减少30%及以上的锆制品出口量，就会导致35%的国家受供给短缺冲击影响。中国减少60%的锆制品出口量，将会导致35%左右的国家受影响，之后中国的雪崩比例呈现先上升后下降的趋势。其中，英国、日本、韩国、比利时、瑞典、意大利传播供给短缺风险的规模较小。

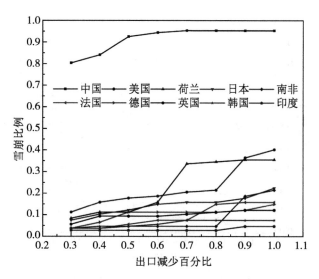

图5.47　进口国感染阈值为0.2时，二氧化锆国际贸易网络供给风险雪崩比例

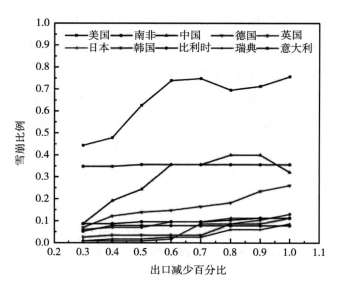

图5.48　进口国感染阈值为0.2时，锆制品国际贸易网络供给风险雪崩比例

5.4.3 锗资源全球供应链网络风险传播仿真分析

5.4.3.1 数据选择与风险仿真设计

稀散金属锗供应链产品，根据UN Comtrade数据库，选取HS代码为282560的氧化锗、HS编码为8112的锗制品（包括废物和废料）和HS编码为854140的光伏电池中2020年的国际贸易数据，依据构建的三稀矿产资源供应链网络风险传播模型，设置爆发源的供给冲击参数a为0.3，0.4，0.5，…，1，即氧化锗、锗制品、光伏电池

爆发源出口量减少的百分比分别为30%，40%，50%，…，100%，设置被传播国家的感染阈值参数b为0.1，0.2，0.3，…，0.9，冲击比例a/b为1.5，2，2.5，…，5，研究供给短缺情境下稀散金属锗供应链网络风险传播机制。

5.4.3.2 不同供给冲击下的风险传播影响范围

在供给短缺的情况下，供给冲击不同风险传播所影响的国家数量也会随之发生变化，即氧化锗、锗制品、光伏电池国际贸易网络的雪崩比例和雪崩规模会发生改变。对不同供给冲击下的风险传播影响范围进行研究，可以有效识别氧化锗、锗制品、光伏电池国际贸易网络供给风险传播机制中的关键传播源以及冲击拐点。

图5.49呈现的是稀散金属氧化锗出口减少引发的氧化锗供给短缺风险传播雪崩比例情况。当冲击系数最小时，会有16个爆发源在减少氧化锗贸易出口量之后，对其他国家造成雪崩影响；当冲击系数最大时，会有25个爆发源传播供给短缺风险。值得注意的是，当冲击系数最小为1.5时，也就是爆发源氧化锗贸易出口减少30%时，爆发源排名第一的国家将会使全球80%的国家受到供给短缺的冲击，也就是86个国家会成为新的爆发源。当冲击系数最大为5时，爆发源排名第一的国家几乎会对全球95%以上的国家造成很大的雪崩影响。

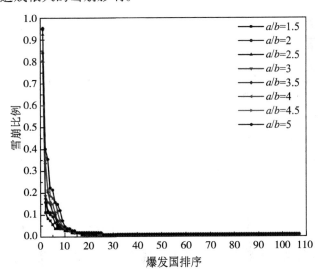

图5.49 氧化锗出口减少引发的氧化锗国际贸易网络风险传播雪崩比例

表5.16和表5.17呈现的是冲击系数为最小值1.5和最大值5时，氧化锗国际贸易网络感染国家雪崩规模和雪崩比例情况。从中可以看出，中国、美国、荷兰、日本为氧化锗主要爆发源。

表5.16　冲击系数*a/b*=1.5氧化锗国际贸易网络感染国家情况

冲击系数	排名	爆发源	供给冲击（*a*）	感染阈值（*b*）	雪崩规模	雪崩比例
a/b=1.5	1	中国	0.3	0.2	86	0.803 7
a/b=1.5	2	美国	0.3	0.2	12	0.112 1
a/b=1.5	3	荷兰	0.3	0.2	9	0.084 1
a/b=1.5	4	日本	0.3	0.2	8	0.074 7
a/b=1.5	5	英国	0.3	0.2	6	0.056 1
a/b=1.5	6	韩国	0.3	0.2	4	0.037 4
a/b=1.5	7	法国	0.3	0.2	4	0.037 4
a/b=1.5	8	德国	0.3	0.2	4	0.037 4
a/b=1.5	9	南非	0.3	0.2	4	0.037 4
a/b=1.5	10	意大利	0.3	0.2	3	0.028 0

表5.17　冲击系数*a/b*=5氧化锗国际贸易网络感染国家情况

冲击系数	排名	爆发源	供给冲击（*a*）	感染阈值（*b*）	雪崩规模	雪崩比例
a/b=5	1	中国	1	0.2	102	0.953 3
a/b=5	2	美国	1	0.2	43	0.401 9
a/b=5	3	荷兰	1	0.2	38	0.355 1
a/b=5	4	日本	1	0.2	24	0.224 3
a/b=5	5	南非	1	0.2	23	0.215 0
a/b=5	6	法国	1	0.2	17	0.158 9
a/b=5	7	德国	1	0.2	16	0.149 5
a/b=5	8	英国	1	0.2	13	0.121 5
a/b=5	9	韩国	1	0.2	8	0.074 8
a/b=5	10	印度	1	0.2	5	0.046 7

如图5.50所示，当冲击系数为变量时，锗制品的爆发源国家要比氧化锗的爆发源国家要多。当冲击系数最小为1.5时，如果出现锗制品的供给短缺风险，将有16个国家对全球贸易伙伴国产生影响，雪崩规模排名第一的国家将会把风险传染至48个国家。当冲击系数最大为5时，会有40个国家将锗制品供给短缺风险传染至其他国家，爆发源排名前五位的国家为关键锗制品爆发源国家，爆发源排序第一的国家减少锗制品的出口，将会有76%的国家受供给短缺风险的影响。

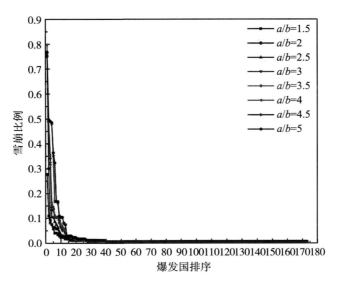

图5.50 锗制品出口减少引发的锗制品国际贸易网络风险传播雪崩比例

表5.18和表5.19显示的是锗制品冲击系数a/b=1.5和a/b=5的雪崩比例排名前十位的国家。其中，美国、俄罗斯为锗制品主要爆发源。

表5.18 冲击系数a/b=1.5锗制品国际贸易网络感染国家或地区情况

冲击系数	排名	爆发源	供给冲击（a）	感染阈值（b）	雪崩规模	雪崩比例
a/b=1.5	1	美国	0.3	0.2	48	0.277 5
a/b=1.5	2	俄罗斯	0.3	0.2	19	0.109 8
a/b=1.5	3	土耳其	0.3	0.2	14	0.080 9
a/b=1.5	4	亚洲其他国家或地区	0.3	0.2	13	0.075 1
a/b=1.5	5	爱尔兰	0.3	0.2	10	0.057 8
a/b=1.5	6	中国	0.3	0.2	7	0.040 5
a/b=1.5	7	德国	0.3	0.2	7	0.040 5
a/b=1.5	8	西班牙	0.3	0.2	6	0.034 7
a/b=1.5	9	印度	0.3	0.2	5	0.028 9
a/b=1.5	10	比利时	0.3	0.2	4	0.023 1

表5.19 冲击系数a/b=5锗制品国际贸易网络感染国家或地区情况

冲击系数	排名	爆发源	供给冲击（a）	感染阈值（b）	雪崩规模	雪崩比例
a/b=5	1	俄罗斯	1	0.2	133	0.768 8
a/b=5	2	法国	1	0.2	86	0.497 1
a/b=5	3	爱尔兰	1	0.2	85	0.491 3
a/b=5	4	英国	1	0.2	84	0.485 5
a/b=5	5	美国	1	0.2	63	0.364 1
a/b=5	6	荷兰	1	0.2	56	0.323 7
a/b=5	7	德国	1	0.2	29	0.167 6
a/b=5	8	波兰	1	0.2	29	0.167 6
a/b=5	9	亚洲其他国家或地区	1	0.2	19	0.109 8
a/b=5	10	土耳其	1	0.2	18	0.104 0

图5.51呈现的是稀散金属下游产品光伏电池出口减少引发的风险传播雪崩比例。与氧化锗、锗制品相比，光伏电池的爆发国排名第一的国家即使在冲击系数为最小值1.5时，供给短缺风险影响国家数量比例也将达到88%，会有197个潜在易感染国家会受供给短缺风险的影响；当供给冲击系数为最大值5时，供给短缺风险影响国家数量比例将高达95%，会有211个潜在易感染国家受影响。其余爆发源相对而言，传染国家数量比例较低，说明光伏电池的供给短缺传播风险掌握在少数国家手中，并且一旦发生风险将引起大面积的贸易网络损毁。

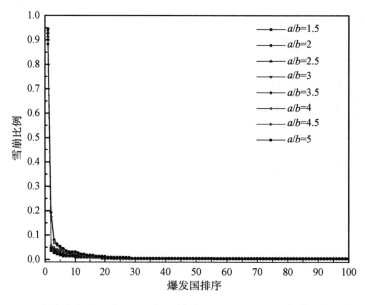

图5.51 光伏电池出口减少引发的光伏电池国际贸易网络风险传播雪崩比例

表5.20和表5.21呈现的是冲击系数为最小值1.5和最大值5时，光伏电池国际贸易网络感染国家雪崩规模和雪崩比例情况。其中，中国、德国、荷兰、韩国为光伏电池主要爆发源。

表5.20　冲击系数a/b=1.5光伏电池国际贸易网络感染国家或地区情况

冲击系数	排名	爆发源	供给冲击（a）	感染阈值（b）	雪崩规模	雪崩比例
a/b=1.5	1	中国	0.3	0.2	197	0.883 4
a/b=1.5	2	韩国	0.3	0.2	8	0.035 8
a/b=1.5	3	泰国	0.3	0.2	6	0.026 9
a/b=1.5	4	德国	0.3	0.2	5	0.022 4
a/b=1.5	5	荷兰	0.3	0.2	4	0.017 9
a/b=1.5	6	法国	0.3	0.2	3	0.013 4
a/b=1.5	7	亚洲其他国家或地区	0.3	0.2	3	0.013 4
a/b=1.5	8	西班牙	0.3	0.2	3	0.013 4
a/b=1.5	9	英国	0.3	0.2	3	0.013 4
a/b=1.5	10	意大利	0.3	0.2	2	0.008 9

表5.21　冲击系数a/b=5光伏电池国际贸易网络感染国家情况

冲击系数	排名	爆发源	供给冲击（a）	感染阈值（b）	雪崩规模	雪崩比例
a/b=5	1	中国	1	0.2	211	0.946 1
a/b=5	2	荷兰	1	0.2	43	0.192 8
a/b=5	3	德国	1	0.2	18	0.080 7
a/b=5	4	韩国	1	0.2	14	0.062 7
a/b=5	5	阿拉伯	1	0.2	12	0.053 8
a/b=5	6	泰国	1	0.2	10	0.044 8
a/b=5	7	意大利	1	0.2	8	0.035 8
a/b=5	8	法国	1	0.2	7	0.031 4
a/b=5	9	西班牙	1	0.2	7	0.031 4
a/b=5	10	葡萄牙	1	0.2	7	0.031 4

5.4.3.3 关键国家风险传播的影响程度

（1）供给出口完全中断的情况。如图5.52所示，当各国抵抗风险的能力为0.1时，将会有95%左右的贸易国家受中国完全中断氧化锗出口的影响；但当潜在易感染国家将抵御风险能力提升至0.7以上时，雪崩比例迅速下降；当感染阈值达到0.8时，全球会受中国完全中断氧化锗出口所带来的风险传播影响的国家占所有贸易国的10%左右。在日本、美国、法国、荷兰、南非完全中断氧化锗的出口后，如果潜在被感染国家抵御风险的能力为0.1，将有40%～75%的国家受来自氧化锗供给完全中断的影响；但当感染阈值达到0.3时，全球将只有0～20%的国家受影响。由此说明，各进口国不断提升感染阈值，可以有效降低关键国家中断二氧化锆供给所带来的风险。

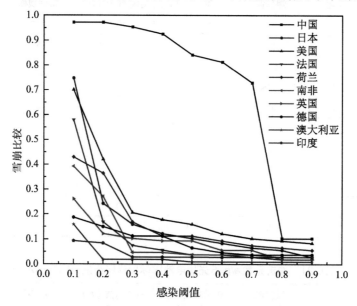

图5.52　关键国家氧化锗供给完全中断下的风险传播雪崩比例

如图5.53所示，当潜在易感染国家抵御风险的能力为0.1时，俄罗斯将会把供给短缺风险传染至90%的国家；但当各国不断提升抵御风险的能力至0.4时，只有10%左右的贸易进口国受供给短缺风险的影响。当爱尔兰、英国、法国完全中断锗制品供给，将会导致所有贸易国中75%～85%的国家受供给中断的影响；而当感染阈值不断增大至0.3时，只有5%的伙伴进口国受供给短缺风险的影响。值得注意的是，提升感染阈值对美国感染国家数量的影响不大，美国完全中断锗制品供给，将会导致全球30%～40%的贸易伙伴进口国受到感染。相对而言，德国、亚洲其他国家或地区、土耳其一旦完全中断锗制品供给，将导致风险传导的雪崩比例较小，雪崩比例大概为0～20%。

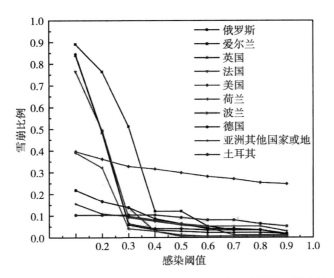

图5.53 关键国家锗制品供给完全中断下的风险传播雪崩比例

图5.54显示的是稀散金属下游产品光伏电池供给完全中断的情境下，排名前十位的国家风险传播雪崩比例。从图5.54中可以看出，与锗制品关键国家雪崩比例相比，光伏电池关键国家的雪崩比例受感染阈值增大的影响较小。一旦中国完全中断光伏电池的供给，当各国感染阈值达到0.8以上时，雪崩比例将大幅下降。当荷兰和德国发生光伏电池供给短缺情况时，各国提升感染阈值可以有效降低被传染的可能性。说明光伏电池作为锗产业链较为成熟的下游产品，各进口国对中国的进口依赖程度更高。一旦中国完全中断光伏电池，贸易网络大面积会受到损毁，并且提升各国平均抵御风险的能力也不能很好地控制风险的传播。因此，作为锗制品下游产品风险传播情况，各国需要不断加强抵御风险的能力来抵抗锗制品供给短缺风险的传播。

（2）感染阈值固定情境。图5.55呈现的是贸易进口国抵御风险的能力为0.2时，关键国家氧化锗国际贸易网络供给风险雪崩比例。从图5.55中可得，当各进口国抵抗风险能力很弱的情况下，一旦中国的氧化锗出口量减少30%，那么80%的国家将会面临供应不足的风险；当中国减少氧化钕50%的出口量后，将使90%以上的国家受到感染；之后将稳定在90%左右，雪崩比例极高。一旦荷兰氧化锗减少70%的出口，就会感染35%的国家。当美国减少80%以上的氧化锗出口量后，雪崩比例将会发生较大幅度的上升，雪崩比例最高将达到40%。日本、法国、德国、英国、韩国、印度供给短缺风险相对较小且雪崩比例较低。因此，进口国为了降低供给短缺风险，可以多从日本、法国、德国、英国等国家进行氧化锗的进口，分散来自中国、荷兰、美国的供给短缺风险。

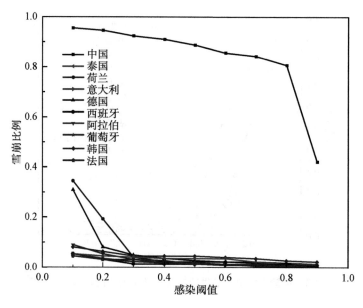

图5.54　关键国家光伏电池供给完全中断下的风险传播雪崩比例

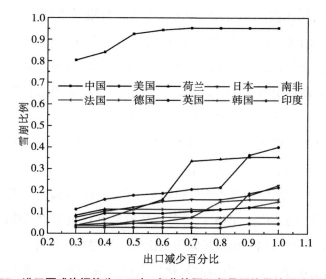

图5.55　进口国感染阈值为0.2时，氧化锗国际贸易网络供给风险雪崩比例

如图5.56所示，当进口国感染阈值为0.2的情境下，锗制品与氧化锗相比，有更多的国家若扩大出口减少百分比，会导致雪崩比例的迅速增大。一旦俄罗斯减少超过30%的出口量，锗制品供给短缺风险会影响的国家数量迅速增大；当俄罗斯减少40%及以上的锗制品出口时，将会导致75%的国家受供给短缺风险的影响。爱尔兰一旦将出口减少40%以上，将会导致大量的国家受供给短缺风险的影响；当爱尔兰将出口减

少50%，会有45%以上的国家受供给短缺风险的影响。美国则不受出口减少百分比的影响。如果美国减少锗制品的出口，将会导致30%左右的国家被感染。法国和英国一旦减少80%以上的锗制品出口，将会导致传染国家数量不断扩大，直至传染45%的国家后停止传染。波兰、土耳其、亚洲其他国家或地区的传染风险较低。由此可以得出，俄罗斯和荷兰是锗制品供给最不安全的国家；各进口国应该适当从波兰、土耳其、亚洲其他国家或地区供给锗制品，可以有效控制风险源的数量。

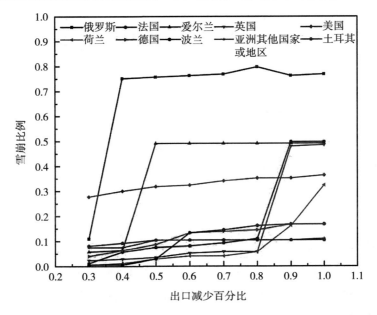

图5.56　进口国感染阈值为0.2时，锗制品国际贸易网络供给风险雪崩比例

从图5.57可以看出，在进口国感染阈值为极易被传染的情况下，与氧化锗、锗制品相比，光伏电池出口减少百分比的增大，不会对各国所产生的雪崩规模产生较大的影响。光伏电池作为锗供应链下游产品，当中国光伏电池出口减少30%，就足以造成85%以上的国家受供给短缺风险的影响；之后中国出口减少百分比再增大，也只是轻微扩大被影响的国家数。这说明各进口国主要从中国进口光伏电池。一旦中国减少光伏电池的出口，就会造成大面积的贸易网络损毁，各进口国表现出较强的脆弱性。减少光伏电池的出口所影响的雪崩规模较低，各进口国可以选择向这些国家进口。

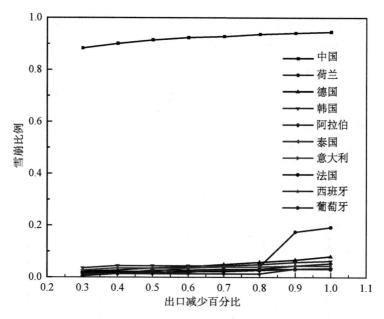

图5.57　进口国感染阈值为0.2时，光伏电池国际贸易网络供给风险雪崩比例

5.4.4 钕资源全球供应链网络风险传播仿真分析

5.4.4.1 数据选择与风险仿真设计

稀土金属钕，根据UN Comtrade数据库，选取HS海关编码为284690的氧化钕、HS海关编码为280530的金属钕和HS海关编码为850511的稀土永磁材料中2020年的贸易量数据，依据构建的三稀矿产资源供应链风险传播模型，设置爆发源的供给冲击参数a为0.3，0.4，0.5，…，1，即氧化钕、金属钕、稀土永磁材料爆发源出口量减少的百分比分别为30%，40%，…，100%，设置被传播国家的感染阈值参数b为0.1，0.2，0.3，…，0.9，冲击比例a/b为1.5，2，2.5，…，5，研究供给短缺情境下钕资源供应链网络风险传播过程。

5.4.4.2 不同供给冲击下的风险传播影响范围

在供给短缺情境下，供给冲击不同，受到风险传播影响的国家数量不同，即氧化钕、金属钕、稀土永磁材料国际贸易网络的雪崩规模和雪崩比例也会有所差异。在此基础上，通过对不同供给冲击条件下的风险扩散影响范围进行分析，可以有效识别氧化钕、金属钕、稀土永磁材料国际贸易网络供给风险传播机制中的主要扩散源以及波动拐点。

图5.58呈现的是氧化钕出口减少引发的供给短缺风险雪崩比例。总体爆发国雪崩比例呈现阶梯状，冲击系数越大，关键爆发国越多，雪崩比例越大。当冲击系数最小

时，将有25个国家传播供给短缺的风险。爆发国排名第一的国家一旦发生氧化钕出口减少的情况，将导致36%的国家受供给短缺风险的影响。当冲击系数最大时，将有34个国家传播供给短缺的风险；超过这34个国家之后，无论关键爆发国减少多少百分比的出口，都不会对其他国家造成影响。值得注意的是，冲击系数最大时，排名第一的爆发源国家将致使67%的贸易国家受氧化钕供给短缺风险的影响。

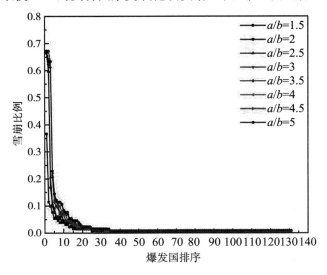

图5.58　氧化钕出口减少引发的氧化钕国际贸易网络风险传播雪崩比例

表5.22和表5.23呈现的是氧化钕供给短缺情况下排名前十位的爆发源的雪崩规模和雪崩比例情况。其中，中国、美国、马来西亚为氧化钕主要爆发源。

表5.22　冲击系数 a/b=1.5氧化钕国际贸易网络感染国家的情况

冲击系数	排名	爆发源	供给冲击（a）	感染阈值（b）	雪崩规模	雪崩比例
a/b=1.5	1	中国	0.3	0.2	48	0.366 4
a/b=1.5	2	马来西亚	0.3	0.2	15	0.114 5
a/b=1.5	3	印度	0.3	0.2	13	0.099 2
a/b=1.5	4	奥地利	0.3	0.2	10	0.076 3
a/b=1.5	5	法国	0.3	0.2	7	0.053 4
a/b=1.5	6	美国	0.3	0.2	7	0.053 4
a/b=1.5	7	英国	0.3	0.2	6	0.045 8
a/b=1.5	8	危地马拉	0.3	0.2	5	0.038 2
a/b=1.5	9	土耳其	0.3	0.2	5	0.038 2
a/b=1.5	10	南非	0.3	0.2	5	0.038 2

表5.23　冲击系数 $a/b=5$ 氧化钕国际贸易网络感染国家的情况

冲击系数	排名	爆发源	供给冲击（a）	感染阈值（b）	雪崩规模	雪崩比例
$a/b=5$	1	美国	1	0.2	88	0.671 8
$a/b=5$	2	中国	1	0.2	83	0.633 6
$a/b=5$	3	缅甸	1	0.2	83	0.633 6
$a/b=5$	4	马来西亚	1	0.2	30	0.229 0
$a/b=5$	5	韩国	1	0.2	19	0.145 0
$a/b=5$	6	俄罗斯	1	0.2	16	0.122 1
$a/b=5$	7	印度	1	0.2	15	0.114 5
$a/b=5$	8	德国	1	0.2	15	0.114 5
$a/b=5$	9	奥地利	1	0.2	14	0.106 9
$a/b=5$	10	法国	1	0.2	11	0.084 0

如图5.59所示，金属钕在冲击系数不同的情境下，爆发国影响数量和氧化钕较为相似。当冲击系数最小为1.5时，会有22个风险源国家。排名第一的爆发国一旦减少金属钕30%的出口，将导致接近80%的国家受金属钕供给短缺风险的影响，比氧化钕排名第一的国家雪崩比例增大了44%。当冲击系数最大为5时，会有30个风险源国家。排名第一的国家将导致85%左右的国家受金属钕供给短缺的风险的影响。

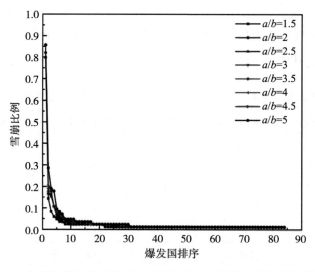

图5.59　金属钕出口减少引发的金属钕国际贸易网络风险传播雪崩比例

表5.24和表5.25显示的是冲击系数为最小值和最大值下金属钕国际贸易网络感染国家排名前十位的雪崩情况。从中可以看出，中国、美国、荷兰、奥地利为主要爆发源。

表5.24 冲击系数 a/b =1.5金属钕国际贸易网络感染国家的情况

冲击系数	排名	爆发源	供给冲击（a）	感染阈值（b）	雪崩规模	雪崩比例
a/b =1.5	1	中国	0.3	0.2	67	0.797 6
a/b =1.5	2	美国	0.3	0.2	12	0.142 9
a/b =1.5	3	奥地利	0.3	0.2	7	0.083 3
a/b =1.5	4	荷兰	0.3	0.2	5	0.059 5
a/b =1.5	5	德国	0.3	0.2	4	0.047 6
a/b =1.5	6	澳大利亚	0.3	0.2	3	0.035 7
a/b =1.5	7	南非	0.3	0.2	3	0.035 7
a/b =1.5	8	加拿大	0.3	0.2	2	0.023 8
a/b =1.5	9	比利时	0.3	0.2	2	0.023 8
a/b =1.5	10	日本	0.3	0.2	2	0.023 8

表5.25 冲击系数 a/b =5金属钕国际贸易网络感染国家的情况

冲击系数	排名	爆发源	供给冲击（a）	感染阈值（b）	雪崩规模	雪崩比例
a/b =5	1	中国	1	0.2	72	0.857 1
a/b =5	2	荷兰	1	0.2	24	0.285 7
a/b =5	3	奥地利	1	0.2	16	0.190 5
a/b =5	4	美国	1	0.2	15	0.178 6
a/b =5	5	德国	1	0.2	8	0.095 2
a/b =5	6	法国	1	0.2	7	0.083 3
a/b =5	7	越南	1	0.2	6	0.071 4
a/b =5	8	日本	1	0.2	4	0.047 6
a/b =5	9	南非	1	0.2	4	0.047 6
a/b =5	10	泰国	1	0.2	4	0.047 6

如图5.60所示，与氧化钕、金属钕相比，稀土永磁材料爆发源数量相对较少，前二十位关键爆发源国家的雪崩规模影响力较大；但超过20个国家之后，稀土永磁材料出口再减少，其他国家也不会受供给冲击风险的影响。但一旦稀土永磁材料爆发源排名第一的国家发生供给短缺风险，不论冲击系数有多大，都会导致97%左右的国家受到短缺风险的严重冲击。

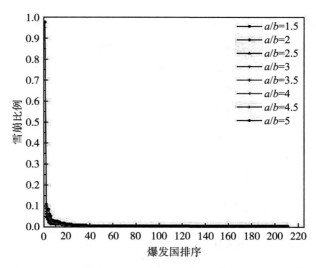

图5.60　稀土永磁材料出口减少引发的稀土永磁材料国际贸易网络风险传播雪崩比例

从表5.26和表5.27中可以看出，中国、美国、德国、南非、印度为稀土永磁材料主要爆发源。

表5.26　冲击系数a/b=1.5稀土永磁材料国际贸易网络感染国家的情况

冲击系数	排名	爆发源	供给冲击（a）	感染阈值（b）	雪崩规模	雪崩比例
a/b=1.5	1	中国	0.3	0.2	206	0.976 3
a/b=1.5	2	印度	0.3	0.2	10	0.043 8
a/b=1.5	3	德国	0.3	0.2	8	0.037 9
a/b=1.5	4	南非	0.3	0.2	5	0.023 6
a/b=1.5	5	美国	0.3	0.2	4	0.018 9
a/b=1.5	6	西班牙	0.3	0.2	3	0.014 2
a/b=1.5	7	荷兰	0.3	0.2	3	0.014 2
a/b=1.5	8	土耳其	0.3	0.2	3	0.014 2
a/b=1.5	9	丹麦	0.3	0.2	3	0.014 2
a/b=1.5	10	加拿大	0.3	0.2	3	0.014 2

表5.27　冲击系数a/b=5稀土永磁材料国际贸易网络感染国家的情况

冲击系数	排名	爆发源	供给冲击（a）	感染阈值（b）	雪崩规模	雪崩比例
a/b=5	1	中国	1	0.2	206	0.976 3
a/b=5	2	印度	1	0.2	23	0.109 0
a/b=5	3	德国	1	0.2	18	0.085 3
a/b=5	4	美国	1	0.2	18	0.085 3

冲击系数	排名	爆发源	供给冲击（a）	感染阈值（b）	雪崩规模	雪崩比例
a/b=5	5	南非	1	0.2	13	0.061 6
a/b=5	6	荷兰	1	0.2	11	0.052 1
a/b=5	7	法国	1	0.2	7	0.033 1
a/b=5	8	西班牙	1	0.2	7	0.033 1
a/b=5	9	丹麦	1	0.2	6	0.028 4
a/b=5	10	加拿大	1	0.2	6	0.028 4

5.4.4.3 关键国家风险传播的影响程度

（1）供给出口完全中断的情况。图5.61显示了氧化钕供给完全中断的情境下，关键国家风险传播的雪崩比例情况。从图5.61中可以看出，感染阈值不断扩大，各国所传导的供给短缺风险的雪崩比例则随之下降。美国一旦将氧化钕供给出口完全中断，当潜在易感染国家抵御供给短缺风险的能力小于0.5时，将有45%～85%的国家受氧化钕供给短缺风险的影响。值得关注的是，当各国抵御风险的能力达到0.6及以上时，受影响的国家数量将会急剧下降，说明提升自身抵御风险的能力能够很好地降低美国完全中断氧化钕的供给所带来的风险冲击。中国和缅甸也随着其他国家抵御风险能力的提高，出现雪崩比例不断下降的趋势，缅甸尤为明显。由此可以得出，各进口国提升抵御风险的能力可以很好地抵抗氧化钕出口中断带来的供给短缺风险。

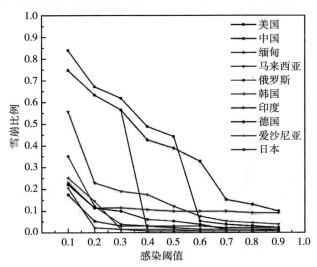

图5.61　关键国家氧化钕供给完全中断下的风险传播雪崩比例

从图5.62中可以看出，关键国家金属钕供给完全中断的情境下，与氧化钕相比，一旦中国完全中断金属钕的供给，全球参与金属钕贸易往来的国家将有55%~85%的国家受供给短缺风险的影响，即使各国抵御供给短缺风险的能力提升至0.9，也将有55%的国家受金属钕供给短缺风险的影响，说明很多国家过度依赖中国进口金属钕。当荷兰完全中断金属钕的供给时，在各国抵御风险能力大于0.3时，将有15%左右的国家受供给中断风险的影响。其中，法国、越南、加拿大、泰国、韩国、英国出现供给完全中断的情况，受影响的国家数量非常少。

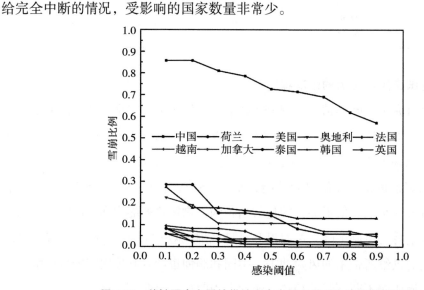

图5.62　关键国家金属钕供给完全中断下的风险传播雪崩比例

如图5.63所示，稀土永磁材料相对于氧化钕和金属钕来说，供给完全中断导致的毁灭性非常强。中国在稀土永磁材料贸易中的影响程度极高，在稀土永磁材料贸易中处于控制地位，极易将稀土永磁材料供给风险传染至其他贸易国。一旦中国完全切断稀土永磁材料的出口，在各国抵御风险的能力小于等于0.8时，将有95%及以上的国家受风险传播的影响，整个稀土永磁材料国际贸易网络将受到毁灭性打击；当潜在易感染国家抵御风险的能力为0.1~0.8时，不会随着被感染国家的感染阈值而改变，对目标供应风险的抵抗力较弱，表现出脆弱性。当德国完全中断稀土永磁材料供给时，在潜在易感染国家抵御风险的能力为0.1时，会有30%的国家受供给中断风险的影响。从印度、日本、美国、泰国、南非、法国、波兰进行稀土永磁材料的进口，可以有效降低供给短缺带来的风险传导。

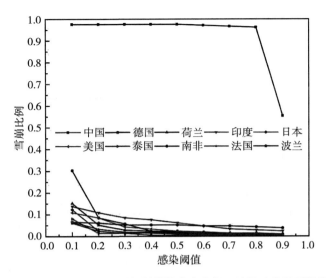

图5.63 关键国家稀土永磁材料供给完全中断下的风险传播雪崩比例

（2）感染阈值固定情况。图5.64呈现的是进口贸易国抵御风险的能力为0.2时，关键国家氧化钕国际贸易网络供给风险的雪崩比例情况。其中，美国、中国、缅甸的氧化钕供给短缺风险的传播能力较强。一旦美国减少40%氧化钕的出口量，将导致全球65%的国家受风险传播的影响。当缅甸氧化钕出口减少百分比小于等于50%时，几乎不会有国家受影响；一旦缅甸氧化钕出口减少百分比扩大至60%及以上，将有60%左右的国家受供给短缺风险的影响。中国随着氧化钕出口减少百分比的扩大，在氧化钕出口减少40%时，被影响的国家数将总体稳定在60%～65%。相比较而言，韩国、俄罗斯、印度、德国、奥地利、法国减少自身氧化钕出口量并不会对进口国造成很大影响。

从图5.65中可以得出，中国一旦减少30%的金属钕出口量，将有80%的国家受供给短缺风险的冲击；并且在抵抗风险能力较差的情况下，随着中国金属钕出口量减少比例增大，受供给短缺风险波及的国家将达到85%。美国降低金属钕出口受影响的国家数不会因为出口减少百分比的变动而变动。当奥地利减少80%的金属钕出口量，将有15%左右的国家受金属钕供给短缺风险的影响。德国、法国、越南、南非减少金属钕出口量，风险所波及的国家数量相对较少。

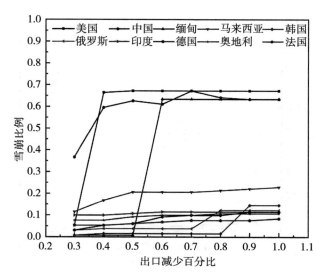

图5.64　进口国感染阈值为0.2时，氧化钕国际贸易网络供给风险雪崩比例

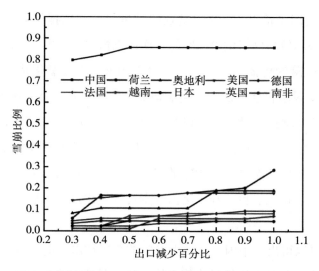

图5.65　进口国感染阈值为0.2时，金属钕国际贸易网络供给风险雪崩比例

如图5.66所示，当各进口国抵御风险能力较低时，中国对稀土永磁材料减少出口量将对全球的稀土永磁材料的供给安全带来影响，并且全球呈现高度脆弱性。全球有95%以上的贸易国家将受中国减少稀土永磁材料出口量所带来的供给短缺风险影响，并且雪崩比例不受出口减少百分比的增大而发生变化。这说明，各个国家高度依赖中国稀土永磁材料的进口，不论中国减少多少百分比的稀土永磁材料出口量，都会对各贸易国带来冲击。相对而言，印度、德国、美国、南非、荷兰、西班牙等国家因供给减少而带来的雪崩规模较小。

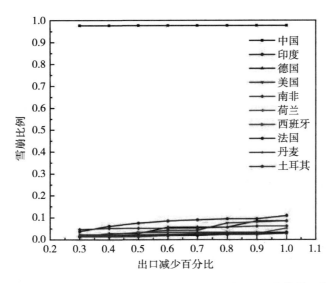

图5.66 进口国感染阈值为0.2时，稀土永磁材料国际贸易网络供给风险雪崩比例

5.5 本章小结

锆资源供应链

二氧化锆的国际贸易网络最紧密，贸易效率最高，且存在一定的集聚效应。锆资源供应链产品中锆矿主要以南非、西班牙、澳大利亚等资源禀赋国家为出口国，中国则是锆矿最大的进口国，极容易受锆矿出口国供给短缺风险传播的影响；二氧化锆的出口国主要以中国、美国等为主，美国同时也是二氧化锆进口最多的国家；锆制品主要以美国、德国等为出口国，中国是锆制品进口最多的国家。锆资源供应链产品的贸易流向主要从南非、西班牙等资源禀赋型国家，到制造大国中国、美国等，再到全球经济体国家美国、德国等，最终流向世界各国。

在基于锆资源全球供应链网络分析风险传播的过程中，发现关键国家导致的锆产品供给中断可能会对供应链网络造成广泛影响，网络表现出脆弱性。南非、荷兰、中国、美国、德国是锆资源供应链上、中、下游产品风险传播的主要爆发源，尤其容易受供应中断的影响，其自身的本地风险极易扩散到全球市场，但通过对供给完全中断下和感染阈值固定情境下的锆资源供应链风险传播的影响程度进行研究，发现改进防御机制和控制风险源数量都是减少锆产品供给短缺风险影响范围的有效途径。

5.5.2 锗资源供应链

通过对稀散金属锗资源供应链中的氧化锗、锗制品、光伏电池进行分析，发现下游产品光伏电池的贸易规模和集聚程度最高。氧化锗和锗制品的出口国主要集中在亚洲与欧美国家，其中，中国是氧化锗出口第一大国，美国是氧化锗进口第一大国；中国和日本是锗制品进口的关键国家；光伏电池的出口国主要以中国、韩国、德国等国家为主，其进口国主要以美国、德国、英国等欧美国家为主。由此可以看出，锗供应链网络已较为稳定，其贸易流主要在亚洲和欧美洲国家之间进行流动。

随着锗资源供应链产品贸易规模的不断增大，其供应链产品的供给风险影响程度不断攀升。结果表明，锗资源供应链上受供给风险影响的国家数量随着爆发源冲击系数的增大而增大。同时，美国是锗制品风险传播雪崩比例最高的国家。这说明出口量排名第一的国家并不一定是风险传播影响最广的国家。关键国家风险传播的影响程度不仅与加权度指标密切相关，还与度、中介中心性等指标有着密切联系。在供给短缺情境下，美国、中国、俄罗斯、荷兰是风险传播影响程度较高的国家。通过对不同供给冲击下和不同抵抗风险能力下，关键国家对锗资源供应链风险传播的影响程度进行研究，确定了一些控制锗资源供应链风险扩散的有效方法。其中，锗制品进口国改善防御是阻止供给风险中断蔓延更有效的解决办法，氧化锗和光伏电池进口国控制风险源是阻止供给风险中断蔓延更有效的解决办法。氧化锗进口国需要增加自日本、法国、德国、英国、韩国、印度的进口；光伏电池进口国可以通过自德国、韩国、阿拉伯、泰国、意大利、法国、西班牙、葡萄牙进口，分散风险。

5.5.3 钕资源供应链

稀土永磁材料作为钕资源供应链的下游成熟产品，贸易网络呈现紧密的态势，且贸易效率较高。中国在钕资源供应链中已处于核心地位，在氧化钕、金属钕、稀土永磁材料中均处于出口第一的位置，并且中国在钕资源供应链产品进口国中也处于重要地位，说明中国对钕资源供应链产品的贸易掌控能力较强，具备较强的贸易中转能力。其次，德国、美国、日本、印度等国也在钕资源供应链中居于重要位置。

通过分析钕资源供应链供给短缺风险传播过程发现，中国一旦减少钕资源供应链产品的出口，将会对钕资源供应链网络中的其他国家带来非常大的影响。这和中国在钕资源供应链网络中处于中心地位密切相关，该供应链网络呈现脆弱性。其次，美国、缅甸等国家减少钕产品的出口也会对进口国造成一定的影响。但研究发现，潜在易感染国家通过提升抵抗风险能力将在一定程度上降低受供给风险影响的可能性。这表明,通过提高防御能力可以很好地抵御被传染的可能性,各国可以关注具有更大影响力的国家在风险传播的初始阶段做出反应。中国不仅是钕资源供应链产品出口大国之一,也是进口大国之一,在进行钕产品贸易时可以扩大进口市场,如自德国、日本、韩国等国进行进口,以分散风险。

6 全球战略性矿产资源股票价格跨国风险溢出效应分析

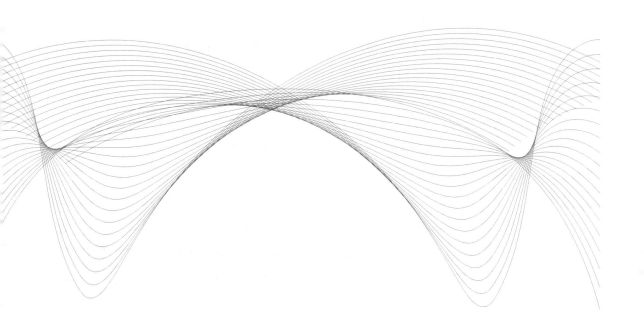

6.1 导论

本章首先在切实提高战略性矿产资源领域的安全发展能力，实现战略性矿产资源领域安全可控，筑牢国家安全屏障的背景下，研究稀土、锂、镍等战略性矿产资源股票价格的风险溢出特点，从而分析战略性金属矿产资源风险溢出效应和其网络特征的影响机制。其次采用战略性矿产资源丰富和金融市场较具影响力的6个国家权威股票指数中的细分指数（金属与矿产类指数）代表各国战略性矿产资源类股票价格，对各国战略性矿产资源的股价风险传递和联动程度进行研究，并建立基于溢出指数的溢出网络，分别从全时段时期、2015年股市大震荡时期和新冠疫情时期进行溢出网络对比分析，以探究战略性矿产股价的关联性和风险溢出效应。

6.2 相关概念界定

6.2.1 风险溢出效应概述

风险溢出效应是指在市场的特定状态发生变化时，当市场之间或经济体与经济体之间交换和传递信息时，发生的风险分散效应。这种效应不仅发生在自己的市场，也发生在另一个相关市场，从而改变了另一个市场的类似情况。换言之，这种外部动力传递现象存在于不同的金融市场之间。当一个经济变量发生变化时，它不仅会影响其他经济变量或相关经济因素，也会影响自身。这就是金融市场之间的信息传递。这种信息转移可以描述不同类型的金融市场之间广泛的交叉转移现象。

风溢出效应有4个主要特点，分别表现为负外部性、传染性、积累性和风险收益的不对称性。金融市场间信息流动包括价格、利率、汇率等市场信号在不同金融市场上的相互传导和转换过程，以及这些信号与宏观经济目标之间的相互作用过程。在风险溢出效应中，负外部性最根本。当一个市场存在风险时，通过该市场之间的关联关系、对应的风险溢出，进一步导致市场外部性累积。在风险溢出效应中，传染性处于中心地位。在全球金融市场一体化程度逐渐深化的今天，风险也逐渐具有传染性。这是指当市场发生危险时，风险将由该市场转移至其他市场，风险的传染即负外部性的转移。系统性风险即由单个系统本身引发的金融风险。这种系统性风险往往具有累积性质，一旦爆发将会带来灾难性后果。风险的累积则指由风险传染性引起的风险逐步累积。比如，A市场上出现的风险会引起价格剧烈变化，并传染给B、C、D和其他市场，导致各个市场的价格受影响，从而进一步冲击A市场，由此增加风险。这样循环往复，一轮轮的风险传染不断累积，最终将使整个市场受到极大的影响。风险传染具有一定程度的累积特征，即风险传播越快，最终结果就越严重。所谓风险收益不对称性，就是在风险作用下，可能导致收益率补偿不一致，或者风险溢价不一致，并且区别于一般金融市场上风险和收益之间存在正相关性。主要原因是，风险通过多米诺骨牌效应影响了各个市场，并进一步给实体经济带来冲击；实体经济面临市场风险与回报的非对称，会带来更大的亏损与经营阻碍。

基于此，股票市场间风险溢出效应可如此界定：在向不同市场传递信息的时候，给定市场受一定信息影响后，不仅会对这个市场的股票价格产生影响，也会影响其他市场的股票价格，因而其他市场的股票价格也随着相关市场股票价格的变化而变化。

6.2.2 风险溢出测度方式

本章采用VAR方法，利用Diebold和Yilmaz（2012）的广义方差分解（GVD）连通性指数。VAR-GVD创建了一个方差分解。它对VAR变量的排序是不变的，因此，可以计算成对比较的脉冲响应和预测误差。反过来又使我们能够探索外溢连通性，并在不同股票市场之间进行比较。

首先，构建一个平稳的N变量p向量自回归模型（VAR）：

$$X_t = \sum_{i=1}^{p} Y_i X_{t-i} + \varepsilon_t \tag{6.1}$$

式中，X_t为N维内生变量列向量；

Y_i为系数矩阵；$\varepsilon \sim (0; \Sigma)$为独立同分布的扰动项向量。

其次，将VAR模型转化成为多变量滑动平均模型（VMA）形式的表达式：

$$X_t = \sum_{i=0}^{\infty} A_i \varepsilon_{t-i} \tag{6.2}$$

式中，A_i为一个$N \times N$单位的矩阵，并且$i < 0$，$A_i = 0$；如果$i = 0$，则A_i为N维的单位矩阵。

该模型中，变量X_j对于变量X_i溢出效应的估计值为变量X_i的H步预测误差方程中来自X_j的部分$\vartheta_{ij}^g(H)$，对于$H = 1, 2, \cdots, n$，其公式可以表示为

$$\vartheta_{ij}^g(H) = \frac{\sigma_{jj}^{-1} \sum_{h=0}^{H-1} (e_i' A_h \Omega e_j)^2}{\sum_{h=0}^{H-1} [e_j^{H-1}(e_i' A_h \Omega e_i)]} \tag{6.3}$$

式中，Ω为误差向量ε的方差矩阵；

σ_{jj} 为第 j 个变量预测误差的标准差；

e_i 为选择变量，其第 i 个元素是 1，其余元素是 0 的 N 维列向量；

e_i'、e_j' 为 A_h 的转置。

方差分解表中每列元素之和不等于 1，即 $\sum_{j=1}^{N}\vartheta_{ij}^{g}(H)\neq 1$。$\vartheta_{ij}^{g}$ 经过标准化处理后，可以定义为

$$\widetilde{\vartheta}_{ij}^{g}(H)=\frac{\vartheta_{ij}^{g}(H)}{\sum_{j=1}^{N}\vartheta_{ij}^{g}(H)} \tag{6.4}$$

式中，$\sum_{j=1}^{N}\widetilde{\vartheta}_{ij}^{g}(H)=1$；

$\sum_{i,j=1}^{N}\widetilde{\vartheta}_{ij}^{g}(H)=N$。

总溢出指数（TSI）是用来衡量总体风险溢出相关程度的指标，对总体风险联动程度进行说明。体现了整个金融网络系统内各市场间总的关联性。

它可以成为金融市场整体网络系统性风险的代理变量。其值越大，说明市场整体存在系统性风险，不确定性越大。其公式可以表示为

$$TSI(H)=\frac{\sum_{i,j=1,i\neq j}^{N}\widetilde{\vartheta}_{ij}^{g}(H)}{\sum_{i,j=1}^{N}\widetilde{\vartheta}_{ij}^{g}(H)}\times 100=\frac{\sum_{i,j=1,i\neq j}^{N}\widetilde{\vartheta}_{ij}^{g}(H)}{N}\times 100 \tag{6.5}$$

方向性溢出指数（DSI）用来度量某个市场与其余所有市场之间的风险溢出程度。①金融市场受其他各市场溢出的影响。风险溢出效应存在于不同类型市场之间。每一个金融市场所接受到的溢出水平，都反映出这个金融市场对整个体系中其他市场的冲击。接受溢出越大，市场越脆弱。②金融市场对其他各市场的传导溢出效应。每一个金融市场都会溢出到另一个市场，体现出这个金融市场变化对于其他市场的影响力度，溢出值越高，说明这个市场越重要。

式（6.6）和式（6.7）可以分别计算 i 市场对其他市场的溢出指数，其他市场对 i 市场的溢出指数。

$$DSI_{j\leftarrow i}(H)=\frac{\sum_{j=1,i\neq j}^{N}\widetilde{\vartheta}_{ij}^{g}(H)}{\sum_{i,j=1}^{N}\widetilde{\vartheta}_{ij}^{g}(H)}\times 100 \tag{6.6}$$

$$DSI_{i\leftarrow j}(H)=\frac{\sum_{j=1,i\neq j}^{N}\widetilde{\vartheta}_{ij}^{g}(H)}{\sum_{i,j=1}^{N}\widetilde{\vartheta}_{ij}^{g}(H)}\times 100 \tag{6.7}$$

净溢出指数（NSI）用于衡量单个市场对另一个市场的净溢出，即从市场 i 向市场 j 传递的总影响减去市场 j 向市场 i 传递的总影响，因此该指数有正负之分。使用净溢

出指数来衡量一个国家或地区的金融市场之间的联系程度以及其抵御外部经济波动影响的能力。在金融市场风险事件发生后，市场的净溢出会引起投资者的关注并影响市场的流动性。接受和传出溢出效应的净值能够反映该市场应对冲击传导的能力，但如果直接对净溢出进行分析，可能会显得有些偏颇，所以还得与实际接受度和溢出度的具体关系结合分析。

$$NSI_{ij}(H) = \left[\frac{\sum_{j=1,i \neq j}^{N} \tilde{\vartheta}_{ij}^{g}(H)}{\sum_{i,j=1}^{N} \tilde{\vartheta}_{ij}^{g}(H)} - \frac{\sum_{j=1,i \neq j}^{N} \tilde{\vartheta}_{ij}^{g}(H)}{\sum_{i,j=1}^{N} \tilde{\vartheta}_{ij}^{g}(H)} \right] \times 100 \qquad （6.8）$$

净配对溢出指数[$S_{ij}^{g}(H)$，S代表spillover]用于测度单个市场间的波动溢出效应。使用净溢出指数来衡量一个国家或地区的金融市场之间的联系程度以及其抵御外部经济波动影响的能力。金融市场间的净配对指数，也被称为成对净溢效应指数。它是指市场 i 对市场 j 的外溢效应，以及市场 j 对市场 i 的外溢效应。用净成对的外溢指数来衡量能够清晰地看到各个市场间的具体溢出情况。净成对溢出效应指数和净溢出指数具有类似意义。不同点是净成对溢出指数主要研究两市场间出现溢出的方向。同样，对两个市场间净溢出进行分析，有必要对两市场相互溢出指数进行比较，比较常见的研究手段就是通过构造网络图，对各个市场间相互溢出关系进行细致分析。

$$S_{ij}^{g}(H) = \left[\frac{\tilde{\vartheta}_{ij}^{g}(H)}{\sum_{i,k=1}^{N} \tilde{\vartheta}_{ik}^{g}(H)} - \frac{\tilde{\vartheta}_{ij}^{g}(H)}{\sum_{j,k=1}^{N} \tilde{\vartheta}_{ik}^{g}(H)} \right] \times 100 = \left[\frac{\tilde{\vartheta}_{ji}^{g}(H) - \tilde{\vartheta}_{ij}^{g}(H)}{N} \right] \times 100 \qquad （6.9）$$

6.2.3 风险传导路径

本章以宏观和微观两个角度分别探究风险是如何生成并且如何传导至股票市场间的，从而为政策制定者和微观参与者提供比较清晰的参考。

6.2.3.1 宏观传导路径

（1）跨市场传染。重大突发事件会引起经济主体对事件的风险预期。这种预期可以通过对重大突发性公共事件的市场反应来反映。因此，研究重大突发性公共事件风险预期与投资者投资决策行为之间的关系具有重要意义。重大突发事件发生后，投资者会对以往或未来重大公共事件的情况进行预测并做出相应的决策。

（2）实体经济反馈。一方面，重大突发公共事件对实体经济产生影响。风险预期是一种心理预期，是人们在面临重大公共事件时所表现出的一种情绪和行为倾向。除直接作用于受冲击的地区之外，还可能通过供应链中断及其他方式造成与其有直接联系的区域直接和间接的经济损失。另一方面，实体经济又通过对国际收支各方面的作用对股价变动产生影响。一个国家宏观经济的稳定发展需要保持较高的经济增长率和较低的通货膨胀水平。经济增长率偏低，意味着该国收入减少，因而减少了进口。这将导致本国产品在国际市场上价格下降，从而使本国企业的生产效率下降，最终影响国内需求。低经济增长率通常与劳动生产率下降相伴而生，企业增加了生产成本继而降低了国家产品的竞争力，对出口不利。因此，一个国家的实际产出水平越高，其股价也越高。

（3）政策。在重大突发公共事件对经济金融产生重大影响后，政府通常采取一些措施来减轻重大突发公共事件所带来的负面影响。由于其发生具有突发性和不确定性，因此对实体经济造成的损害往往大于其他类型的危机。例如，2008年国际金融危机爆发之后，主要经济体都处于衰退之中。为刺激经济增长，各经济体相继推出量化宽松等非传统货币政策，拉动经济增长。这些措施虽然在短期内有效地促进了本国经济的恢复，但带来了严重的通货膨胀和货币错配问题。政府政策的执行在减轻重大突发公共事件的同时，可能给股票市场带来一定的风险影响。

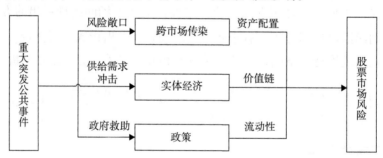

图6.1　重大突发公共事件冲击引发股票市场风险传导的宏观传导路径

6.2.3.2 微观传导路径

从微观角度思考，战略性金属矿产股票价格的波动存在替代效应、成本与收入效应和羊群效应3类传导路径，如图6.2所示。

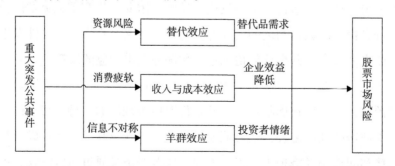

图6.2　重大突发公共事件冲击引发股票市场风险传导的微观传导路径

（1）替代效应。尽管战略性金属矿产资源在特定行业中非常重要，但是当重大突发事件发生，一种常用资源变得难以获取时，企业以及消费者基于最佳选择，可能会减少这种资源的需求，转而使用另一种可以替代的资源。例如，当俄乌冲突爆发时，石油这种战略性矿产资源价格在风险的冲击下，中国汽油价格几乎飙升至10元/升。消费者出于对用车成本的考量，有可能会提高对电车的需求，以避免对汽油的使用。这样一来，就会无形中提升对锂这种战略性金属矿产的需求，进而影响锂矿的股价。

（2）收入与成本效应。首先，从收入的角度来看，极端事件会让消费需求萎靡。它会对整个产业链和供应链造成一种风险累积效应，从而让每一个环节的资金链均受到显著的影响。其次，它还会引起日常消费业的剧烈震荡。在这个行业中，会在整个行业中形成一种跨部门的传播，从而让金融市场的风险增大。这对股市的风险有很大影响。最后，从成本的角度看，当战略性金属矿产股票价格出现大幅波动时，这一波动会迅速传导到该资源跨国供应链上的上市企业的相关资源产品，进而以一个供应链的风险点传递到整条供应链的上、下游企业，形成风险溢出效应，对供应链上其他环节的不同国家产生影响。这种影响最终又将在企业的股价被体现。

（3）羊群效应。羊群效应就是因为信息不对称而导致的一种投资者行为。它可以理解为一个群体对另一群体投资行为产生的影响。在决策行为上投资者易受其他投资者决策的影响，由此，投资者对其决策行为产生了怀疑，无法清楚地了解其投资决策行为。所以，投资者会借鉴市场中其他投资者决策行为，从而形成其决策行为。羊群效应就是在由个体行为演变为集体行为的过程中产生的。羊群效应对股票市场的价格发现机制产生了巨大冲击，同时还加剧了股市波动，并使股票价格产生过度反应的现象，使股票市场变得更为复杂和难以把握。投资者因在各国股票市场间交易活动，由于市场上存在羊群效应，两市场的关联性将发生显著变化，两市场相互影响，信息传递也会更显著。羊群效应也由此成为股票市场风险溢出效应传导的一个重要因素与途径。

6.3 战略性矿产资源类股票价格的溢出指数分析

本节通过皮尔逊相关系数对战略性金属矿产股价关联性进行分析，选取各国战略性金属矿产类股票价格指数为数据基础，计算收益率和波动率，进行相关性检验后再运用Eviews软件计算并将数据可视化，呈现股市间的风险溢出效应变化情况。

6.3.1 数据来源与选取

为研究战略性矿产资源股价的波动溢出关联性，本节选取金属矿产资源相对丰富和金融化程度较高的6个代表性国家矿产资源类股票指数：标准普尔指数S&P Metals & Mining Select Industry（SP）、英国富时指数FTSE 350 Metals & Mining（FTSE350）、澳大利亚指数澳S&P ASX 300 Metals & Mining（ASX300）、富时中国A600行业指数—工业金属和矿业（A600）、俄罗斯指数MOEX Metals and Mining（MOEX）、加拿大指数S&P TSX Metals & Mining（TSX）。而且所选指数至少包括铁、铝、铜、稀土、锂、锆中的3种主要战略性金属矿产，因此具有代表性。所有数据的样本区间为2012年7月11日—2022年8月19日。样本数据一共有544组。但由于不同国家股市受法定节假日不同的影响，开市闭市时间各有不同，造成了时间序列数据与日期的非完全对应关系，有部分缺失数据，所以，为了得到与日期相对应的一个完整时间序列，剔除了非公共交易日的数据，所剩样本数据一共有429组。各国股票市场的周收盘价数据来源于英为财情网站。

本节采用各指标的对数收益率以及Diebold 和Yilmaz在2012年提出的回报波动率来反映各国价格的变化波动关系，计算方法如下：

计算每交易周的收益率：

$$R_{i,t} = 100 \times (ln(p_{i,t}) - ln(p_{i,t-1})) \tag{6.10}$$

计算每交易周的波动率：

$$\tilde{\sigma}^2 = 0.511(H_t - L_t)^2 - 0.019[(C_t - O_t)(H_t + L_t - 2O_t) - 2(H_t - O_t)(L_t - O_t)] - 0.383(C_t - O_t)^2 \tag{6.11}$$

通过对收益率和波动率的计算，为后文计算溢出指数效应提供了实践基础；波动率相较于对数收益率，能更好地反映风险溢出波动的情况，更加贴近实际。

6.3.1.1 基本统计量特征

使用Eviews得到的波动率的时间序列的统计性描述如表6.1所示。

表6.1　描述性统计量

取值	A600	ASX300	FTSE350	MOEX	SP	TSX
平均数	0.000 996	0.001 160	0.002 943	0.001 659	0.000 960	0.000 158
中位数	0.001 002	0.001 936	0.001 984	0.000 495	0.001 088	0.000 323
最大值	0.148 884	0.148 113	0.437 159	0.122 695	0.205 292	0.156 403
最小值	−0.187 259	−0.136 323	−0.162 135	−0.179 182	−0.210 468	−0.259 431
标准差	0.040 293	0.033 914	0.066 669	0.029 836	0.045 463	0.043 497

取值	A600	ASX300	FTSE350	MOEX	SP	TSX
偏度	−0.082 813	0.051 492	0.987 928	−0.377 501	0.215 403	−0.221 889
峰度	4.652 436	4.670 440	7.558 667	6.206 854	5.295 459	5.676 384
P 值	0.000 000	0.000 000	0.000 000	0.000 000	0.000 000	0.000 000

从表6.1中数据可以知道，各股票市场指数峰度均大于3，整体数据呈现尖峰分布，并且中国、澳大利亚、美国、加拿大4个股票市场与另外两个市场相比，峰度值较小，数据分布相对更均匀，同时波动率的均值分布有高有低，说明各市场接受或者传递波动溢出的影响程度不尽相同。

6.3.1.2 平稳性检验

平稳性是建模时间序列数据时需要考虑的问题。如果样本数据不稳定，建模将导致不正确的回归。尽管所获得的结果仍然经得起假设检验，但这一分析与发现和解决经济问题无关。本节采用单位根进行时间序列的检验，如果时间样本序列 $\{X_i, i=1, 2, 3, \cdots\}$ 的均值和方差在样本区间始终为常数，且自方差和协方差与时间相关、与位移无关，则称该时间样本序列平稳。ADF检验通过下列组合式进行：

$$\Delta X_i = \eta X_{i-t} + \sum_{t=1}^{k} \lambda \Delta X_{i-1} + \xi_i \qquad (6.12)$$

$$\Delta X_i = \alpha + \eta X_{i-t} + \sum_{t=1}^{k} \lambda \Delta X_{i-1} + \xi \qquad (6.13)$$

$$\Delta X_i = \alpha + \beta i + \eta X_{i-t} + \sum_{t=1}^{k} \lambda \Delta X_{i-1} + \xi \qquad (6.14)$$

本节用Eviews进行ADF检验，观察样本序列的平稳性，具体结果如表6.2所示。

表6.2　平稳性检验结果

变量	t	P	临界值		
			1%	5%	10%
ASX300	−14.355	0.000 ***	−3.442	−2.867	−2.57
MOEX	−5.178	0.000 ***	−3.443	−2.867	−2.57
A600	−15.266	0.000 ***	−3.442	−2.867	−2.57
TSX	−22.673	0.000 ***	−3.442	−2.867	−2.57
SP	−13.763	0.000 ***	−3.442	−2.867	−2.57

变量	t	P	临界值		
			1%	5%	10%
*FTSE*350	−21.731	0.000 ***	−3.442	−2.867	−2.57

注：***、**、*分别代表1%、5%、10%的显著性水平。

同时，对平稳性结果生成AR图，根据ADF检验结果，可以看出各股票市场的ADF统计量以1%、5%、10%显著水平为临界的值；且ADF值在小于1的时候，拒绝原假设，单位根不存在一阶差分序列，因此也叫作一阶平稳序列。同时，如图6.3所示，所有的点都位于单位圆内，根据AR图可以判断由各国战略性金属矿产资源类股价组成的VAR系统是稳定的，可以进行后续的DY溢出指数模型的指标测算。

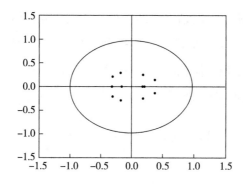

图6.3 溢出指数AR图

6.3.1.3 确定滞后阶数

滞后阶数的选取对VAR模型的结果影响非常大。为了确定实验的最优滞后阶数 t，经Eviews软件测算一共展示了滞后8阶的向量自回归模型，用于选择较优的滞后阶数。得到的结果如表6.3所示。

表6.3 各国股价波动率的VAR模型滞后阶数选择

Lag	LogL	LR	FPE	AIC	SC	HQ
0	6161.223	58.615	5.06E−18	−22.797	−22.749 *	−22.778
1	6197.647	71.903	5.06E−18*	−22.798 *	−22.465	−22.668
2	6224.552	52.514	5.23E−18	−22.765	−22.145	−22.523
3	6259.508	67.453 *	5.25E−18	−22.761	−21.855	−22.407
4	6278.713	36.630	5.59E−18	−22.699	−21.507	−22.233
5	6297.881	36.134	5.95E−18	−22.637	−21.158	−22.058

Lag	LogL	LR	FPE	AIC	SC	HQ
6	6325.051	50.616	6.15E−18	−22.604	−20.840	−21.914
7	6347.332	41.013	6.48E−18	−22.553	−20.503	−21.751
8	6365.662	33.333	6.92E−18	−22.488	−20.151	−21.574

通过表6.3可知，在对各国股价波动率数据建立无约束VAR模型时，参考LR、FPE、AIC和HQ准则，选择1为最优滞后阶数，建立VAR（1）模型，同时也为误差修正模型的建立提供了条件。

根据图6.4，残差形状呈现对称的钟形曲线残差符合正态分布，且整体残差分布显示随机分布模式，不存在异常值，因此预测变量不具有极端值，适用于观测值。

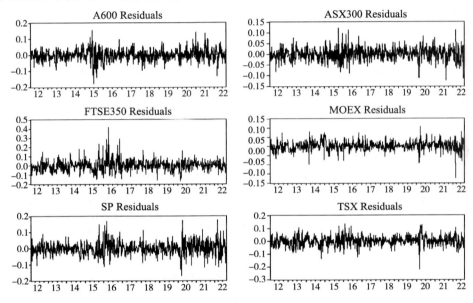

图6.4　溢出指数残差

6.3.2 静态溢出指数分析

6.3.2.1 基于皮尔逊系数的相关性检验

皮尔逊相关系数被用于测量X与Y之间的相关程度。本节利用各个股价市场间的皮尔逊相关系数对比分析不同市场间的关联性。任意两个市场i和j在样本期的收益波动率为σ_i和σ_j。则对应行业的收益波动率相关系数$P(\sigma_i, \sigma_j)$为

$$\rho(X,Y) = \frac{cov(X,Y)}{\sigma_x \sigma_y} = \frac{E[(X-\mu_x)(Y-\mu_y)]}{\sigma_x \sigma_y} = \frac{E(XY)-E(X)E(Y)}{\sqrt{E(X^2)-E^2(X)}\sqrt{E(Y^2)-E^2(Y)}} \qquad (6.15)$$

式中，E 为数学期望。

对上述各国股价波动率使用SPSS软件计算得到股价间的皮尔逊相关系数，如表6.4所示。

如表6.4所示，各个股价市场间都是相互关联的，其中澳大利亚和美国市场的相关系数达到0.638，波动率相关性比较强；美加、澳英，相关系数也比较显著，反映具体市场间的关联程度比较高，相互间的波动溢出关系比较密切，进而为下一步DY溢出指数的测算和溢出网络的建立提供了实践前提。

表6.4　各个市场波动率皮尔逊相关系数

不同股票市场	A600	ASX300	FTSE350	MOEX	SP	TSX
A600	1.000					
ASX300	0.283 **	1.000				
FTSE350	0.273 **	0.577 **	1.000			
MOEX	0.223 **	0.404 **	0.383 **	1.000		
SP	0.229 **	0.638 **	0.573 **	0.372 **	1.000	
TSX	0.107 *	0.450 **	0.254 **	0.315 **	0.528 **	1.000

注：** 代表在0.01级别（双尾），相关显著；* 代表在0.05级别（双尾），相关显著。

6.3.2.2 成对净溢出指数分析

本节采用Diebold和Yilmaz（2009，2012）系列论文中开发的DY溢出指数框架，使用Eviews软件，分别对所选的6个国家战略性金属矿产类股票价格的波动率进行溢出指数的测算，分析各国股价市场间的溢出方向和强度，同时也为建立复杂网络提供连边做提前的准备。

表6.5显示了不同国家战略矿产资源股价之间的溢出效应。To行显示了某个股价对其他股价的溢出效应；From列显示了市场接受风险的溢出效应程度。右下方的数值表示全部股票市场间的溢出指数的相关度。从中可以注意到：①在风险外溢中，有的市场风险溢出效应的影响要大于其他市场。对角线上的数值代表在目前的市场上其本身的溢出作用，可以看出，中国股市是受自己股票价格影响最大的国家。②从定向溢出的角度来看，中国、俄罗斯和加拿大的股价溢出效应都是负的，表明它们的市场是风险的净接受者，受到其他市场的巨大溢出远比自身溢出给其他市场的风险更高。美国、澳大利亚和英国3国股票板块的价格溢出效应是正的，表明它们的市场是风险的净溢方，但也受到其他市场的溢出很大。③总溢出指数为42.8%，说明这6个国家战略性金属矿产类股票价格间的风险溢出关联性比较大，具有很强的风险联动

性，容易相互受影响。

通过进一步观察溢出指数表6.5发现，澳大利亚市场是最大的风险接受方，其接受的风险主要来自美国和英国两国股票板块市场的对外溢出。美国市场则是最大的风险传递方，其传递的风险主要去向是澳大利亚、英国和加拿大3国市场。这也印证了这几个国家股票金融市场间的关系密切，战略性金属矿产类股价的风险联动性比较强；并且随着各国对战略性金属矿产资源的越发关注和不断争夺，这种联动性将越来越强烈。同时注意到，中国该类股价的风险溢出和风险溢入都是最低的，分析原因可能一方面源于中国金融市场的严格管控，另一方面是中国对该类战略性资源的政策保护，因此在股票上这类金融市场中形成的风险溢出和溢入影响不是很大，中国市场的影响大多还是源自自身所积累。

表6.5　成对溢出指数

H=10	A600	ASX300	FTSE350	MOEX	SP	TSX	From
A600	78.9	6.2	5.8	4.0	4.3	0.8	21.1
ASX300	3.6	45.1	15.6	8.1	19.0	8.7	54.9
FTSE350	3.7	16.9	51.4	7.6	17.0	3.4	48.6
MOEX	3.0	11.0	9.1	61.5	8.9	6.4	38.5
SP	2.4	18.3	15.0	6.7	45.4	12.3	54.6
TSX	0.8	11.3	4.4	6.2	16.6	60.7	39.3
To	13.5	63.7	49.9	32.6	65.7	31.6	257.1
Own	92.4	108.8	101.3	94.2	111.1	92.3	42.8%

6.3.3 时变溢出指数分析

因为静态溢出指数无法反映溢出效应随时间的动态变化情况，存在一定的固定化，所以，本节拟在DY外溢指标上引入"滚动窗口"的方法，以50个星期（大约一年）为周期来观测外溢指标的变动情况，并考察不同市场间风险外溢的时变性。

6.3.3.1 总溢出指数

从图6.5中可以看出，在样本期间，各国战略性金属矿产类股价间的市场整体联动性较强，总体溢出指数维持在20%～70%，但是溢出指数出现了2次较显著的波动周期，存在较大的波动性和不确定性，分别发生在2015年年中、2019年年底。2015年被称为股市的关键之年。因为2015年是2000年以来中国股市最困难的时刻，全国GDP增速为6.9%。当年开年时，总体的关联性呈现比较低迷的状态，直到2015年10月21日在天津举行的中国国际矿业大会成功召开，增强了各国对于整个矿产行业的信心，在国际矿业需求不振、投资下降、市场波动加剧、下行压力持续加大的情势下，各国发出了积极信号，提升了矿业行业的潜力、发展机遇和合作空间，增强了各国股票市场的紧密联系。2015年年底到2016年年初开始逐步恢复各国矿产资源之间的关联性，无论是需求方面还是投资方面，在股票等金融市场间各国经济与行业间联系更加紧密，逐步形成"你中有我，我中有你"的强相关性格局。图6.5反映的是这些关联国家之间的总体溢出程度在不断加大，溢出指数也对应着不断上升。2019年年底至2020年年初，在百年不遇的巨变中，新冠疫情给国际政治经济格局带来重大冲击，也给全球矿业带来空前的影响与挑战。矿业作为国民经济重要产业之一，与人民群众生产生活息息相关。采矿给人类带来了物质与战略能源安全的根本保障，是经济社会发展之本。疫情给世界各国带来严重影响，但也激发了矿业企业的创新活力与变革动力。促使全球经济格局的重塑加快，世界矿产资源的供需格局加快重组，矿产品价格、并购融资、勘探投资、钻探活动等与采矿政策之间不断进行调整。全球范围内的降息和动用非常规货币政策措施受新冠疫情影响，宏观经济状况发生变动，使各国的金属矿产股票市场联系得更为紧密。但是，由于新冠疫情的影响，各国限制性政策的实施，也在一定程度上削弱了市场间的联系，因此如图6.5所示，总体溢出指数呈现飙升后下降，又回升的短周期性波动变化。

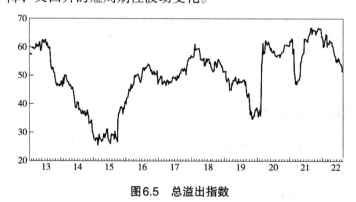

图6.5　总溢出指数

注：横轴表示的是2013—2022年的时间刻度，每一大格代表一年的区间；而纵轴表示的是该时间区间内的总体溢出指数情况。

6.3.3.2 方向性溢出指数

如图6.6所示，从中可以看出，2014—2022年各市场的定向溢出指数具有一定的波动性和不确定性。受极端经济事件和政治不确定性的强烈影响，本节主要对3个时间阶段的股价市场溢出情况进行分析。

第一阶段是2015—2016年。因外部整体大环境的剧烈变化，在演变为突发事件的冲击下，大多数国家股票市场的风险溢出程度总体显著提升，但俄罗斯和澳大利亚两个国家的股市受到的风险溢出较低，美国和加拿大受到的风险溢入则最显著。这对金融化程度比较高的美国而言无疑是一种需要关注的变动。

第二阶段是从2017年年初到2018年年中。2017年以来，股票市场外部风险溢出指数快速上升。俄罗斯和澳大利亚的对外溢出指数达到一个峰值，是整个市场中最大的风险来源，同时在风险接受方面也是达到了一个较高的高度。这不仅代表着俄罗斯和澳大利亚这两个矿产大国的重要地位，也意味着这两个国家对金属矿产股市的强风险溢出能力。

第三阶段是从2019年年初至2020年年中。当时，风险溢出表现出较大波动，尤其是2020年年初，当国内市场受新冠疫情影响时，风险和不确定性增加，美国和加拿大的外部溢出能力比较显著，但是整体市场的溢出变化大致相同，溢出和溢入情况都呈同步变化，市场不确定性升高。自2020年以来，国家资源市场已逐步融入国家总体规划，将行业中小型和分散的公司聚集在一起，整合资源管理和控制，并统一分配采矿配额。除2020年国家商品交易所建设稳步推进外，股票交易所的市场有效性将提高，风险溢出水平将在曲线末端稳步上升。

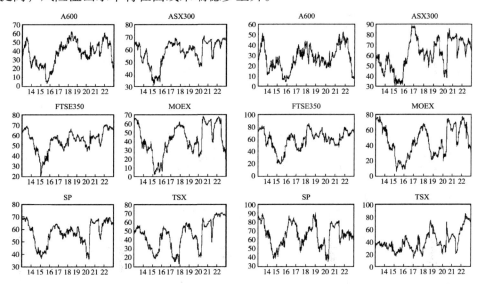

图6.6　方向溢出指数From和To

注：左边2列为溢出指数From；右边2列是溢入指数To；同时，横坐标14—22表示时间区间为2014—2022年；纵坐标为溢出指数的数值。

6.3.3.3 净溢出指数

根据溢出指数From和溢入指数To，计算得到净溢出指数NSI。该指标反映了一个国家对于风险溢出的一个净值，体现市场间风险溢出和溢入的整体叠加效果。图6.7为股票市场之间的净匹配溢出指数。第一阶段为2015—2016年。中国市场受到的溢入效应大于受到的溢出效应，是一个风险接受方。同期，美国的整体溢出值最高达到20，并且英国的整体溢出值也为正，最高达到13，成为主要风险的溢出方。除中国外，俄罗斯和加拿大也是风险的主要接受方。

第二阶段是从2017年年初到2018年年中。在此期间，中国市场主要受美国市场和俄罗斯市场风险的影响，美国仍然影响最大，溢出指数最高可达30左右。对于中国来说，美国是一个净的风险溢出市场，外部性在该时期表现为其最大的溢出值。与此同时，英国股市对于中国股市的变动的净溢出效应也在该地区的样本范围里到达了最高水平，为20左右，并且出现了最显著的频率变动，或许这与英国股市特有的投资心态有关。由于投资者追求短期利润的投机心态，使经济周期内的波动性发生了较大的改变，并且与其他周期相比，突发事件下周期的相关性更强。

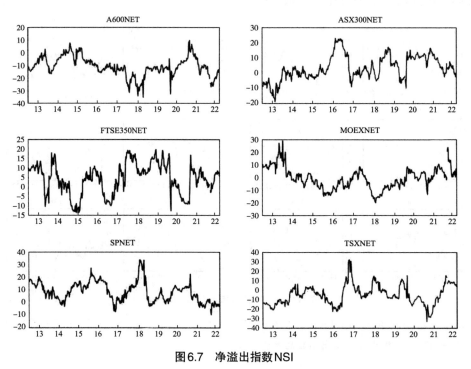

图6.7　净溢出指数NSI

注：横坐标13—22表示时间区间为2013—2022年；纵坐标为净溢出指数的数值，以零为分界上下波动。

第三阶段是2019年年初至2020年年中。整体股票市场产生剧烈波动，除了中国仍然处于风险接受的状态，各个市场大多处于一个风险溢出的状态，然而，除美国的溢出程度有所降低外，其他市场的溢出程度都有或多或少地提高。研究发现，该时间段正处于新冠疫情冲击的阶段，各国的风险溢出能力普遍增强，而中国由于积极的财政政策，使风险传递得到有效的遏制，但也不免接受来自各个国家股票市场的风险溢出，体现了中国股票市场具有较强的抗外部风险溢出能力。这不仅代表着中国矿产资源的丰富，也体现了国家的国际影响力的提升。

6.3.4 溢出指数稳健性检验

首先，使用改变预测期的方法来检验实证结果的稳健性，本节开始采用了10个预测期的静态溢出指数表，现在改用20个预测期的静态溢出指数表，具体结果见表6.6。结果表明，更改预测期后的结果与预测期为10的静态溢出指数的结果基本一致，表明预测期H的增加对估计结果几乎没有影响。

表6.6　基于不同预测期的溢出指数结果

$H=20$	A600	ASX300	FTSE350	MOEX	SP	TSX	From
A600	76.5	7.2	6.3	5.2	5.3	4.0	104.5
ASX300	3.6	46.5	16.3	8.7	18.6	18.7	112.5
FTSE350	3.9	18.4	52.3	4.5	19.2	13.6	111.9
MOEX	3.0	13.4	6.1	56.5	17.3	5.4	101.7
SP	2.6	17.5	15.7	7.4	85.6	6.4	135.2
TSX	2.2	10.3	5.6	7.5	10.2	62.3	98.1
To	15.3	66.8	50.0	33.3	70.6	48.1	284.1
Own	91.8	113.3	102.3	89.8	156.2	110.4	46.8%

其次，从改变滚动窗口周期的角度来测试时变溢出指数的稳健性。本节开始用了为期50周（约一年）的滚动窗口得到的溢出指数，现在更改用于计算总溢出指数的滚动窗口期，将指数窗口期从50周更改为55周，重新计算总溢出指数，得出用于检验稳健性的溢出指数图6.8，在变更窗口期后发现，其所示的总体趋势和关键突发事件时期与之前为期50周滚动窗口所得的总溢出指数图6.5基本吻合，因此，变更前后的分析结论仍然适用。

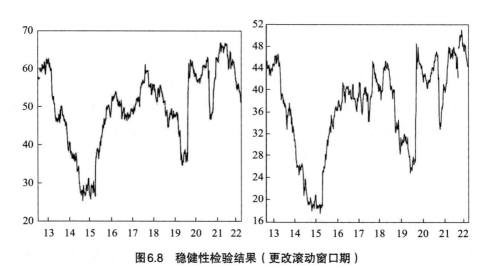

图6.8　稳健性检验结果（更改滚动窗口期）

注：左图为滚动窗口为50周的总溢出指数，右图为滚动窗口为55周的总溢出指数。横坐标表示2013—2022年的时间区间；纵坐标表示溢出指数值。

6.4 重大突发事件冲击下股市间风险溢出网络分析

为研究重大突发事件冲击下战略性矿产资源股价的风险溢出网络关联性，本节同样选取矿产资源相对丰富和金融化程度较高的6个代表性国家矿产资源类股票指数日收盘价：标准普尔指数S&P Metals & Mining Select Industry（SP）、英国富时指数FTSE 350 Metals & Mining（FTSE350）、澳大利亚指数澳S&P ASX 300 Metals & Mining（ASX300）、富时中国A600行业指数—工业金属和矿业（A600）、俄罗斯指数MOEX Metals and Mining（MOEX）、加拿大指数S&P TSX Metals & Mining（TSX）。所选指数至少包括铁、铝、铜、稀土、锂、锆中的3种主要战略性金属矿产，因此具有代表性。由于不同国家股市受法定节假日不同的影响，开市闭市的时间不同，导致时间序列数据在日期上不完全对应，存在一些缺失数据，因此对数据进行剔除处理，以获得日期对应完整的时间序列。剔除非公共交易日的数据后，样本区间为2013年3月5日—2022年9月7日。样本数据一共有2063组。再分别对重大突发事件的时间节点进行划分时间区间：全时段时期（2013—2022年）、股市大震荡期间（2015—2016年）以及新冠疫情期间（2019—2020年）3类，以比较分析各个期间的风险溢出网络，研究重大突发事件对溢出网络的影响。各股票市场的日收盘价数据来源于英为财情网站。

6.4.1 全时段时期风险溢出网络分析

通过Eviews软件计算出各国战略性金属矿产股价的全时段时期（2013—2022年）的成对溢出指数（见表6.5），并根据对应的溢出关系，确定连边、方向与强度，从而建立全时段的风险溢出网络。对数据进行可视化分析，探究各国在全时段时期的风险溢出联动性以及溢出网络的中心性。具体如图6.9所示。

溢出效应是一种复杂的现象。它是一种普遍关联和相互溢出的现象，没有哪个行业在其自身的发展过程中是被"孤立"的。虽然每个市场间均存在不同程度的联系，但是不同市场之间的风险溢出是不尽相同的。可以发现，联系最显著的是美国、澳大利亚、英国和加拿大4个国家的市场。在这4个紧密联系的市场中，美国对另外3个的影响是最明显的，处于网络的中心位置。这不仅是因为美国高度金融化和市场化，也是因为美国的国际影响力，正如2008年金融危机的发源与传递，就是以美国为风险的起源地而对全球各个国家造成风险溢出效应。同样，在越来越高度市场化的今天，各国逐渐深化"你中有我，我中有你"的局面。战略性金属矿产资源作为各国关键能源与矿产的目标，美国股市对全球的股市同样有着举足轻重的影响力。澳大利亚是世界上最大的矿产资源出口国，拥有丰富的铁矿、锂矿、稀土等战略性资源。近年来，澳大利亚政府和行业加大了对关键矿产项目的投资与推动。2021年，澳大利亚的稀土产量为2.2万吨，在全球的占比为7%，因此其在战略性矿产资源的格局分布中同样也占据了重要的一席。

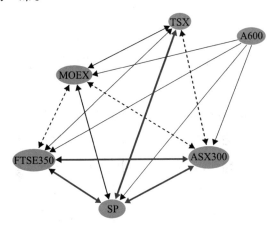

图6.9　全时段时期风险溢出网络

注：图中节点的颜色以连接度数量多少从灰色（最强）排列到黑色、白色（最弱）。边和边的箭头的颜色，从灰色（最强）排列到深灰、虚线、黑线（最弱），厚度表明了节点间方向连接的强度。

从全时段时期的整体网络来分析，6个市场之间溢出两极分化比较明显，存在明显的异质性。可能的原因在于：一方面，不同国家战略性金属矿产资源的业务范围和发展程度存在差异；另一方面，各市场的金融化和市场化程度不一致，政策开放程度也不同，自然接受和传递风险的能力就会有差别。通过对溢出网络的分析，可以得到相较于溢出指数更为明确的风险传导路径，不仅可与溢出指数互动比较，也为下一步中心性分析提供了参考图示。

6.4.1.1 不同时期的整体网络特征分析

用Gephi和UCINET软件计算股票价格关联网络的整体特征指标网络直径、网络密度、平均聚类系数和平均路径长度等。表6.7中显示，①不同风险时期的网络直径均为2.0，说明网络中任意两个节点之间的距离最大为2.0；也就是说，在这3个时期，任意两个节点之间经过两步就可以直接到达，说明网络节点之间的联系比较紧密，信息传递效率很高。其原因可能是所选国家都是在矿产资源方面较有影响力的国家，相互之间都有经济上或贸易上的往来，因此风险的传递比较"便捷"。②就网络密度而言，无论是总体时期还是其他时期，网络密度都大于0.6，说明网络存在比较紧密的关联性。因为所选国家金属矿产贸易的密切往来以及金融市场的深入融合，所以在金属矿产这一领域所选国家无形中形成了一个相互交流的网络。③3个时期的网络平均聚类系数最高达到0.883，说明网络节点之间的溢出程度比较深，溢出面比较广。节点之间是紧密聚集的，即存在较多的连边，对于风险信息的传递有多个方向。④3个时期的平均最短路径为1.13，说明网络中节点之间的距离非常小，任意两个节点之间只需要经过大约一条边不到两条边就可以直接到达，表明不同时期的溢出网络都具有很高的接近中心性，也就是说，节点之间的信息传播速度很快，网络的连通性很强。

总而言之，从不同网络特征分析可以看出，3个时期的风险溢出网络都是非常紧密的，信息传递的路径短、速度快，形成了相互影响的格局。因此，当某一中心性比较高的股价市场发生巨大波动时，整类股价市场将有大批的国家股市受影响。同时，这些资源是国家战略性资源，它的波动会影响着自身以及伴生行业的发展，因此该风险的传递能帮助各个国家和相应投资者做出更加合理的投资决策来降低风险，尽可能地避免因为传递所产生的损失。

表6.7 不同时期溢出网络特征分析

时间区间	网络直径	网络密度	平均聚类系数	平均路径长度
全时段时期	2.0	0.867	0.883	1.133
股市大震荡时期	2.0	0.667	0.783	1.333
新冠疫情时期	2.0	0.700	0.733	1.312

6.4.1.2 全时段时期节点中心性分析

为观察全时段时期风险传递的中心，本节通过UCINET软件进一步分析了各个市场的中心性，并根据节点在网络中的位置和作用，判断它们的重要性和影响力，股市大震荡时期反映了一个节点在网络中连接其他节点的能力。中心性越高，越是网络中的关键节点。从表6.8中可以看出，在全时段时期：①接近中心性（出度）排在第一位的是美国市场，说明美国市场处于溢出的中心，具有较强的辐射作用，对其他市场存在较多的溢出且又有相应程度的溢入效应，也进一步印证了风险溢出网络中美国股价市场位于溢出网络的核心位置。②澳大利亚市场的接近中心性（出度）排名仅次于美国，较为靠前，在整体上受到的风险溢出较强。根据溢出网络图6.9，风险溢出的来源主要是美国和英国。

从实际意义上看，这是因为这两个市场的运作机制与美国有一定的相似性，体现了这3个国家在政治经济等领域本就紧密的互动关系。对于该时期的次中心澳大利亚市场而言，当市场环境或者其他条件发生变化时，材料需求方对原材料的需求种类会做出相应调整（原材料本身具有品类众多，相互可替代性强的特点）。正因为澳大利亚对于原材料的变动，是对相关矿产贸易的基础性变动，所以，澳大利亚成为整个时期风险溢出网络的次中心。

表6.8 全时段时期各国市场中心性

股票指数	度中心性（出度）	度中心性（入度）	接近中心性（出度）	接近中心性（入度）	中介中心性
A600	20.300	7.300	6.000	8.000	0.000
ASX300	55.000	63.700	7.000	5.000	1.750
FTSE350	48.600	49.900	5.000	5.000	1.750
MOEX	35.400	32.600	6.000	5.000	0.250
SP	52.300	65.800	8.000	5.000	0.250
TSX	38.500	30.800	6.000	6.000	0.000

6.4.2 股市大震荡时期风险溢出网络分析

在2015年开始的时候，中国出台了一系列的经济政策来促进国内经济的发展，如"一带一路"和"互联网+"，从而引发了对股票市场的看好。在2015年初期，在这种看好的预期环境下，中国的股市一路飙升，很多人开始寻求场外资金的补充，并且加大了对其的杠杆作用，使得其价格不断攀升，最终导致其与估值的深度脱离产生严重的价值泡沫。金属矿业作为国民经济重要产业之一，与人民群众生产生活息息相关。中国及时发现了这一问题，并对配资入口进行了清理，大量配资出逃。在此之后，股市走向也随之剧烈转变。在市场剧烈震荡中，很多机构投资者纷纷撤离股市，导致股票市场进入深度调整时期。2015年6月12日—7月9日，上证指数18个交易日从5 178跌至3 373，下跌速度创历史最高水平。此后6个月，股市又出现了两次暴跌。因此，本节旨在2015年股市大震荡时期的背景中，探究该时期战略性金属矿产资源股价的风险溢出效应，生成溢出网络研究不同国家之间的联动情况。

6.4.2.1 股市大震荡时期风险溢出网络分析

通过Eviews软件计算出2015—2016年的成对溢出指数，如表6.9所示。同时以180天（约半年）的滚动窗口生成时变总溢出指数，观察2015—2016年溢出指数的波动情况，研究各市场之间的时变溢出效应，具体如图6.10所示。可以发现，股市大震荡时期的风险溢出陡增出现在2015年后期，然后一直延续到2016年年末，其间溢出指数在45上下波动，相对稳定，形成一个长期的风险传递的趋势。

表6.9　股市大震荡时期成对溢出指数

股票指数	A600	ASX300	FTSE350	MOEX	SP	TSX	From
A600	62.0	2.8	0.5	0.2	9.5	25.0	38.0
ASX300	8.8	41.0	2.0	1.9	26.7	19.5	59.0
FTSE350	1.1	4.7	81.5	1.2	6.5	5.1	18.5
MOEX	1.1	3.4	1.0	84.3	5.7	4.5	15.7
SP	8.2	15.5	2.4	2.8	48.5	22.6	51.5
TSX	19.5	7.0	2.1	2.0	21.4	48.0	52.0
To	38.6	33.3	8.0	8.1	69.9	76.8	234.6
Own	100.6	74.3	89.4	92.4	118.4	124.9	39.1%

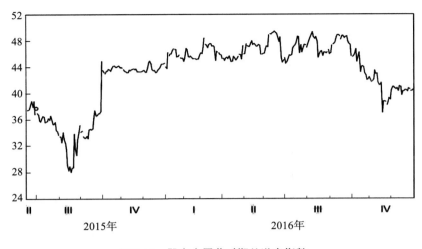

图6.10 股市大震荡时期总溢出指数

注：图中横坐标表示2015、2016年的时间区间；纵坐标表示溢出指数值。

根据对应的溢出关系，采取阈值法只选取溢出值大于2以上的溢出关系，确定连边、方向与强度，从而建立股市大震荡时期的风险溢出网络，将数据可视化分析，探究各国在股市大震荡时期的风险溢出联动性。具体如图6.11所示。

通过对股市大震荡时期溢出网络图6.11进行分析发现，在受股市大震荡重大事件影响的时候，网络的连接数目有了显著的增长。这表明，在受到影响的时候，各国战略性金属矿产股票价格的相关性以及风险的传输的速率和频率都在快速地增长。与全时段溢出网络相比，美国市场作为股市大震荡网络的中心变得更加突出、明显，其中联系最紧密的同样是美国、澳大利亚和加拿大3个国家的市场，风险溢出传递的强度也是最显眼的。但是，与全时段时期的溢出网络不同，股市大震荡时期的溢出网络中，英国市场和俄罗斯市场在该时期溢出网络中与其他市场的联系紧密程度明显下降，并在股市大震荡网络中呈现一个边缘化的状态。同时，在全时段时期整体联系较为薄弱的中国在股市大震荡时期网络中呈现较为关键的位置。因为该重大事件是在中国市场产生，因此风险的传递也会比全时段时期更显著。可以观测到中国市场与加拿大市场的联系最紧密，并且对加拿大市场的风险溢出大于澳大利亚市场对其的风险传递。

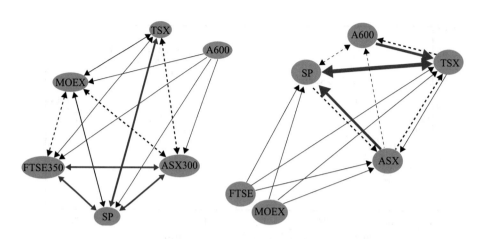

图6.11 全时段时期与股市大震荡时期风险溢出网络

注：左图为全时段时间风险溢出网络，右图为股市大震荡时期的风险溢出网络。边和边的箭头的厚度表明了节点间方向连接的强度。

6.4.2.2 股市大震荡时期的中心性分析

为观察股市大震荡时期风险传递的中心，本节通过UCINET软件进一步分析了各个市场的中心性，从表6.10中可以看出，在股市大震荡时期：①中介中心性排在第一位的是美国市场，说明美国市场处于网络的中心位置，是其他网络节点的必经之路，对整个网络的影响力比全时段时期还要强。这也进一步印证了风险溢出网络中美国股价市场位于溢出网络的核心位置。②澳大利亚市场的度中心性（出度）排在第一位，说明该时期的澳大利亚市场在网络中与其他节点连接数量多，关系最密切，在整体上受到传递的信息较复杂，风险波动的概率大。根据溢出网络图6.11，风险溢出的来源主要是美国和加拿大。③在股市大震荡时期，中介中心性较低的3个国家，分别为英国、俄罗斯和中国。虽然中国在网络中的联系与风险的传递方面较全时段时期有所加强，但是依然处于网络中的边缘地位，并不是主要的风险传递方。

表6.10 股市大震荡时期各国市场中心性

股票指数	度中心性（出度）	度中心性（入度）	接近中心性（出度）	接近中心性（入度）	中介中心性
A600	37.300	36.500	7.000	7.000	0.000
*ASX*300	55.000	33.400	7.000	5.000	0.667
*FTSE*350	16.300	2.400	7.000	9.000	0.000
MOEX	13.600	2.800	7.000	9.000	0.000
SP	51.500	69.800	5.000	5.000	8.667
TSX	47.900	76.700	7.000	5.000	0.667

从实际意义上看，在一个突然发生在市场中的外界的冲击下，公司的生产经营活动会被影响，因此公司的经营风险和违约风险也会随之增大，进而对公司的股价产生波动影响。在这种情况下，会导致公司的资产负债率有所提高，风险也随之增大。这个时候，银行就会因为自己的高杠杆，提高对其他公司的融资约束，从而将风险更多地传导到内外关系密切的公司中，这样就构成了一种在跨国市场间的风险传播。

6.4.3 新冠疫情时期风险溢出网络分析

2019年年末暴发的新冠疫情，作为一场典型的重大公共事件，给股票市场带来不小的影响。2020年春节过后，美元汇率从6.86元人民币/美元迅速回升至7.1元人民币/美元，超出之前因中美第一阶段经贸协议而导致的人民币升值范围。2020年3月，由于新冠疫情向世界范围内加快传播、国际原油价格暴跌等因素，国际金融市场剧烈振荡，美元指数表现强势，一些非美元货币对美元的汇率变动导致主要国家股票指数发生了显著变化。由于新冠病毒本身具有传染性和流行性，因此，一旦暴发，不仅会导致本国的金融稳定受到威胁，还会引发全球范围内资本流动逆转甚至导致金融危机发生，给世界各国造成巨大经济损失。与此同时，新冠疫情将在供给端和需求端影响实体经济，并且通过全球价值链向有着密切贸易联系的各国进行风险传导。

本节通过对新冠疫情在世界战略金属矿产股市中的冲击状况进行研究，并对这一次的危机在各国的股票市场上的传播和扩散过程进行定量分析。本节的研究成果既有助于有效地防止和抑制输入性风险对的矿物类股市造成的影响，也有助于完善重要的应对制度以及相应的风险防控措施。

6.4.3.1 新冠疫情时期风险溢出网络分析

通过Eviews软件计算出新冠疫情时期（2019—2020年）的成对溢出指数，如表6.11所示。同时，以180天（约半年）的滚动窗口生成时变总溢出指数，观察2019—2020年溢出指数的波动情况，从而研究各市场之间的时变溢出效应。具体如图6.12所示。

表6.11　新冠疫情时期成对溢出指数

股票指数	A600	ASX300	FTSE350	MOEX	SP	TSX	From
A600	85.7	0.2	0.2	1.1	2.6	10.3	14.3
ASX300	8.0	48.7	2.9	1.3	23.8	15.4	51.3
FTSE350	1.4	3.6	78.9	1.6	10.2	4.3	21.1
MOEX	2.4	0.8	1.6	84.5	6.6	4.0	15.5

续 表

股票指数	A600	ASX300	FTSE350	MOEX	SP	TSX	From
SP	2.7	10.2	6.0	4.4	59.7	17.0	40.3
TSX	8.3	1.3	2.0	2.7	18.0	67.7	32.3
To	22.8	16.0	12.8	11.0	61.2	51.1	174.8
Own	108.4	64.7	91.6	95.5	120.9	118.8	29.1%

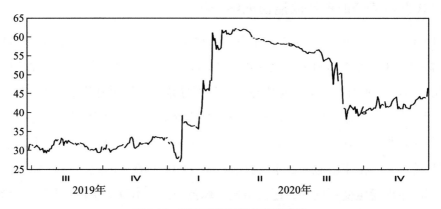

图6.12 新冠疫情时期总溢出指数

注：图中横坐标表示2019、2020年的时间区间；纵坐标表示溢出指数值。

根据对应的溢出关系，采取阈值法选取溢出值大于3以上的溢出关系确定连边、方向与强度，从而建立新冠疫情时期的风险溢出网络。对数据进行可视化分析，探究各国在新冠疫情时期的溢出网络特性和风险联动性。具体如图6.13所示。

通过对新冠疫情时期溢出网络图6.13特征分析发现，在受到新冠疫情冲击时，网络的连接数量明显增加，网络关系紧密程度提升，并且该风险溢出的网络中心仍然是美国。中国相较于上一时期的股市大震荡网络无论从关系紧密程度或者风险溢出和接受能力都是明显下降的，趋近于全时期网络里中国的网络位置。

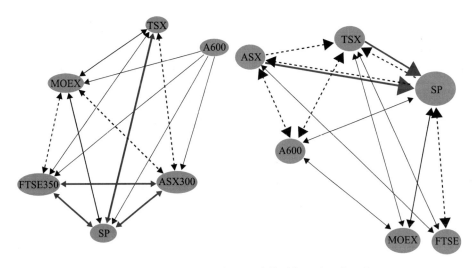

图6.13 全时段时期与新冠疫情时期风险溢出网络

注：左图为全时段时间风险溢出网络，右图为新冠疫情时期的风险溢出网络。边和边的箭头的厚度表明了节点间方向连接的强度。

这是因为中国在应对突发的新冠疫情暴发的时候，拥有相对比较充足的战略金属矿物资源，同时还采取了十分有力的传染病防治措施，新冠疫情得以快速地被控制住。另外，由于中国实行的是稳健的货币和财政政策，因此，虽然此次新冠疫情对中国的经济和金融进行了一定程度的冲击，但是冲击相对比较轻微，进而对全球战略性金属矿产股市的影响也较小。在新冠疫情的第二阶段，在各国股市和实体经济波动剧增下，由于以美国为首的其他国家，没有采取协调且有效的疫情防控政策，导致全球疫情快速蔓延，自然而然地使美国再度成为风险溢出网络的中心，并且向其关系紧密的国家传递风险。相比其他国家，中国受新冠疫情的影响，投资者情绪有所波动，再加上中国政府从货币、经济、市场等方面采取有效的抗疫政策，使中国在风险网络中接受到的风险尽可能地降到了较低程度。

6.4.3.2 新冠疫情时期的中心性分析

为观察新冠疫情时期风险传递的中心，本节通过UCINET软件进一步分析了各个市场的中心性，从表6.12中可以看出，在新冠疫情时期：①中介中心性排在第一位的还是美国，其次是加拿大和澳大利亚。其中，美国的中介中心性远超另外两个国家，成为网络绝对的中心，从而也印证了风险溢出网络中美国股价市场的核心位置。②澳大利亚市场的度中心性（出度）大于其度中心性（入度），表明该时期的澳大利亚市场，对于风险的溢出能力强于风险接受能力，即净风险溢出为正，整体还是处于一个溢出的状态。并且根据网络图6.13可以发现，主要的溢出国就是美国、加拿大以及澳大利亚。然而，美国与澳大利亚相反，虽然处于网络的中心，但总体上存在一个风险溢出的情况，也受到不小的风险传递。风险传递的主要来源是澳大利亚和加拿大。③中国在新冠疫情时期，不管是溢出还是风险溢入的能力都处于一个偏低的位置，且在中心节点的指标体现上也并不让人意外，在该时期并不是主要的风险传递途径。

表6.12　新冠疫情时期各国市场中心性

股票指数	度中心性（出度）	度中心性（入度）	接近中心性（出度）	接近中心性（入度）	中介中心性
ASX300	50.100	14.600	6.000	7.000	0.833
FTSE350	18.100	8.900	7.000	8.000	0.000
MOEX	13.800	7.100	6.000	8.000	0.500
SP	40.300	61.200	5.000	5.000	5.833
TSX	29.000	51.000	7.000	5.000	1.833
A600	12.900	21.400	5.000	6.000	0.000

从实际意义上看，受新冠疫情的影响，战略性金属矿产资源类股票市场间具有风险共振效应。该网络格局的形成，一方面，随着全球新冠疫情扩散至其他地区，一些主要经济体出现严重的经济衰退，股票市场受到巨大冲击；另一方面，新冠疫情导致全球经济确定性衰退，股票市场的动荡愈演愈烈，每个国家国内经济和对外经济都出现了滑坡。新冠疫情带来的经济、政治及信用风险方面的问题也逐渐暴露。根据中国向全球股市风险溢出情况发现，如果对这种重大突发事件能够进行有效控制，可以对国内风险传递起到一定的抑制作用。

6.5 本章小结

第一，从静态溢出指数来看，整个战略性矿产资源类股票市场总溢出指数为42.8%，可见，各国战略性金属矿产资源类股票市场之间存在较强的风险溢出效应。就溢出方向而言，中国、俄罗斯、加拿大3国的股票板块价格的净溢出效应均为负值，表明其市场为风险的净接受方，受到其他市场的溢出大于对其他市场的风险溢出传递。美国、澳大利亚、英国3国的股票板块价格的溢出效应均为正值，表明其市场为风险的净溢出方，传递风险至其他市场的溢出较大。通过进一步观察静态溢出指数发现，澳大利亚市场是最大的风险接受方，美国市场则是最大的风险传递方。值得注意的是，中国该类股价的风险溢出和风险溢入均是最低的，可能一方面由于中国金融市场的严格管控，另一方面中国出于对该类战略性资源的政策保护，该市场的影响大多还是源自自身积累。

第二，中国在股市大震荡和新冠疫情等特殊重大风险时期，对于战略性金属矿产资源类股价市场间的风险接受能力有所增强，市场内部存在比较明显的风险传递，并且不同事件冲击下风险的溢出程度和网络结构呈现差异化。在2015年股市大震荡时期，风险溢出的程度显著增加。美国和澳大利亚与全时段时期相比具有比较明显的中心化趋势。其原因一方面是中国股票市场结构较单一，一旦受到事件冲击导致股市波动，很难抵御和控制这一冲击造成的风险，进而溢出传递到关联国家市场上；另一方面是随着中国金融市场政策和组织结构的不断完善，对于风险的抑制也起到了明显的效果。在新冠疫情时期，中国股票市场的波动率也呈递增态势，且由于防疫政策的有效化，中国由风险输出方逐渐转向为风险接受方，并且美国和澳大利亚始终与中国存在较高的风险溢出效应；在新冠疫情发生后，美国、加拿大和澳大利亚与中国股票市场风险的联动性增强。

第三，通过风险溢出网络发现，美国在2015年股市大震荡和新冠疫情等特殊风险时期，为整个战略性金属矿产估价系统的风险中心，对于风险的接受和传导都具有较强的影响力。在不同时期的溢出网络中，美国市场处于网络的中心位置，并且它的接近中心性和中介中心性均排在首位，并且对各国有较强的辐射的作用。此外，仅次于美国的次中心为澳大利亚和加拿大，在金属矿产溢出网络中也处于关键地位，并从政治经济等角度影响其他重要矿产资源国家。

7 对共建"一带一路"国家锡产业链贸易格局的分析

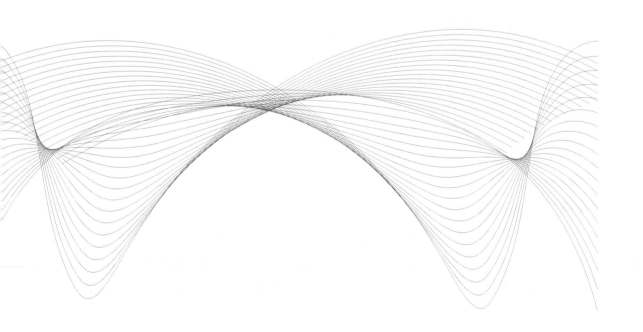

锡金属是推动国民经济发展的战略性矿产资源,"一带一路"倡议为共建"一带一路"国家锡产品贸易提供了重大机遇。由于共建"一带一路"国家锡资源分布不均衡,必然会导致国家间建立锡产品贸易往来关系,因此深入研究共建"一带一路"国家锡产业链贸易格局具有一定的启发意义。

7.1 导论

本章基于2013—2021年共建"一带一路"国家锡产业链上关键产品的贸易数据,采用复杂网络理论方法构建"一带一路"锡产业链贸易网络模型,并用Gephi软件制作"一带一路"锡产业链贸易网络,对其贸易特征进行分析。首先,选取网络密度、聚类系数和平均路径长度指标分析网络整体特征及演变规律,选取度、加权度和中心性指标对个体网络特征及演变规律进行探究。其次,通过社区探测算法对共建"一带一路"国家锡产业链贸易网络进行社团划分,并对社团内部特征及演化规律进行分析。最后,从经济、地理、文化、科技和制度5个维度出发,运用QAP分析法探究2013—2021年共建"一带一路"国家锡产业链贸易格局特征演化规律的影响因素。

7.2 现有研究回顾

7.2.1 关于锡产品国际贸易的研究回顾

7.2.1.1 供需关系

李啸(2014)通过研究发现,全球锡资源相对稀缺,全球锡的静态寿命大约为20年。随着对锡资源需求的逐渐增加,中国锡资源对外依存度也在增加,国内锡资源安全受到严重威胁。张锋(2019)从全球供需角度研究出发,发现未来锡供应有逐年下降的风险,而对锡资源的需求受新能源驱动,在未来5～10年将保持稳定增长。但随着矿山品位的下降,主要资源国的勘测速度跟不上消耗速度,中国未来锡供应将受到限制。曾涛等(2019)分析发现,共建"一带一路"国家锡资源丰富,供应了世界上大约80%的锡资源,是全球锡矿和精炼锡的生产中心,能够满足未来10年整个地区的锡需求。但中国锡资源供给小于需求,锡资源的保障形势较为严峻。梁飞等(2018)分析发现,中国锡储率不足,锡资源产量不能满足国内需求,30%以上的锡原料依赖进口。其中，对缅甸的依赖程度很高，但缅甸的储量和品质快速下降。与此同时，世界主要锡原料生产国的生产无法继续，未来全球锡矿供应面临危机。邢万里等（2016）对全球锡矿资源供需现状进行分析，发现中国锡资源在近几年消耗迅速，国内锡资源不再占有优势，需大量进口锡矿及精炼锡才能满足本国的需求。因此，中国要注重锡资源安全保障，通过产业升级，提高国内锡资源的深加工能力，以适应今后国内战略性新兴产业的发展需要。

7.2.1.2 贸易价格

肖序等（2013）基于2008—2012年国内外的锡价波动数据，对影响中国锡价波动的因素进行分析，发现决定中国锡价走势的内在因素是市场供求关系，影响锡价波动的直接因素是国家经济政策，推动锡价波动的重要因素是整体宏观经济。陈丛林和张伟（2021）分析发现，受产量、生产成本、库存和需求的影响，锡价波动性很大，全球锡价波动性在20世纪稳步上升，但目前处于一个相对较低的价格区间；随着缅甸、马来西亚、印度尼西亚等主要产锡国锡矿储量不断下降，开采成本和开采深度不断增加，以及对锡的需求逐步增加，未来锡的供需矛盾将逐步显现，锡价格将持续上涨。况秋华等（2021）利用MSVAR模型分析了影响国际锡期货价格波动的因素，发现在供求关系方面，锡期货库存与价格呈负相关：当锡库存增加时，价格下降；反之，价格上升。在锡生产的衰退和繁荣时期，中国对期锡价格波动有很大影响，说明中国在期锡价格波动中起着非常重要的作用。顾国增和刘金钠（2022）基于2019年全球锡产品贸易数据构建复杂网络，通过计算度、加权度和中心性等指标，发现在锡产品的国际贸易中，大多数国家之间的贸易集中在中下游，而在上游产品的贸易中只有少部分国家参与。

7.2.2 关于共建"一带一路"国家贸易格局的研究回顾

21世纪以来，发达国家经济贸易增长率逐渐趋于平稳，发展中国家的经济贸易额则大幅增长，特别是随着以中国为代表的新兴经济体的逐步崛起，国际经济体系逐渐由"西强东弱"转变为"东升西降"。这为中国贸易格局的优化和对外贸易合作创造了非常有利的环境。在"一带一路"项目作为区域贸易合作的典型代表被提出后，许多学者开始研究这一倡议对区域乃至全球经济的作用和影响，分析共建"一带一路"国家贸易结构的演变和影响因素已经成为当今的一个热门话题。

学者们主要使用社会网络分析法和复杂网络分析法探讨"一带一路"共建贸易格局的拓扑结构与演化规律。就整体贸易格局而言，邹嘉龄和刘卫东（2016）、侯雯瑜

（2018）分别构建了"一带一路"贸易网络模型。经研究发现，参与贸易的主要国家数量逐渐增加，网络密度不断提高，但各个国家之间的贸易联系相对稀疏，"模块化"特征较为突出，中国的核心地位日益增强。宋周莺等（2017）对全球贸易网络格局与"一带一路"贸易网络格局的拓扑结构进行对比分析，经研究发现，在这两个贸易网络中，俄罗斯、中国、印度等国家扮演重要的角色。其中，中国的核心地位较为明显，而一些中东欧和东南亚国家在"一带一路"贸易网络中的贸易联系相对薄弱。杨文龙等（2018）利用复杂网络方法，分析了共建"一带一路"国家的贸易网络结构，发现该网络具有"无标度""小世界""核心—边缘"等特征。段德忠等（2019）基于2001—2015年知识产权贸易数据，构建了"一带一路"技术贸易网络模型，从技术销售和技术供给两个方面对其贸易格局的演变进行分析。赵亚博等（2020）对中国与中亚地区的商品贸易格局进行研究，发现中国与中亚地区的贸易合作整体上保持上升趋势，且中国总体保持贸易顺差。

7.3 共建"一带一路"国家锡产业链国际贸易复杂网络的建模分析

7.3.1 数据来源和网络模型构建

7.3.1.1 数据来源说明

顾国和刘金钠（2022）对锡产品的上、中、下游进行了划分。其中，上游产品有锡矿砂及其精矿，中游产品有未锻轧非合金锡和未锻轧合金锡，下游产品有锡及锡合金条、杆、型材、丝和工业用锡制品。本章进行实证分析的数据源于UN Comtrade，并以2013—2021年的数据为研究基础，选择锡矿砂及其精矿、未锻轧非合金锡和工业用锡制品作为锡产业链上、中、下游的研究对象。它们的HS编码分别为260900、800110和800700。

共建"一带一路"国家空间范围较广，横跨亚欧非大陆，是一个开放包容的国际区域经济合作网络，目前没有比较精确的空间界定。本章参考《2018年"一带一路"贸易合作大数据报告》，选取中国和共建"一带一路"65个国家作为本章的研究对象，如表7.1所示。

表7.1 共建"一带一路"国家

板块	国家
中亚5国	塔吉克斯坦、哈萨克斯坦、土库曼斯坦、吉尔吉斯斯坦、乌兹别克斯坦
东亚2国	蒙古、中国
东南亚10国	老挝、新加坡、柬埔寨、马来西亚、印度尼西亚、缅甸、菲律宾、越南、泰国、文莱
南亚8国	印度、斯里兰卡、孟加拉国、不丹、马尔代夫、巴基斯坦、尼泊尔、阿富汗
中东欧21国	波兰、马其顿、波黑、捷克、乌克兰、匈牙利、拉脱维亚、塞尔维亚、斯洛文尼亚、黑山、克罗地亚、罗马尼亚、白俄罗斯、俄罗斯、爱沙尼亚、摩尔多瓦、保加利亚、阿尔巴尼亚、立陶宛、斯洛伐克、希腊
西亚北非19国	伊朗、以色列、格鲁吉亚、叙利亚、约旦、黎巴嫩、塞浦路斯、阿联酋、沙特阿拉伯、卡塔尔、阿塞拜疆、土耳其、巴林、亚美尼亚、也门、科威特、阿曼、巴勒斯坦、伊拉克

7.3.1.2 网络模型构建

本章以国家为节点，国家之间的贸易关系为边，锡产品的流动方向为边的方向，贸易额为权重，锡产品的流出对应为出口，流入为进口，分别构建共建"一带一路"国家锡矿砂及其精矿、未锻轧非合金锡和工业用锡制品国际贸易关系的加权有向复杂网络模型。

在加权有向复杂网络中，对锡产品的贸易额赋予权重w。加权有向国际贸易网络同样以邻接方阵表示，若t年第i国向第j国出口锡产品，则邻接方阵中$w_{ij}(t)=1$，建立一条从节点i到节点j有权重的边；若t年第i国与第j国没有建立锡产品的贸易往来关系，则邻接方阵中$w_{ij}(t)=0$，在复杂网络中节点i到节点j没有边的存在。

再利用UCINET和Gephi软件刻画出2013—2021年锡产品贸易网络，并根据网络结构分析内在特征和共建"一带一路"国家锡产业链贸易格局的演变规律。

7.3.2 共建"一带一路"国家锡产品国际贸易复杂网络指标分析

7.3.2.1 复杂网络结构分析

利用Gephi软件构建2013—2021年共建"一带一路"国家锡矿砂及其精矿、未锻轧非合金锡和工业用锡制品的国际贸易加权有向贸易网络。在网络中，节点的大小代表该国与其他国家贸易关系数量的多寡，即度数。边的粗细程度代表贸易额的权重，边越粗，则该条边的贸易额权重越大。选取2013年和2021年共建"一带一路"国家锡产业链上、中、下游的锡矿砂及其精矿、未锻轧非合金锡和工业用锡制品进行分析。

根据图7.1，可以直观地看出，参与锡矿砂及其精矿贸易国家的数量较少，且由于国家间不同因素的影响，各国对锡矿砂及其精矿的贸易存在差异。总体上看，共建"一带一路"国家锡矿砂及其精矿的贸易以一些资源禀赋型国家为主。2013年，参与共建"一带一路"国家锡矿砂及其精矿贸易的主要国家有马来西亚、新加坡、中国、泰国、缅甸等。这些国家在贸易网络中处于重要位置，而其他国家的贸易量则相对较少。2021年，"一带一路"锡矿砂及其精矿贸易的主要参与国与2013年基本相同。因此，9年来，参与"一带一路"锡矿砂及其精矿贸易的国家总体波动较小。

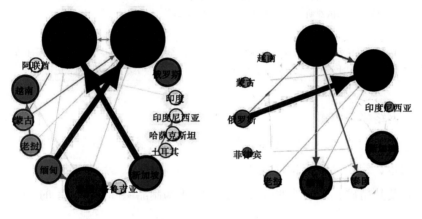

图7.1　2013年和2021年共建"一带一路"国家锡矿砂及其精矿贸易网络结构

数据来源：根据UN Comtrade整理所得。

全球锡资源分布不均衡，共建"一带一路"国家锡资源丰富，具有绝对优势，供应了全球80%以上的锡矿产量。根据标普市场信息，近年来，全球锡资源的勘探活动主要集中在刚果、摩洛哥、澳大利亚等国家，开建了多个锡矿山项目。即使共建"一带一路"国家新建项目较少，但是由于共建"一带一路"国家锡矿产量基数较大，从短期上看，其他国家锡矿产量的增加，对共建"一带一路"国家产量占全球锡矿产量的比重影响较小，未来共建"一带一路"国家仍然是全球锡储量的重要来源地。

根据图7.2，在未锻轧非合金锡贸易网络中，更多的国家参与了贸易。尽管参与贸易的国家多元化，但贸易主体仍然是一些资源禀赋型国家。2013年，参与"一带一路"未锻轧非合金锡贸易的主要国家有新加坡、印度尼西亚、马来西亚、泰国、中国、越南、俄罗斯、印度、波兰等。这些国家与"一带一路"沿线中很多国家存在贸易关系，在贸易网络中起重要作用。2021年，参与贸易的主要国家与2013年相差不大，且印度尼西亚一直是新加坡进口未锻轧非合金锡的主要来源地。

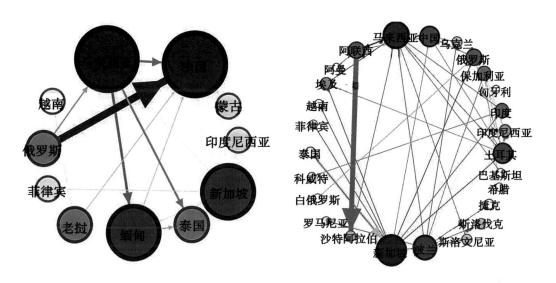

图7.2 2013年和2021年共建"一带一路"国家未锻轧非合金锡贸易网络结构

数据来源：根据UN Comtrade整理所得。

从图7.3可以看出，在"一带一路"工业用锡制品贸易网络中，与锡矿砂及其精矿和未锻轧非合金锡相比，工业用锡制品已经是较成熟的产品，因此，参与贸易的国家更多，国家间的贸易关系也更为复杂。2013年，参与"一带一路"工业用锡制品贸易的主要国家有中国、泰国、新加坡、印度、马来西亚、阿联酋、阿曼、波兰、俄罗斯等。2021年，"一带一路"工业用锡制品贸易的主要参与国与2013年类似。其中，中国一直以来都是"一带一路"沿线中贸易关系最多的国家。同时，锡产业链上

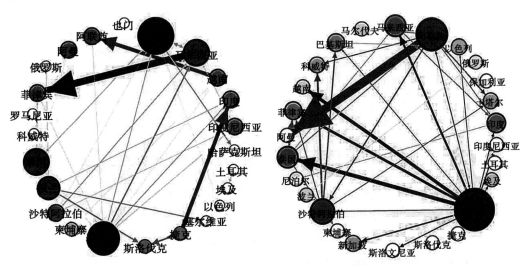

图7.3 2013年和2021年共建"一带一路"国家工业用锡制品贸易网络结构

数据来源：根据UN Comtrade整理所得。

游和中游的主要参与国在下游贸易网络中也同样处于重要的位置。

7.3.2.2 网络密度分析

在复杂网络中，网络密度用于衡量网络中各个节点间相互联系的紧密程度。具体而言，网络密度表示网络中有多少节点之间存在连接。贸易网络密度的取值范围为0～1。其中，0表示没有任何节点之间存在连接；1表示所有节点之间都存在连接。因此，贸易网络密度越高，说明节点之间的相互联系越紧密，节点之间进行贸易往来的频率越高。在一个有 N 个节点和 L 条边的贸易网络中，其网络密度的计算如式（7.1）。

$$G = \frac{2L}{N(N-1)} \tag{7.1}$$

图7.4呈现的是2013—2021年共建"一带一路"国家锡产业链上、中、下游3种产品贸易网络密度的变化情况。其中，上游锡矿砂及其精矿的网络密度波动较大。2013—2017年，锡矿砂及其精矿出现了大幅下降。原因是在这几年中，中国和印度尼西亚两大锡精矿产区由于政策性供给收缩以及锡资源品质下降而出现减产，导致共建"一带一路"国家对锡矿砂及其精矿贸易的下降。2018年，中国锡矿产量有所上升，带动了共建"一带一路"国家锡矿砂及其精矿的贸易；2020年，由于疫情暴发，锡矿砂及其精矿的贸易网络密度又一次大幅下降。中游未锻轧非合金锡和下游工业用锡制品的网络密度趋于平稳，且两者不相上下，基本在0.06上下波动，说明各国贸易关系较为密集，国家之间联系比较紧密，形成了一定的集聚效应。

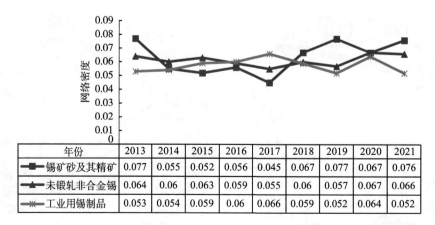

年份	2013	2014	2015	2016	2017	2018	2019	2020	2021
锡矿砂及其精矿	0.077	0.055	0.052	0.056	0.045	0.067	0.077	0.067	0.076
未锻轧非合金锡	0.064	0.06	0.063	0.059	0.055	0.06	0.057	0.067	0.066
工业用锡制品	0.053	0.054	0.059	0.06	0.066	0.059	0.052	0.064	0.052

图7.4 2013—2021年共建"一带一路"国家锡产业链产品贸易网络密度

数据来源：根据UN Comtrade整理所得。

7.3.2.3 平均聚类系数分析

聚类系数是指节点与网络邻节点之间联系的紧密程度。若网络中某个节点与其邻节点之间的联系越紧密，则该点聚类系数越大；反之，相反。平均聚类系数是指网络中所有节点聚类系数的平均值，是用来衡量整体网络聚集程度的指标。平均聚类系数的取值范围为0～1。若一个网络的聚集程度越高，则该网络的平均聚类系数越接近1；若一个网络的聚集程度越低，则该网络的平均聚类系数越接近0。其计算公式为

$$C=\frac{1}{n}\sum\frac{n}{k_i(k_i-1)} \tag{7.2}$$

式中，n为节点i的各邻点之间边的数量；

k_i为节点i的度值。

如图7.5所示，总体上看，锡矿砂及其精矿的平均聚类系数最低，在0.05～0.15之间上下波动，说明"一带一路"锡矿砂及其精矿贸易网络的结构较为松散，没有形成一定的聚集成团效应；中游未锻轧非合金锡平均聚类系数介于上游和下游产品之间，平均聚类系数在0.28～0.35之间波动，总体上趋于平稳；工业用锡制品的平均聚类系数最高且整体上呈现不断上升的趋势，由2013年的0.314上升至2021年的0.502，形成了一定的聚集效应。

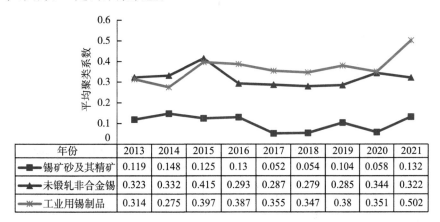

年份	2013	2014	2015	2016	2017	2018	2019	2020	2021
锡矿砂及其精矿	0.119	0.148	0.125	0.13	0.052	0.054	0.104	0.058	0.132
未锻轧非合金锡	0.323	0.332	0.415	0.293	0.287	0.279	0.285	0.344	0.322
工业用锡制品	0.314	0.275	0.397	0.387	0.355	0.347	0.38	0.351	0.502

图7.5　2013—2021年共建"一带一路"国家锡产业链产品平均聚类系数

数据来源：根据UN Comtrade整理所得。

7.3.2.4 平均路径长度分析

平均路径长度是指网络中任意两个节点之间路径的平均值，用L表示。将其运用到贸易网络中，平均路径长度是指贸易网络中所有相连的国家之间最短路径的平均数，是衡量国家之间贸易传输效率的重要指标。平均路径长度与贸易传输效率呈负

相关，平均路径越长，则贸易节点之间的传输效率越低；反之，则越高。其计算为式
（7.3）。

$$L=\frac{1}{n(n-1)}\sum_i^j d_{ij} \qquad （7.3）$$

式中，n 为网络节点数；

d_{ij} 为节点 i 和节点 j 之间的最短路径。

一般情况下，在贸易网络中，若平均路径长度低于2，说明该网络的贸易传输效率较高，高于3则表明该贸易网络的传输效率较低。根据图7.6，2013—2016年锡矿砂及其精矿的平均路径长度最小且均低于2，说明锡矿砂及其精矿的贸易网络传输效率最高。共建"一带一路"国家在进行锡矿砂及其精矿贸易时，每次贸易经过的国家数在两个以下。工业用锡制品的平均路径长度次之，其数值在2.5上下波动，说明在进行工业用锡制品贸易时，每次贸易要经过2.5个国家。未锻轧非合金锡的平均路径长度在3上下波动。其中，2013年、2016年和2017年超过了3，说明未锻轧非合金锡的贸易传输效率总体上最低。从整体上看，2013—2021年锡产业链上3种产品的平均路径长度均呈下降趋势，表明锡产业链的贸易传输效率不断提高，国家之间的贸易合作关系在逐渐增强。

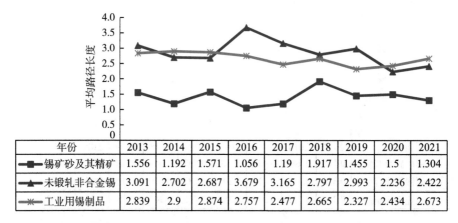

年份	2013	2014	2015	2016	2017	2018	2019	2020	2021
锡矿砂及其精矿	1.556	1.192	1.571	1.056	1.19	1.917	1.455	1.5	1.304
未锻轧非合金锡	3.091	2.702	2.687	3.679	3.165	2.797	2.993	2.236	2.422
工业用锡制品	2.839	2.9	2.874	2.757	2.477	2.665	2.327	2.434	2.673

图7.6　2013—2021年共建"一带一路"国家锡产业链产品平均路径长度

数据来源：根据UN Comtrade整理所得。

7.3.3 共建"一带一路"国家锡产业链个体贸易网络特征演变分析

为了更全面地了解国家之间的贸易关系，本章不仅对贸易网络的整体特征进行分析，还对网络的个体特征进行分析。本章选用了度和中心性指标分析共建"一带一路"国家锡产业链个体贸易的特征演变规律。

7.3.3.1 度指标分析

在国际贸易复杂网络中，节点度值指的是在第t年与节点i有直接进出口贸易的国家数量。度值反映的是某一国家国际贸易网络关系的数目，从而反映该国国际贸易的活跃程度。若某一国的贸易网络关系越多，则该节点的度值越大；反之，则该节点的度值越小。度有出度和入度之分，节点i的出度表示第i个国家对其他国家出口产品的国家数量，节点i的入度表示第i个国家自其他国家进口产品的国家数量。

出度计算为式（7.4）。

$$k_i^{out}=\sum_{j=1}^n a_{ij} \tag{7.4}$$

入度计算为式（7.5）。

$$k_i^{in}=\sum_{j=1}^n a_{ji} \tag{7.5}$$

式（7.4）和式（7.5）中，n为参与锡产品贸易国总数；

a_{ij}和a_{ji}为国际贸易无权网络矩阵中的数值。当存在国际贸易关系时，数值为1；不存在贸易关系时，数值为0。

本节选取2013—2021年共建"一带一路"国家锡产业链3种产品贸易网络中点出度和点入度排名前五位的国家，以此来分析锡产业链中各节点贸易的活跃程度。

表7.2 共建"一带一路"国家锡矿砂及其精矿贸易网络点入度和点出度

年份	锡矿砂及其精矿入度前五位					锡矿砂及其精矿出度前五位				
	1	2	3	4	5	1	2	3	4	5
2013	中国	马来西亚	越南	泰国	阿联酋	泰国	新加坡	缅甸	马来西亚	俄罗斯
2014	中国	马来西亚	越南	新加坡	哈萨克斯坦	新加坡	缅甸	泰国	马来西亚	蒙古
2015	马来西亚	中国	越南	新加坡	泰国	新加坡	缅甸	泰国	马来西亚	老挝
2016	中国	马来西亚	泰国	印度	波兰	缅甸	新加坡	蒙古	阿曼	俄罗斯
2017	中国	马来西亚	泰国	阿联酋	俄罗斯	缅甸	新加坡	俄罗斯	马来西亚	泰国
2018	马来西亚	中国	泰国	俄罗斯	新加坡	俄罗斯	新加坡	缅甸	马来西亚	泰国
2019	中国	马来西亚	越南	泰国	菲律宾	新加坡	马来西亚	缅甸	俄罗斯	泰国
2020	中国	马来西亚	印度尼西亚	波兰	新加坡	新加坡	缅甸	马来西亚	老挝	俄罗斯
2021	中国	马来西亚	缅甸	泰国	越南	新加坡	马来西亚	缅甸	老挝	俄罗斯

数据来源：根据UN Comtrade整理所得。

根据表7.2，2013—2021年，在锡矿砂及其精矿的入度国家中，中国、马来西亚、泰国、越南和新加坡在贸易网络中起到重要作用。其中，中国和马来西亚处于主导地位。在锡矿砂及其精矿的出度表中，9年来，锡矿砂及其精矿点出度排名前五位的国家比较稳定，大多数只是排名的位置发生细微变动，泰国、新加坡、缅甸、马来西亚和俄罗斯点出度一直位于前列。说明这5个国家在锡矿砂及其精矿的出口贸易网络中占据重要地位，在锡矿砂及其精矿出口中扮演着关键性的角色。其中，新加坡的点出度一直稳居前两名，表明新加坡在锡矿砂及其精矿贸易网络中非常活跃，与共建"一带一路"国家在锡矿砂及其精矿贸易方面存在非常密切的联系。从锡矿砂及其精矿的出入度表中，出口最大国和进口最大国基本稳定，相较于出口国，进口国更加多元化。

根据表7.3，2017年之前，在未锻轧非合金锡入度前五位的国家中，中国和新加坡占据了重要地位，是进口范围最广的国家；其次是印度、俄罗斯和马来西亚。2017年之后，越南和土耳其反超其位，成为最大的入度国。直至2021年，波兰位居榜首。未锻轧非合金锡出度较大的国家比较集中。除2017年外，马来西亚、新加坡和波兰一直稳居前三位，只是位置顺序有微小变化，具有出口多元化的渠道。其次是泰国和俄罗斯在出口贸易中也占据重要的位置。不难发现，新加坡和马来西亚不仅是出口大国，同时在入度方面也发挥重要的作用，说明两国的进出口能力是接近的。但在2021年，波兰成为最大的进出口国，在未锻轧非合金锡贸易网络中处于核心地位。

表7.3 共建"一带一路"国家未锻轧非合金锡贸易网络点入度和点出度

年份	未锻轧非合金锡入度前五位					未锻轧非合金锡出度前五位				
	1	2	3	4	5	1	2	3	4	5
2013	中国	新加坡	俄罗斯	泰国	印度	马来西亚	新加坡	波兰	泰国	俄罗斯
2014	新加坡	印度	俄罗斯	马来西亚	波兰	新加坡	波兰	马来西亚	泰国	俄罗斯
2015	新加坡	伊朗	印度	马来西亚	土耳其	新加坡	马来西亚	波兰	泰国	捷克
2016	中国	俄罗斯	印度	新加坡	越南	新加坡	波兰	马来西亚	泰国	俄罗斯
2017	越南	伊朗	阿联酋	马来西亚	俄罗斯	波兰	新加坡	泰国	马来西亚	印度尼西亚
2018	土耳其	塞尔维亚	保加利亚	罗马尼亚	伊朗	马来西亚	新加坡	波兰	俄罗斯	印度尼西亚
2019	越南	土耳其	罗马尼亚	中国	菲律宾	马来西亚	波兰	新加坡	印度	泰国
2020	土耳其	马来西亚	罗马尼亚	中国	越南	波兰	马来西亚	新加坡	中国	俄罗斯
2021	波兰	土耳其	马来西亚	越南	保加利亚	波兰	新加坡	马来西亚	中国	印度尼西亚

数据来源：根据UN Comtrade整理所得。

根据表7.4，在工业用锡制品方面，阿联酋是最大的入度国家，进口范围广泛；其次为沙特阿拉伯和中国。与入度国家相比，工业用锡制品出度前五位的国家较为稳定，基本没有发生过变化；中国、泰国、马来西亚、阿联酋和沙特阿拉伯一直处于前列，是出口范围最广泛的国家，也说明工业用锡制品的出口贸易网络较为稳定。

表7.4　共建"一带一路"国家工业用锡制品贸易网络点入度和点出度

年份	工业用锡制品入度前五位					工业用锡制品出度前五位				
	1	2	3	4	5	1	2	3	4	5
2013	阿联酋	印度	中国	印度尼西亚	菲律宾	中国	泰国	马来西亚	沙特阿拉伯	新加坡
2014	印度	马来西亚	阿联酋	沙特阿拉伯	新加坡	中国	马来西亚	泰国	阿联酋	沙特阿拉伯
2015	阿联酋	沙特阿拉伯	印度	马来西亚	新加坡	中国	泰国	马来西亚	沙特阿拉伯	阿联酋
2016	阿联酋	沙特阿拉伯	印度	马来西亚	阿曼	中国	泰国	阿联酋	新加坡	马来西亚
2017	中国	卡塔尔	阿联酋	马来西亚	沙特阿拉伯	中国	泰国	沙特阿拉伯	马来西亚	新加坡
2018	阿联酋	中国	阿曼	印度	印度尼西亚	中国	沙特阿拉伯	泰国	阿联酋	马来西亚
2019	阿联酋	沙特阿拉伯	中国	匈牙利	印度	中国	阿联酋	马来西亚	泰国	新加坡
2020	沙特阿拉伯	阿联酋	菲律宾	中国	巴林	中国	阿联酋	马来西亚	印度	新加坡
2021	阿联酋	中国	印度	菲律宾	卡塔尔	中国	沙特阿拉伯	阿联酋	马来西亚	泰国

数据来源：根据UN Comtrade整理所得。

7.3.3.2 加权度指标分析

在个体网中，加权度是指与某一节点相连边的所有权重之和，就国际贸易网络而言，加权度是指与某一特定国家贸易额的总和。通过计算各节点的加权度，可以确定各个节点对整个网络的影响大小。如果某一节点的加权度越高，则说明这个国家在国际贸易中的额度越大，该国在国际贸易网络中处于较高地位。

出口加权度的计算为式（7.6）。

$$W_i^{out} = \sum_{j=1}^{n} w_{ij} \tag{7.6}$$

进口加权度的计算为式（7.7）。

$$W_i^{in}=\sum_{j=1}^{n} w_{ji} \tag{7.7}$$

给贸易网络赋予边的权重之后，可以发现网络中贸易额权重大、占据重要地位的国家。根据表7.5，在共建"一带一路"国家锡矿砂及其精矿贸易中，中国、马来西亚、泰国和印度尼西亚是主要进口国，且进口需求较为稳定，用于满足国内对锡矿产业加工的贸易需求。缅甸是中国锡矿砂及其精矿的主要进口来源地，其中，2021年从缅甸进口锡矿砂及其精矿的数量达14.71万吨，占进口总量的79.9%；进口额为7.61亿美元，占进口总额的57.3%[①]。

从出口方面上看，缅甸、新加坡和蒙古是锡矿砂及其精矿的主要出口国。佤邦曼象矿区是缅甸锡矿的主要来源地，供应占比95%左右。该矿区为高品质、低成本矿区，自开发以后，缅甸锡矿供给量迅速上升，成为锡矿供给大国。同时，俄罗斯凭借自身丰富的锡矿资源，成为共建"一带一路"国家重要的锡矿出口地。

表7.5 共建"一带一路"国家锡矿砂及其精矿贸易网络加权入度和加权出度

年份	锡矿砂及其精矿加权入度前五位					锡矿砂及其精矿加权出度前五位				
	1	2	3	4	5	1	2	3	4	5
2013	中国	马来西亚	泰国	越南	印度尼西亚	缅甸	新加坡	蒙古	老挝	中国
2014	马来西亚	中国	立陶宛	泰国	印度尼西亚	新加坡	缅甸	拉脱维亚	蒙古	泰国
2015	马来西亚	中国	泰国	新加坡	印度尼西亚	新加坡	缅甸	俄罗斯	泰国	老挝
2016	马来西亚	中国	泰国	印度尼西亚	越南	新加坡	俄罗斯	缅甸	蒙古	老挝
2017	马来西亚	中国	泰国	印度尼西亚	俄罗斯	俄罗斯	缅甸	新加坡	马来西亚	老挝
2018	中国	马来西亚	泰国	印度尼西亚	菲律宾	俄罗斯	缅甸	老挝	新加坡	蒙古
2019	马来西亚	中国	泰国	越南	菲律宾	俄罗斯	缅甸	老挝	新加坡	马来西亚
2020	中国	马来西亚	泰国	菲律宾	印度尼西亚	俄罗斯	缅甸	新加坡	马来西亚	老挝
2021	中国	泰国	缅甸	马来西亚	菲律宾	俄罗斯	马来西亚	缅甸	老挝	新加坡

数据来源：根据UN Comtrade整理所得。

[①]数据来源：2021年全球及中国锡行业供需情况分析. https://www.sohu.com/a/548552018_120961824，2023年1月25日。

根据表7.6，在未锻轧非合金锡进口贸易网络中，新加坡、印度、马来西亚、中国和泰国位于加权入度前列，说明这些国家对未锻轧非合金锡的消费或需求较大，因此贸易进口额较大。其中，2020年中国反超其他国家，加权入度位于第一，说明中国对未锻轧非合金锡的需求量不断上升。在未锻轧非合金锡的出口贸易网络中，印度尼西亚、马来西亚、印度和新加坡位于加权出度前列，说明这些国家在未锻轧非合金锡的贸易中具有较大的出口额。这些国家不仅拥有较为丰富的资源，加工技术水平也高。其中，印度尼西亚一直以来稳居第一，说明它对"一带一路"未锻轧非合金锡的贸易活动具有较大的贡献和影响力。

表7.6 共建"一带一路"国家未锻轧非合金锡贸易网络加权入度和加权出度

年份	未锻轧非合金锡加权入度前五位					未锻轧非合金锡加权出度前五位				
	1	2	3	4	5	1	2	3	4	5
2013	新加坡	马来西亚	印度	泰国	中国	印度尼西亚	马来西亚	新加坡	印度	捷克
2014	新加坡	印度	泰国	马来西亚	中国	印度尼西亚	马来西亚	新加坡	印度	捷克
2015	新加坡	印度	马来西亚	泰国	印度尼西亚	印度尼西亚	马来西亚	新加坡	印度	越南
2016	新加坡	印度	泰国	中国	马来西亚	印度尼西亚	新加坡	马来西亚	印度	越南
2017	新加坡	印度	泰国	马来西亚	土耳其	印度尼西亚	马来西亚	新加坡	老挝	土耳其
2018	新加坡	印度	马来西亚	爱沙尼亚	中国	印度尼西亚	新加坡	马来西亚	俄罗斯	中国
2019	新加坡	印度	中国	马来西亚	泰国	印度尼西亚	马来西亚	新加坡	俄罗斯	波兰
2020	中国	新加坡	印度	土耳其	马来西亚	印度尼西亚	新加坡	马来西亚	波兰	中国
2021	新加坡	印度	中国	马来西亚	土耳其	印度尼西亚	新加坡	中国	马来西亚	波兰

数据来源：根据UN Comtrade整理所得。

根据表7.7，与锡产业链上、中游产品相比，下游工业用锡制品的加权出入度较为分散。2016年以前，菲律宾、新加坡和马来西亚是工业用锡制品的主要进口国；2016—2019年印度加权入度一直位于榜首；2020—2021年阿曼反超印度，成为"一带一路"工业用锡制品的最大进口国。在加权出度方面，中国、印度尼西亚、阿联酋、沙特阿拉伯和马来西亚是"一带一路"工业用锡制品的主要出口国，具有较为活跃的工业用锡制品出口贸易活动，在"一带一路"工业用锡制品的出口贸易格局中占主要地位。

表7.7　共建"一带一路"国家工业用锡制品贸易网络加权入度和加权出度

年份	工业用锡制品加权入度前五位					工业用锡制品加权出度前五位				
	1	2	3	4	5	1	2	3	4	5
2013	菲律宾	新加坡	泰国	马来西亚	越南	中国	印度尼西亚	新加坡	马来西亚	沙特阿拉伯
2014	马来西亚	新加坡	菲律宾	印度	立陶宛	印度尼西亚	中国	马来西亚	新加坡	沙特阿拉伯
2015	新加坡	马来西亚	中国	泰国	波兰	印度尼西亚	新加坡	中国	马来西亚	捷克
2016	印度	阿联酋	马来西亚	印度尼西亚	新加坡	马来西亚	中国	新加坡	沙特阿拉伯	泰国
2017	印度	巴基斯坦	马来西亚	新加坡	泰国	中国	马来西亚	沙特阿拉伯	阿联酋	新加坡
2018	印度	巴基斯坦	菲律宾	马来西亚	沙特阿拉伯	阿联酋	中国	沙特阿拉伯	马来西亚	泰国
2019	印度	马来西亚	沙特阿拉伯	新加坡	也门	阿联酋	中国	马来西亚	新加坡	泰国
2020	阿曼	菲律宾	马来西亚	巴基斯坦	越南	中国	阿联酋	沙特阿拉伯	马来西亚	新加坡
2021	阿曼	菲律宾	泰国	马来西亚	越南	中国	阿联酋	沙特阿拉伯	泰国	马来西亚

数据来源：根据UN Comtrade整理所得。

7.3.3.3 节点的中心性

节点中心性是一种重要的网络结构指标，在网络中反映的是节点的权利地位，对信息传播的控制程度。本节采用常用的度中心性、中介中心性和接近中心性来分析"一带一路"锡产业链贸易格局演化的个体结构特征。

（1）度中心性。在网络分析中，度中心性是衡量节点重要程度的指标，节点度中心性越高，说明该节点在网络中越重要。度中心性可分为出度和入度。度中心性的计算为式（7.8）。

$$DC_i = \frac{K_i}{N-1} \qquad (7.8)$$

式中，K_i 为与节点 i 有相连边的数量；

$N-1$ 为与节点 i 都相连边的数量。

由于度中心性指标与节点度指标一样，上文已经分析，因此这里就不再赘述。

（2）接近中心性。接近中心性是指一个节点到其他节点的最短路径的平均长度。运用于国际贸易网络中，接近中心性常常用来衡量国家之间贸易近邻性程度的指标。对于一个贸易经济体，它距离网络中其他经济体越近，则接近中心性越高。接近中心性的计算为式（7.9）。

$$CC_i = \frac{N-1}{\sum_{j=1}^{N} d_{ij}} \qquad (7.9)$$

式中，d_{ij} 为节点 i 到其余各节点的平均距离，平均距离的倒数即为接近中心性。

运用Gephi软件将计算出的接近中心性指标进行归一化处理，选取2013—2021年锡产业链产品接近中心性整体排名前五位的国家进行分析。

根据图7.7，在锡矿砂及其精矿的贸易方面，除2013年外，阿联酋的接近中心性一直远高于其他国家，始终位于第一，具有绝对领先优势，说明阿联酋与"一带一路"其他国家间的贸易路径较短或者具有直接的贸易联系，在共建"一带一路"国家锡矿砂及其精矿的贸易格局中处于核心地位；中国、马来西亚、缅甸和新加坡4国的接近中心性呈下降趋势，说明这些国家在共建"一带一路"国家锡矿砂及其精矿贸易网络中的影响力逐渐降低。

如图7.8所示，在未锻轧非合金锡的贸易网络中，新加坡、波兰、俄罗斯、马来西亚和泰国占有重要份额，逐渐成为贸易中心国家；同时，在这9年间，这些国家的接近中心性基本保持稳定且差值较小，说明这些国家在共建"一带一路"国家贸易网络中具备相同的重要程度。

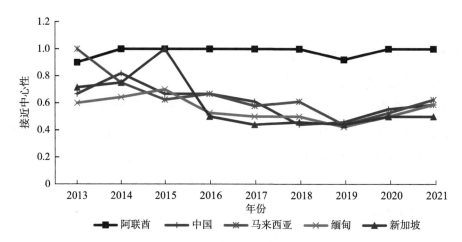

图7.7 2013—2021年"一带一路"主要国家锡矿砂及其精矿接近中心性

数据来源：根据UN Comtrade整理所得。

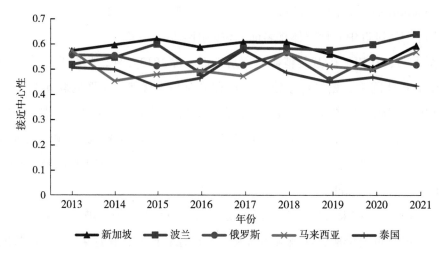

图7.8 2013—2021年"一带一路"主要国家未锻轧非合金锡接近中心性

数据来源：根据UN Comtrade整理所得。

根据图7.9，在共建"一带一路"国家工业用锡制品贸易中，中国、阿联酋、泰国、马来西亚和新加坡在贸易中占据了重要份额。其中，除2017年外，由于政策的调整，中国下游需求持续低迷，导致接近中心性大幅下降；在其他年份，中国接近中心性的数值一直稳居第一，在共建"一带一路"国家工业用锡制品的贸易网络中处于核心地位，与其他国家有着密切的贸易往来关系；其他4个国家的接近中心性基本稳定在0.5～0.6。

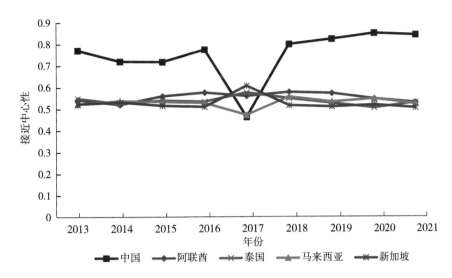

图7.9 2013—2021年"一带一路"主要国家工业用锡制品接近中心性

数据来源：根据UN Comtrade整理所得。

从整体上看，中国、马来西亚、新加坡、阿联酋和泰国在锡产业链接近中心性排名中基本靠前，说明这些国家与其他国家进行锡产业链产品贸易时，具有较短的路径，在共建"一带一路"国家锡产业链贸易格局中处于核心地位。

（3）中介中心性。中介中心性是用来衡量贸易网络中某一节点对贸易直接控制程度的重要指标，强调的是某一节点在贸易网络中与其他节点的协调效应。若某一节点的中心性较高，说明它在贸易网络中的重要程度越高，扮演着一个重要桥梁的角色；如果将这些节点删除，则会导致整个贸易网络有很大一部分断开连接。中介中心性的计算为式（7.10）。

$$BC_i = \frac{\sum_{s \neq i \neq t} \frac{n_{st}^i}{g_{st}}}{(N-1)(N-2)/2} \qquad (7.10)$$

式中，n_{st}^i 为经过节点 i 最短路径的数量；

g_{st} 为连接 s 和 t 的最短路径的数量。

运用Gephi软件将计算出的中介中心性指标进行归一化处理，选取2013—2021年锡产业链中介中心性整体排名前五位的国家进行分析。

根据图7.10，在锡矿砂及其精矿的贸易网络中，中国、新加坡、俄罗斯、马来西亚和缅甸的中介中心性位于前列，且整体呈现上升的趋势，说明这些国家在"一带一路"锡矿砂及其精矿的贸易中资源控制能力相对较强，是贸易格局中的重要枢纽。

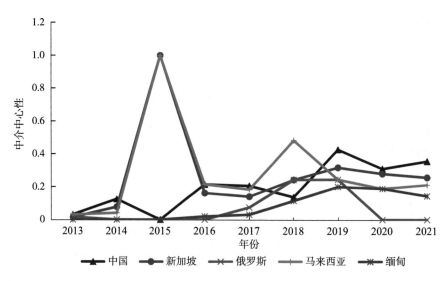

图7.10　2013—2021年"一带一路"主要国家锡矿砂及其精矿中介中心性

数据来源：根据UN Comtrade整理所得。

根据图7.11，在未锻轧非合金锡的贸易网络中，中介中心性排名前五位的国家分别是波兰、俄罗斯、新加坡、印度和马来西亚。波兰和俄罗斯的中介中心性靠前但是波动很大，说明波兰和俄罗斯在未锻轧非合金锡的贸易网络中调控能力很强但很不稳定，且两国中介中心性变化的方向相反。可能受波兰、俄罗斯两国非对称关系的影响，一旦两国因为经济、战争、政治等因素，将导致未锻轧非合金锡的贸易活动无法正常进行，整个共建"一带一路"国家未锻轧非合金锡的贸易会发生很大的变动。同时，新加坡中介中心性数值不断下降，说明新加坡在共建"一带一路"国家未锻轧非合金锡贸易网络中的资源控制能力不断下降。

根据图7.12，在工业用锡制品贸易网络中，中国、俄罗斯、泰国、波兰和印度的中介中心性排名靠前。与其他国家相比，中国的中介中心性较为显著，远超其他国家，基本稳居第一，对共建"一带一路"国家工业用锡制品贸易的影响最大，具有很强的资源控制能力。

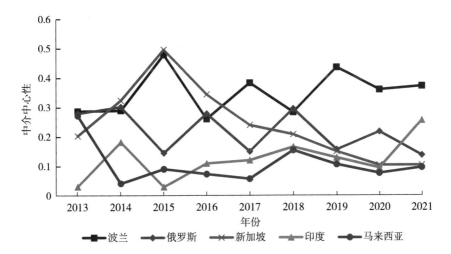

图7.11　2013—2021年"一带一路"主要国家未锻轧非合金锡中介中心性

数据来源：根据UN Comtrade整理所得。

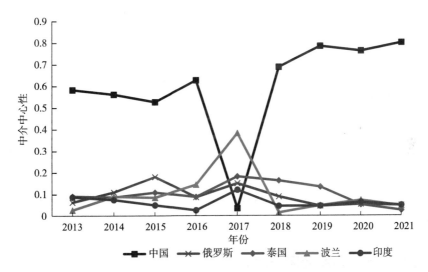

图7.12　2013—2021年"一带一路"主要国家工业用锡制品中介中心性

数据来源：根据UN Comtrade整理所得。

7.4 共建"一带一路"国家锡产业链贸易网络国家社团格局演变分析

7.4.1 模块度与国家社团

通过前文对共建"一带一路"国家锡产业链贸易网络特征演变规律的分析，本节将对贸易网络中的社团规模和社团主要角色的演变规律进行探讨，更进一步地了解共建"一带一路"国家锡产业链贸易网络格局的演变规律。

在一个复杂的网络中，社团是由多个网络节点组成的若干个节点子集合，社团之间的贸易关系与社团内国家之间的贸易关系呈负相关。模块度是衡量网络社团划分程度的指标，它的取值范围为−1～1。若一个网络分化明显，则模块度的取值越接近−1；若一个网络分化不明显，则模块度的取值越接近1。模块度Q的计算为式（7.11）。

$$Q = \frac{1}{4m} \sum_{ij} \left[A_{ij} - \frac{k_i k_j}{2m} \right] s_i s_j \qquad （7.11）$$

式中，m为网络中连边的总数。

A为网络中的邻接矩阵。若节点i与节点j相连，则$A_{ij}=1$；反之，$A_{ij}=0$。

k_i为节点i的度。

当s_i或s_j为1时，表示节点i或节点j属于某个社区；当s_i或s_j为−1时，表示节点i或节点j不属于某个社区。

本节对模块度进行计算，作为共建"一带一路"国家锡产业链贸易国家社团划分的数据基础。

7.4.2 模块度与国家社团个数演化分析

根据图7.13，在"一带一路"锡产业链产品贸易格局演化的过程中，锡矿砂及其精矿的社团模块度波动较大，基本在0.1～0.5波动。2013—2017年模块度呈现下降趋势；2017年达到最低为0.081；2017—2021年逐渐上升。这是由于在2017年，全球经济复苏、中国取消出口关税、印度尼西亚精锡出口逐渐增加等因素，促使整个市场处于良性发展阶段，各国之间的贸易趋于全球化发展的趋势。未锻轧非合金锡的模块度波动也较大，基本在0.1～0.5波动。2013—2017年社团模块度趋于平稳；2018年出现大幅上升，达到0.47，随后又呈现明显下降趋势，说明未锻轧非合金锡在整个网络中呈现的分化程度不稳定。工业用锡制品的社团模块度波动较小且高于未锻轧非合金锡和锡矿砂及其精矿（模块度在0.35～0.55之间波动），国家之间抱团现象较明显。社团模块度在2013—2015年间呈现下降趋势；2013—2019年趋于平稳；2019年后又逐渐上升。

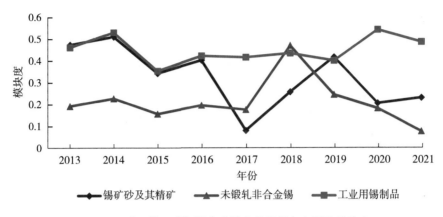

图7.13 "一带一路"锡产业链产品贸易复杂网络模块度

数据来源：根据UN Comtrade整理计算所得。

"一带一路"锡产业链3种产品社团变化情况如图7.14所示。锡矿砂及其精矿社团个数总体上呈现先增加后减少的趋势，社团个数在3～7变化。未锻轧非合金锡社团个数为2～7，波动较大。2013—2018年其社团个数不断增加；2018年之后，社团个数又逐渐减少。工业用锡制品的社团个数在4～7波动，波动幅度相对较小，且整体呈现上升的态势。

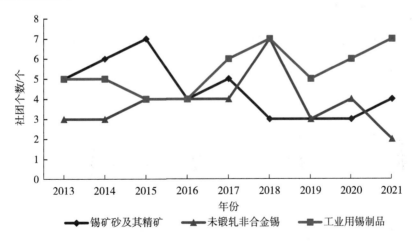

图7.14 "一带一路"锡产业链产品贸易复杂网络社团个数

数据来源：根据UN Comtrade整理所得。

7.4.2.1 锡矿砂及其精矿贸易网络国家社团划分及演化特征

本节对2013—2021年共建"一带一路"国家锡产业链产品贸易格局的社团结构和演变规律进行进一步分析。其中，社团1、2、3、4、5、6、7只是用来区分社团，不具备具体特征。

根据图7.15，共建"一带一路"国家锡矿砂及其精矿贸易格局主要由社团1和社团2组成。总体上看，贸易网络内部的社团个数呈现先增加后减少的趋势。2013—2015年社团个数由5个增加至7个，2015—2021年社团个数由7个减少至4个，说明共建"一带一路"国家锡矿砂及其精矿的贸易的抱团现象为先增强后减弱。

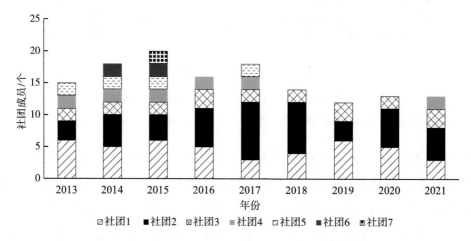

图7.15 共建"一带一路"国家锡矿砂及其精矿贸易网络国家社团变化情况

数据来源：根据UN Comtrade整理所得。

表7.8 共建"一带一路"国家锡矿砂及其精矿贸易网络国家社团成员数量

单位：个

年份	社团1	社团2	社团3	社团4	社团5	社团6	社团7
2013	6	3	2	2	2	—	—
2014	5	5	2	2	2	2	—
2015	6	4	2	2	2	2	2
2016	5	6	3	2	—	—	—
2017	3	9	2	2	2	—	—
2018	4	8	2	—	—	—	—
2019	6	3	3	—	—	—	—
2020	5	6	2	—	—	—	—
2021	3	5	3	2	—	—	—

数据来源：根据UN Comtrade整理所得。

如表7.8所示,锡矿砂及其精矿贸易网络社团1和社团2内国家数量占贸易国总数量的50%~80%,说明大多数的国家形成了一个贸易圈,而其他社团内国家数量较少,基本由两三个国家组成。接下来以2021年为例,分析共建"一带一路"国家锡矿砂及其精矿社团分布及演变规律。

如表7.9所示,2021年共建"一带一路"国家锡矿砂及其精矿的贸易格局被分为4个社团。其中,最大的社团由老挝、中国、俄罗斯、越南、蒙古组成,占国家总数的38%;第二大社团由马来西亚、泰国、缅甸3国组成,占国家总数的23%;第三大社团由印度尼西亚、菲律宾、新加坡3国组成,占国家总数的24%;最小的社团是由西亚的阿联酋和沙特阿拉伯两国组成,占国家总数的15%。

表7.9 2021年共建"一带一路"国家锡矿砂及其精矿贸易社团成员

社团编号	包含国家
社团1	老挝、中国、俄罗斯、越南、蒙古
社团2	马来西亚、泰国、缅甸
社团3	印度尼西亚、菲律宾、新加坡
社团4	阿联酋、沙特阿拉伯

数据来源:根据UN Comtrade整理所得。

因此,共建"一带一路"国家锡矿砂及其精矿贸易网络的国家社团呈现以下特征:

(1)锡矿砂及其精矿贸易网络社团个数先增加后减少,全球化趋势在2015年后逐渐显现,但主要由两个较大社团组成。

(2)从进出口贸易额来看,中国、缅甸和泰国是锡矿砂及其精矿的进口大国,俄罗斯和马来西亚是出口大国,锡矿砂及其精矿的进口大国和出口大国不属于同一个社团。其中,社团1中的中国不仅从本社团内部进口,也从社团2中的马来西亚大量进口,但与社团3和社团4几乎没有贸易往来。这说明共建"一带一路"国家锡矿砂及其精矿的产能主要集中在社团1和社团2内部。

(3)锡矿砂及其精矿作为锡产业链的上游产品,其贸易出口国主要是以资源禀赋型国家为主,进出口贸易存在一定的地缘特征。

(4)共建"一带一路"国家锡矿砂及其精矿的贸易格局从长期来看,没有发生很大变化,个别国家在其所处社团甚至整个网络有着长期的控制权。

7.4.2.2 未锻轧非合金锡贸易网络国家社团划分及演化特征

根据图7.16，共建"一带一路"国家未锻轧非合金锡贸易网络国家社团个数先增加后减少，2018年达到最大值为7个，说明共建"一带一路"国家未锻轧非合金锡的贸易先逐渐显现抱团现象；2018年抱团现象最明显，后逐渐显现贸易一体化的现象。

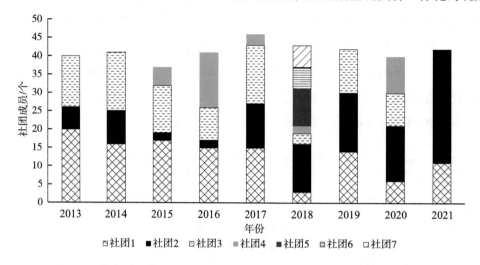

图7.16 共建"一带一路"国家未锻轧非合金锡贸易网络国家社团变化情况

数据来源：根据UN Comtrade整理所得。

根据表7.10，2013—2018年，共建"一带一路"国家未锻轧非合金锡贸易网络社团个数由3个增加至7个，说明社团内部出现了一定的分化现象；2021年国家社团个数为2个，由几个小的社团重组为两个大的社团，国家之间的贸易趋于一体化，贸易更加紧密。2013—2021年各社团波动较大，整个贸易网络中的社团个数为2~7，各个社团内部的国家数有2~31个不等，但总体上共建"一带一路"国家未锻轧非合金锡贸易网络主要由社团1和社团2组成，两个社团内部的节点数占总节点数的50%以上。

表7.10 共建"一带一路"国家未锻轧非合金锡贸易网络国家社团成员数量

单位：个

年份	社团1	社团2	社团3	社团4	社团5	社团6	社团7
2013	20	6	14	—	—	—	—
2014	16	9	16	—	—	—	—
2015	17	2	13	5	—	—	—
2016	15	2	9	15	—	—	—
2017	15	12	16	3	—	—	—

续　表

年份	社团1	社团2	社团3	社团4	社团5	社团6	社团7
2018	3	13	3	2	10	6	6
2019	14	16	12	—	—	—	—
2020	6	15	9	10	—	—	—
2021	10	31	—	—	—	—	—

数据来源：根据UN Comtrade整理所得。

2021年，共建"一带一路"国家未锻轧非合金锡贸易网络由两个社团组成。内部成员数量分别为10个和31个。其具体社团成员分布如表7.11所示。社团1主要以波兰、保加利亚、匈牙利和塞尔维亚等中东欧国家为核心，社团2主要以亚洲国家为主，如新加坡、中国、印度、马来西亚、印度尼西亚、阿联酋、泰国和俄罗斯等。

表7.11　2021年共建"一带一路"国家未锻轧非合金锡贸易社团成员

社团编号	包含国家
社团 1	波兰、爱沙尼亚、保加利亚、乌克兰、立陶宛、希腊、捷克、匈牙利、塞尔维亚、斯洛伐克
社团 2	新加坡、中国、马来西亚、印度尼西亚、泰国、印度、土耳其、俄罗斯、越南、阿联酋、阿曼、菲律宾、罗马尼亚、沙特阿拉伯、以色列、白俄罗斯、尼泊尔、缅甸、巴基斯坦、克罗地亚、老挝、吉尔吉斯斯坦、科威特、拉脱维亚、黎巴嫩、埃及、亚美尼亚、斯里兰卡、乌兹别克斯坦、卡塔尔、斯洛文尼亚

数据来源：根据UN Comtrade整理所得。

因此，共建"一带一路"国家未锻轧非合金锡贸易网络社团主要呈现以下特征：

（1）共建"一带一路"国家未锻轧非合金锡贸易网络国家社团分化不稳定，由2013年的3个社团逐渐分化为2018年的7个社团，再分化为2021年的两个社团，但总体上贸易网络主要由两个社团组成，且内部节点数超过总节点数的一半。

（2）共建"一带一路"国家未锻轧非合金锡的贸易网络国家社团存在一定的地缘划分因素。

（3）与锡矿砂及其精矿相比，更多的国家参与了与未锻轧非合金锡的贸易，但贸易主体仍然是少数国家。

7.4.2.3 工业用锡制品贸易网络国家社团划分及演化特征

根据图7.17，与上游和中游产品相比，下游工业用锡制品的贸易网络社团个数更多，出现较为明显的分化现象。同时，2013—2021年共建"一带一路"国家工业用锡制品贸易网络内社团个数逐渐增加，由2013年的5个增加至2021年的7个。

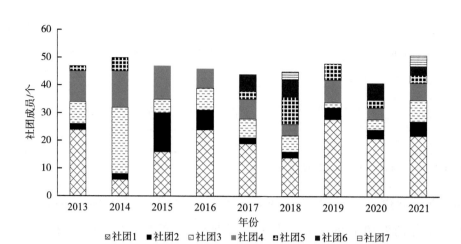

图7.17 共建"一带一路"国家工业用锡制品贸易网络国家社团变化情况

数据来源：根据UN Comtrade整理所得。

根据表7.12，共建"一带一路"国家工业用锡制品贸易网络的国家社团个数为4～7个，社团内部国家数量为2～28个，社团个数总体增加，说明社团内部出现了分化现象，国家之间存在一定的抱团现象。

表7.12 共建"一带一路"国家工业用锡制品贸易网络国家社团成员数量

单位：个

年份	社团1	社团2	社团3	社团4	社团5	社团6	社团7
2013	24	2	8	11	2	—	—
2014	6	2	24	13	5	—	—
2015	16	14	5	12	—	—	—
2016	24	7	8	7	—	—	—
2017	19	2	7	7	3	6	—
2018	14	2	6	4	10	6	3
2019	28	4	2	8	6	—	—
2020	21	3	4	4	3	6	—
2021	22	5	8	6	3	3	4

数据来源：根据UN Comtrade整理所得。

一般情况下，工业用锡制品主要由社团1、社团2、社团3和社团4组成。以2021年为例，对共建"一带一路"国家工业用锡制品主要社团及成员进行分析。如表7.13所示，社团1由中国和东盟成员及一些中国的相邻国组成；社团2主要由阿联酋等西亚国家组成；社团3以波兰等中东欧国家和俄罗斯为主体；社团4主要由印度等南亚国家、新加坡和马来西亚等国家组成。

表7.13　2021年共建"一带一路"国家工业用锡制品贸易社团成员

社团编号	包含国家
社团1	中国、印度尼西亚、以色列、老挝、黎巴嫩、塞尔维亚、匈牙利、越南、乌兹别克斯坦、克罗地亚、罗马尼亚、格鲁吉亚、斯洛文尼亚、希腊、黑山、阿塞拜疆、吉尔吉斯斯坦、埃及、斯里兰卡、塔吉克斯坦
社团2	阿联酋、马尔代夫、阿曼、卡塔尔、约旦
社团3	捷克、波兰、俄罗斯、白俄罗斯、爱沙尼亚、亚美尼亚、立陶宛、斯洛伐克
社团4	印度、新加坡、马来西亚、尼泊尔、蒙古、拉脱维亚

数据来源：根据UN Comtrade整理所得。

因此，通过分析发现，共建"一带一路"国家工业用锡制品贸易网络社团存在以下特征：

（1）与锡产业链上游和中游产品相比，下游工业用锡制品的国家社团数量更多，社团分化更明显。

（2）虽然工业用锡制品贸易的社团数量更多，但是存在"中心大团体"现象，工业用锡制品贸易主要是以社团1内部的中国、东盟和其他相邻国家为主体。

（3）共建"一带一路"国家工业用锡制品贸易社团的分化仍然存在地缘因素，但不仅限于地理范围。

（4）共建"一带一路"国家工业用锡制品贸易的参与国数量更多，但是在各社团内部，仍然以几个主要国家为主导。

7.5 共建"一带一路"国家锡产业链贸易格局演变影响因素QAP分析

通过前文对2013—2021年共建"一带一路"国家锡产业链贸易网络结构特征演变规律分析，发现双边进出口贸易关系和贸易额的改变是网络结构及节点中心性变化的直接原因；对"一带一路"锡产业链贸易网络社团格局演变规律进行分析，发现地理位置的相邻使一些国家保持着相似的社区结构，从而拥有密切的联系。这些影响网络属性的潜在因素值得深入探讨，因此，本节利用QAP方法对影响锡产业链贸易格局演变规律的深层次原因展开论证。

7.5.1 变量选取与模型构建

现有文献大多从经济规模、共同语言、地理、制度和专利等角度来探讨国际贸易格局演变的影响因素。从经济规模维度出发，Tinbergen（1962）通过研究，证明了国家之间经济总量与经济规模的相关性为正。从共同语言维度出发，宁继鸣（2008）指出，语言能够促进人们之间的理解与交流，拥有共同语言的国家间容易建立经济合作关系。从地理距离维度出发，徐晓玉（2018）指出地理距离会影响国家之间信息交流的有效性；严一欣（2021）证实了陆地近邻性会促进国家之间的贸易往来关系。从制度维度出发，叶明（2013）通过研究，证实了区域贸易协定的签订会促进区域内国家间的贸易合作。从专利维度出发，李伟平（2017）通过研究，发现科技也会对国家之间的贸易产生影响。因此，本节从经济规模、共同语言、地理、制度和专利5个方面探讨影响"一带一路"锡产业链贸易格局时空演变的相关因素。

由于缺失各国2021年的专利数据，因此，在探究2021年"一带一路"锡产业链贸易格局的影响因素时，将专利数量这一解释变量做剔除处理。

7.5.1.1 被解释变量的选取

由于在共建"一带一路"国家中，参与锡矿砂及其精矿贸易的国家较少，会影响回归结果的可靠性，因此，本节主要对共建"一带一路"国家锡产业链中游的未锻轧非合金锡和下游的工业用锡制品贸易格局演变的影响因素进行分析，以共建"一带一路"国家未锻轧非合金锡和工业用锡制品的加权贸易网络作为被解释变量。

7.5.1.2 解释变量的选取

（1）经济规模。学者们在研究贸易影响因素时，经济规模通常是首选因素。一般情况下，一个国家的经济实力与该国整体贸易水平呈正比。通常GDP不仅是反映一个国家宏观经济状况的指标，也是用来衡量经济规模的重要指标。因此，本节构建"一带一路"共建国家任意两国间的GDP差值矩阵，以该矩阵代表经济规模的解释变量，研究其对"一带一路"共建锡产业链各游段贸易网络的影响。

（2）共同语言。共同语言也是影响国家间产生贸易联系的重要因素之一。语言相近对国家之间的贸易会产生促进作用；反之，会抑制国家之间的贸易。因此，本节以存在锡产业链贸易的各国是否拥有共同官方语言构造二值化矩阵，研究其对"一带一路"共建锡产业链各游段贸易网络的影响。

（3）地理距离。地理距离不仅会影响国家间进行贸易的运输成本，还会影响国家之间信息交流的有效性，因此，本节选择"一带一路"各国之间首都距离的差值来构造矩阵作为解释变量,研究其对共建"一带一路"国家锡产业链各游段贸易网络的影响。

(4)国土接壤。当国家之间进行对外贸易时,国土相邻的国家在跨国交易时能够降低由于长途运输带来的成本,从而提高经济效益,很多国家会与相邻国家建立贸易合作关系。因此,本节以共建"一带一路"国家间的领土边界为基础,构建二值矩阵,研究其对共建"一带一路"国家锡产业链各游段贸易网络的影响。

(5)区域贸易协定。各国之间签订自由贸易协定,可以有效促进贸易便利化,降低贸易成本。世界贸易组织是当今重要的国际性经济合作组织,以坚持推进自由贸易为原则。因此,本节构建"一带一路"共建任意两个国家间是否签订区域贸易协定的二值矩阵,研究其对共建"一带一路"国家锡产业链各游段贸易网络的影响。

(6)专利数量。科技作为推动人类社会发展进步的原始动力,不仅可以丰富商品贸易内容,而且可以增加贸易产品的价值,与此同时,科技本身也可以作为一种知识商品进行贸易。因此,本节将共建"一带一路"国家每年向世界知识产权机构申请并通过的专利数量作为评价基准,将两国之间科技水平的差值作为另一个解释变量,对共建"一带一路"任意两国之间专利申请的差值构建矩阵,研究其对共建"一带一路"国家锡产业链各游段贸易网络的影响。

7.5.2 QAP回归描述与分析

7.5.2.1 构建回归模型

本节以"一带一路"共建锡产业链各游段贸易的国家间的经济规模差异、地理距离差异、国土是否接壤、语言文化差异、是否签订区域贸易协定和专利差异6个关系网络作为解释变量,以共建"一带一路"国家锡产业链各游段加权贸易网络作为被解释变量。其中,各变量的具体含义和数据来源如表7.14所示。

表7.14 各变量的含义及数据来源

变量符号	含义	数据来源
GDP	国家间经济发展水平差异矩阵	世界银行统计数据库
Conting	国家间是否接壤矩阵	CEPII 网站
GD	国家间首都距离矩阵	CEPII 网站
Lang	国家间共同语言矩阵	CEPII 网站
Arg	国家间区域贸易协定矩阵	WTO 官网
Patent	国家间专利差值矩阵	世界银行统计数据库

基于已有的相关研究，本节以2013—2021年共建"一带一路"国家锡产业链各游段贸易的国家为研究对象，以其加权贸易网络的$W(t)$加权度作为这些国家的被解释变量。其中，t代表年份，以GDP、地理距离（GD）、国土接壤（$Contig$）、共同语言（$Lang$）、区域贸易协定（Arg）和专利数量（$Patent$）6个要素作为解释变量构建QAP模型。其模型为

$$W(t)=\sigma_0+\sigma_1 GDP+\sigma_2 Contig+\sigma_3 GD+\sigma_4 Arg+\sigma_5 Lang+\sigma_6 Patent \quad （7.12）$$

式中，$W(t)$为共建"一带一路"国家锡产业链各游段有向加权贸易网络矩阵加权度；

GDP为共建"一带一路"国家间经济规模差值矩阵，矩阵元素为国家间GDP差值的绝对值；

$Contig$为共建"一带一路"各国是否接壤二值矩阵，矩阵中，1代表国家间接壤，0代表国家间不接壤；

GD为共建"一带一路"国家间的首都距离差值矩阵；

Agr为共建"一带一路"各国是否签订区域贸易协定的二值矩阵，1代表任意两国同属于WTO，0代表任意两国不同属于WTO；

$Lang$为共建"一带一路"各国间是否有共同语言二值矩阵，1代表国家之间有相同的官方语言，0代表国家之间没有共同的官方语言；

$Patent$为共建"一带一路"国家间专利数量差值矩阵，矩阵元素为国家间专利数量差值的绝对值。

7.5.2.2 QAP相关分析

QAP相关分析能够用来研究两个矩阵之间是否存在相关性。因此，本节对2013—2021年共建"一带一路"国家未锻轧非合金锡和工业用锡制品有向加权贸易网络进行QAP相关分析，随机置换选取N=5000次，得到的相关分析结果如表7.15和表7.16所示。

表7.15 未锻轧非合金锡有向加权贸易网络影响因素QAP相关分析结果

年份	2013	2015	2017	2019	2021
GDP 指标	−0.011 （0.363）	0.063 ** （0.027）	0.055 ** （0.030）	0.044 ** （0.035）	0.096 ** （0.033）
地理距离指标	−0.066 ** （0.050）	−0.065 ** （0.045）	−0.081 ** （0.035）	−0.078 ** （0.036）	−0.124 ** （0.027）
是否接壤指标	0.044 ** （0.041）	0.010 （0.101）	0.011 * （0.089）	0.008 * （0.059）	0.014 （0.120）

年份	2013	2015	2017	2019	2021
区域贸易协定指标	0.192 *** （0.000）	0.173 *** （0.000）	0.170 *** （0.000）	0.158 *** （0.000）	0.208 *** （0.000）
语言指标	0.046 ** （0.017）	0.030 ** （0.035）	0.034 ** （0.037）	0.021 ** （0.024）	0.208 *** （0.000）
专利指标	−0.208 *** （0.000）	−0.007 ** （0.030）	−0.016 ** （0.037）	−0.019 ** （0.030）	—

注：*** 指 $p<0.01$、** 指 $p<0.05$、* 指 $p<0.1$，括号内为具体值。

上述结果表明，除2013年外，其余年份未锻轧非合金锡的贸易网络矩阵与GDP矩阵均为正相关关系，且都通过了5%的显著性水平检验；未锻轧非合金锡的贸易网络矩阵与地理距离矩阵和专利矩阵均为负相关关系，且具有较强的显著性；未锻轧非合金锡的贸易网络矩阵与是否接壤矩阵、区域贸易协定矩阵和语言矩阵为正相关关系，且区域贸易协定矩阵和语言矩阵均通过了较高的显著性水平检验。

表7.16 工业用锡制品有向加权贸易网络影响因素QAP相关分析结果

年份	2013	2015	2017	2019	2021
GDP 指标	0.011 （0.277）	0.067 ** （0.041）	0.055 * （0.084）	0.099 ** （0.018）	0.023 （0.187）
地理距离指标	−0.127 *** （0.004）	0.037 （0.105）	−0.208 *** （0.000）	0.106 ** （0.017）	0.057 （0.121）
是否接壤指标	0.495 *** （0.000）	0.423 *** （0.000）	0.418 *** （0.000）	0.394 *** （0.000）	0.520 *** （0.000）
区域贸易协定指标	0.564 *** （0.000）	0.652 *** （0.000）	0.619 *** （0.000）	0.150 *** （0.001）	0.564 *** （0.000）
语言指标	0.178 *** （0.003）	0.320 *** （0.000）	0.185 *** （0.002）	0.204 *** （0.006）	0.178 *** （0.002）
专利指标	0.465 *** （0.002）	0.322 *** （0.005）	0.408 *** （0.008）	0.469 *** （0.004）	—

注：*** 指 $p<0.01$、** 指 $p<0.05$、* 指 $p<0.1$，括号内为具体值。

工业用锡制品有向加权贸易网络影响因素QAP相关分析结果表明，工业用锡制品贸易网络矩阵与GDP矩阵为正相关关系，但只在2015年和2019年通过了5%的显著性水平检验，2017年通过了1%的显著性水平检验；地理距离相关系数在2013年和2017年为负，且均通过了1%的显著性水平检验；是否接壤、区域贸易协定、语言和专利相关系数均为正，且都通过了1%的显著性水平检验。

本节接下来进行QAP回归分析，进一步验证"一带一路"未锻轧非合金锡和工业用锡制品贸易的影响因素。

7.5.2.3 QAP回归分析

本节使用UCINET对2013—2021年"一带一路"未锻轧非合金锡和工业用锡制品有向加权贸易网络逐年进行QAP回归分析，随机置换选取N=5000次，回归结果如表7.17和表7.18所示。

表7.17　未锻轧非合金锡有向加权贸易网络影响因素QAP回归分析结果

年份	2013	2015	2017	2019	2021
GDP 指标	−0.082 （0.545）	0.262 ** （0.020）	0.505 ** （0.027）	0.048 （0.113）	−0.035 （0.229）
地理距离指标	−0.175 ** （0.021）	−0.146 * （0.100）	−0.108 （0.814）	−0.126 ** （0.045）	−0.113 *** （0.005）
是否接壤指标	0.171 *** （0.000）	0.033 *** （0.000）	0.173 *** （0.000）	0.002 *** （0.000）	0.147 *** （0.000）
区域贸易协定指标	0.382 *** （0.000）	0.281 ** （0.021）	0.261 ** （0.038）	0.316 ** （0.015）	0.365 *** （0.005）
语言指标	0.021 （0.114）	−0.010 （0.890）	−0.017 （0.155）	−0.030 * （0.082）	0.028 （0.138）
专利指标	−0.027 （0.826）	−0.232 *** （0.010）	−0.480 ** （0.022）	−0.068 *** （0.000）	—
R^2	0.061	0.050	0.049	0.037	0.058

注：*** 指 $p<0.01$、** 指 $p<0.05$、* 指 $p<0.1$，括号内为具体值。

其中，选取的经济规模、地理距离、是否接壤、区域贸易协定、语言和专利6个因素对"一带一路"未锻轧非合金锡贸易的影响程度不同。

根据回归结果，绝大多数年份的GDP回归系数为正。其中，2015年和2017年通过了5%的显著性水平检验，说明在这两年经济规模差距越大的国家间更容易建立未锻轧非合金锡的贸易往来关系；2013年和2021年回归系数为负，但均没有通过显著性水平检验，说明在这两年，经济规模对未锻轧非合金锡贸易的影响不大。

根据回归结果，地理距离回归系数均为负。其中，2021年通过了1%的显著性水平检验，2013年和2017年通过了5%的显著性水平检验，2015年通过了10%的显著性水平检验，说明地理距离越近的国家间更容易建立未锻轧非合金锡的贸易往来关系。这是由于地理距离越近的国家进行贸易时的物流成本越低。

根据回归结果，是否接壤回归系数均为正，且均通过了1%的显著性水平检验，说明国土接壤对国家间未锻轧非合金锡的贸易有很大的促进作用。这是由于国土邻近的国家间通常文化相似，会促进贸易国间的信息交流，从而降低交流成本。

根据回归结果，区域贸易协定回归系数均为正，且2013年和2021年通过了1%的显著性水平检验，其余年份通过了5%的显著性水平检验，说明两国签订区域贸易协定对贸易网络具有正向影响，区域贸易协定的签订能够有效地促进国家间未锻轧非合金锡的贸易。其原因可能是，与签订贸易协定的国家进行贸易更加便利，贸易成本更低。

根据回归结果，语言回归系数在2013年和2021年为正，均没有通过显著性水平检验；其余年份为负，且只有2019年通过了10%的显著性水平检验，说明语言对共建"一带一路"国家未锻轧非合金锡的贸易没有较大影响。

根据回归结果，专利会对共建"一带一路"国家未锻轧非合金锡的贸易产生影响，且专利回归系数均为负。2015年和2019年通过了1%的显著性水平检验，2017年通过了5%的显著性水平检验，说明科技水平差距越小的国家更可能建立贸易往来关系。未锻轧非合金锡属于锡产业链的中游产品，对国家的加工技术水平有一定的要求。科技发展水平较高的国家加工技术水平也相对较高，而且这些国家需求也相近，因此，国家之间科技发展水平相近对未锻轧非合金锡贸易有促进作用。

表7.18　工业用锡制品有向加权贸易网络影响因素QAP回归分析结果

年份	2013	2015	2017	2019	2021
GDP 指标	0.023 （0.282）	0.032 （0.222）	0.055 ** （0.047）	0.057 （0.178）	0.027 （0.289）
地理距离指标	−0.176 *** （0.005）	0.101 * （0.077）	−0.278 *** （0.000）	0.181 ** （0.022）	0.069 （0.107）
是否接壤指标	0.468 *** （0.000）	0.192 *** （0.001）	0.121 *** （0.010）	0.349 *** （0.000）	0.530 *** （0.000）
区域贸易协定 指标	0.356 *** （0.000）	0.293 *** （0.000）	0.671 *** （0.000）	0.098 ** （0.018）	0.257 *** （0.000）
语言指标	−0.013 （0.517）	−0.014 （0.610）	−0.154 *** （0.001）	−0.051 （0.211）	−0.056 * （0.063）
专利指标	0.293 *** （0.000）	0.269 *** （0.000）	0.265 *** （0.000）	0.338 *** （0.000）	—
R^2	0.532	0.380	0.379	0.400	0.487

注：*** 指 $p<0.01$、** 指 $p<0.05$、* 指 $p<0.1$，括号内为具体值。

如表7.18所示，根据共建"一带一路"国家工业用锡制品有向加权贸易网络影响因素QAP回归分析结果，GDP回归系数均为正，但只有2015年通过了5%的显著性水平检验，说明经济规模对国家间工业用锡制品贸易的影响较小。

根据回归结果，地理距离回归系数2013年和2017年为负，且通过了1%的显著性水平检验。2015年、2019年和2021年为正，2015年通过了10%的显著性水平检验，2019年通过了5%的显著性水平检验。地理距离回归系数处于波动的状态，说明地理距离在不同的时间段对工业用锡制品贸易的影响不同。

根据回归结果，是否接壤回归系数均为正，且都通过了1%的显著性水平检验，说明国土邻近的国家间更容易产生工业用锡制品的贸易。

根据回归结果，区域贸易协定回归系数均为正，2013年、2015年、2017年和2021年通过了1%的显著性水平检验，2019年通过了5%的显著性水平检验，说明区域贸易协定的签订会促进共建"一带一路"国家工业用锡制品的贸易。

根据回归结果，语言回归系数均为负，2017年通过了1%的显著性水平检验，2021年通过了10%的显著性水平检验，而在其他年份没有通过显著性水平检验，说明语言因素对共建"一带一路"国家工业用锡制品贸易的影响不大。

根据回归结果，专利回归系数均为正，且都通过了1%的显著性水平检验，说明科技水平差距越大的国家间更容易产生工业用锡制品的贸易。这是由于工业用锡制品属于下游产品，技术含量高，生产加工环节主要集中在加工技术较强的国家。一些科技水平较低的国家需要从科技水平较高的国家进口该产品，以满足国内需求。

7.6 本章小结

第一，通过构建复杂网络发现，在共建"一带一路"国家锡产业链贸易中，参与锡矿砂及其精矿贸易的国家数量最少，工业用锡制品参与国家数量最多，是上游产品的两倍以上，呈现贸易多元化的特征。通过对锡产业链整体贸易网络特征的分析发现，锡产业链的贸易主要集中在部分国家，且锡矿砂及其精矿、未锻轧非合金锡和工业用锡制品的贸易网络密度比较稳定，说明在共建"一带一路"国家锡产业链贸易网络中，国家之间的联系强度较为稳定；通过对聚类系数分析发现，整体上工业用锡制品的平均聚类系数最高且呈现不断上升的趋势，说明工业用锡制品贸易国之间的联系更紧密，聚集程度逐渐上升，而锡矿砂及其精矿的聚类系数最低，即国家间的贸易较为松散。在传输效率方面，锡矿砂及其精矿的平均路径长度最短，贸易传输效率最高，但从长期来看，未锻轧非合金锡和工业用锡制品的贸易传输效率也在不断提高。

第二，从度中心性的结果来看，中国、新加坡、印度、印度尼西亚、马来西亚、阿联酋等国在共建"一带一路"国家锡产业链贸易网络处于中心位置；同时，中国的中介中心性在贸易网络中处于靠前的位置，说明中国在贸易网络中处于核心位置，在贸易网络中发挥"桥梁"的作用。

第三，通过对2013—2021年共建"一带一路"国家锡产业链贸易网络社团格局演变规律分析发现，处于同一个经济合作组织中的国家更容易形成一个贸易团体，新加坡、马来西亚、印度尼西亚、泰国、缅甸等东盟国家逐渐形成了一个团体；中东欧国家组成的贸易团体主要以波兰、匈牙利、塞尔维亚、立陶宛等为主体；西亚贸易团体主要以阿联酋、约旦、阿曼、卡塔尔等国家为主体。其中，中东欧和东盟贸易团体处于共建"一带一路"国家锡产业链的核心地位。

第四，采用QAP分析法探究共建"一带一路"国家未锻轧非合金锡和工业用锡制品贸易网络格局演变规律的影响因素发现，在未锻轧非合金锡贸易网络中，经济规模和语言因素对贸易网络的影响不大，地理距离和专利因素会抑制国家间的贸易，国土接壤和区域贸易协定的签订会促进国家间的贸易；在工业用锡制品贸易网络中，经济规模和语言因素对贸易网络的影响较小，地理距离因素在不同时期对贸易网络的影响不同，国土接壤、区域贸易协定的签订和专利水平的差异会极大地促进国家间的贸易。

8 全球战略性三稀矿产资源安全发展的对策

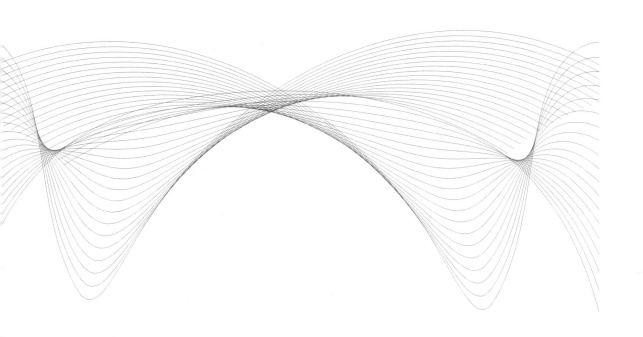

战略性矿产资源是国家安全发展的核心和关键,对经济、国防和战略性新兴产业发展至关重要。近年来,美国、欧盟、英国等相继发布了关键矿产战略或清单,主要用于解决其经济和军事面临的战略脆弱性问题。中国重大战略的实施,亟须大量关键矿产资源,未来对能源和矿产资源则有更大的需求。然而,目前中国对于许多重要矿产资源的供需依旧存在缺口,战略性矿产资源安全问题仍令人担忧。统筹国内外两个大局,中国亟待提升战略性矿产资源的全球化配置能力,打造资源友好型可持续战略性矿产资源,提升战略性矿产资源供应链韧性,加强风险防范机制和应急管理水平,着手制定战略性矿产资源安全发展对策。

8.1 打造资源友好型可持续战略性矿产资源

8.1.1 加快中国战略性矿产资源开发进程

中国的战略性矿产资源储量十分丰富,但锶、锂、铌等矿产品位低、杂质含量高,导致中国天青石、锂盐湖等矿产资源一直得不到有效利用;而且制成品、铟、镓、锗制成品等矿产资源一直得不到有效利用,至今仍无成熟、可靠的原矿提炼工艺。目前,由于尚没有成熟可靠的原矿提炼技术,导致中国部分战略性矿产资源始终没有得到有效的开发利用。因此,开发技术成熟、成本低廉、经济可行和环保低碳的原生矿资源的新方法与新技术意义重大,有望从源头解决中国这几类矿产供需缺口较大的问题。

首先,应在国家政策和资金支持等层面,鼓励和推动高等院校、科研院所及矿产加工生产企业开展联合技术攻关,构筑产学研协同创新体系,不断开拓创新,争取早日突破从原生矿中分离提取稀有矿产的技术瓶颈。其次,要把开发与保护相结合,通过政府引导,建立科学高效的开发利用机制,积极培育具有自主知识产权的绿色稀散矿产资源科技品牌,加快推进中国特色现代矿业产业发展进程,不断开拓创新,争取早日攻克从原生矿中分离提取稀散矿产的技术瓶颈。只有突破壁垒,才能在国际贸易中增强话语权。

8.1.2 完善境外战略性矿产资源开发战略

结合全球稀有矿资源分布现状与中国提出的"一带一路"倡议协定,建议将非洲、南美、澳大利亚等稀有矿产分布密集、品质高的国家作为境外稀有矿产资源勘查的首选，同时与俄罗斯、蒙古建立稀有矿产资源共同开发机制。为获取国外高品质稀有矿产，中国可以资金或技术参股的方式参与国外具有稀有矿产开采权的公司日常勘测、开发工作，并在"一带一路"的基础上，大力推进"走出去"的三稀矿产资源探勘和开发，加大对绿色采矿、分离提纯以及深度加工等技术的研发程度，鼓励企业境外投资，利用技术突破带动生产效率的提高。

现今不仅是稳定促进"一带一路"等重要的国家，更重要的是推进以几内亚为代表的西非国家，以巴西为代表的中南美洲等国家的合作。这些国家稀散矿产资源虽运距较长，但土矿资源量较大，质量较高，要努力开发成中国稀散矿产资源——土矿长期供应地。中国企业在促进资源的战略性布局的同时，还要重点培养稀散矿产国际贸易及跨境商务专业人才，强化同友好国家稀散矿产公司的合作，更深入地参与稀散矿产贸易规则的制定，把握定价新机制。

8.2 提升战略性矿产资源供应链的韧性

8.2.1 延长战略性矿产资源产业链

首先，建立矿产资源国内循环利用机制。一方面，建立以市场为导向的稀有矿产技术开发体系，加强产业之间的紧密联系，研发对国计民生发展有重要作用且具有市场潜力的新材料、新产品和新工艺，提高稀有矿产产品利用率；另一方面，政府可给企业相关补贴，以鼓励企业进行稀有矿产消费产品的回收利用，减少使用过程中的损耗，促进稀有矿产产品的循环高效利用。

其次，建立面向市场的矿产资源产品开发体系，强化各行业间的联系，研究与开发在国民经济发展中具有举足轻重的地位以及具有较大市场潜力的新产品、新材料、新工艺，形成自主知识产权专有技术和相关工艺装备。加快矿产资源结构的优化、合理开发与配置，拓宽产品品种规格范围，促进综合经济指标的提高、产品质量的改善，提升中国战略性矿产资源及其产业链在国际竞争中的优势。

最后，各国需积极与其他矿业国家开展战略性矿产资源及下游产业链全面合作，促进国际贸易繁荣发展，维护好国家矿业市场秩序，巩固、提升本国在国际矿业市场中的地位，保障自身国家的战略性矿产安全。中国在逐渐减少对进口依赖的前提下，要体现大国责任感，通过国内大循环来带动全球战略性矿产资源供应链的国际双循环，增强矿产资源供应链安全水平。

8.2.2 提高战略性矿产资源利用效率

保证战略性矿产资源的合理开发与高效使用，既能从内部缓解供求矛盾、促进生态文明的发展，又可以保障战略性矿产资源供应链安全。首先，世界各国应从整体上推进矿产资源的节约利用，构建综合开发评估体系，减少对矿产资源进口国的依赖程度。其次，各国需尽快梳理制约国内矿业发展的政策和制度因素，及时调整政策导向、繁荣矿业市场，加大社会勘查投入，提高矿产资源储量，提升资源采选水平，并进一步加强对矿产资源的高端利用，实现资源优势向工业优势的转变。最后，各国需加大研发力度，提高战略性矿产资源产业技术水平，增加矿产品的附加值，以达到提升贸易安全水平的目的。努力实现对美日等国家的高附加值矿产品进口替代，自主研发高端战略性矿产产品，保证本国矿产资源产业贸易效益，争取在一系列关键核心技术，特别是在终端产品上取得突破。

8.3 加强风险防范机制和应急管理水平

8.3.1 加强战略性矿产资源风险防范机制

首先，建立矿产资源储备体系，最大限度地保证战略性矿产资源供应链的稳定。要实事求是地调研目前市场对矿产资源的供需情况，尽可能地保障矿产资源在产能、产品及产地等方面的供给。同时，建立以国家储备为主体，企业储备为重要补充的新型储备模式，积极做好分类储备。根据市场需求适时调整矿产资源的储备规模，制定、公布并及时更新关键矿产清单，对矿产资源，特别是以综合回收生产为渠道的矿产资源实施不限量的储备政策。

其次，建立健全战略性矿产资源风险防范机制，完善信息监测预警系统以及信息收集、分析、发布平台，及时掌握国内外市场动态、价格变化、供需趋势等信息。建立有效的风险评估体系，根据风险等级采取相应措施进行干预或调控。编制应急预案确定所需物资设备人员和其他条件。当突发事件或者危机发生后，快速发起，高效处理。

最后，各国监管机构同样需要完善应对机制，将工作重点放在中心性更高、关联性较强的国家中，通过建立大数据分析平台来监控整个市场，从而实现风险的实时预警和控制。

8.3.2 提高战略性矿产资源安全保障水平

从中国的立场出发，应努力提升战略性矿产资源贸易的稳定水平，坚持推动人类命运共同体，促进利益相关者的共同利益最大化，对矿产资源的贸易结构进行优化，加强与主要矿业国家的贸易连通性，提高中国在矿产资源供应链中的话语权和控制力，积极发挥矿产资源全球治理伙伴关系网络的作用，推动形成公平合理和合作共赢的战略性矿产资源供应链治理体系。

从全球的视角出发，应加强中国的战略性矿产资源的勘查开发和储备，提高自给率和保障能力，推进战略性矿产资源全球配置能力，积极参与国际合作和竞争，拓展多元化供应渠道，促进战略性矿产资源高效利用和循环经济发展，加快技术创新和替代品研发，降低对稀缺资源的依赖，为全球战略性矿产资源贸易发展做出贡献。

参考文献

[1] 安海忠，陈玉蓉，方伟，等.国际石油贸易网络的演化规律研究：基于复杂网络理论[J].数学的实践与认识，2013，43（22）：57-64.

[2] 安彤，马哲，刘超，等.中国石墨矿产资源现状与国际贸易格局分析[J].中国矿业，2018，27（07）：1-6.

[3] 蔡玉秋，王馨瑶.中国对印度出口机电产品的贸易效率及潜力研究：基于随机前沿引力模型的实证分析[J].价格月刊，2019（08）：52-58.

[4] 柴廷熠.全球供应链风险来源及影响因素分析[J].经济研究导刊，2021（11）：57-60.

[5] 陈超洋，谭丁荣，秦焕梅，等.从复杂网络视角分析系统性风险：综述和展望[J].控制理论与应用，2022，39（12）：2202-2218.

[6] 陈从喜，张雅丽，孙春强，等.战略性矿产概念和矿种目录的国际比较研究[J].中南大学学报（社会科学版），2024，30（01）：87-98.

[7] 陈丛林，张伟.全球锡矿资源现状及供需分析[J].矿产保护与利用，2021，41（04）：172-178.

[8] 陈国进，刘晓群，谢沛霖，等.已实现跳跃波动与中国股市风险溢价研究：基于股票组合视角[J].管理科学学报，2016，19（6）：98-113.

[9] 陈积敏.我国木材进口贸易安全治理策略探讨[J].林产工业，2020，57（12）：50-54.

[10] 陈甲斌，霍文敏，李秀芬，等.中国与美国和欧盟稀土资源形势对比分析[J].中国国土资源经济，2020，33（07）：8-12，74.

[11] 陈其慎，张艳飞，邢佳韵，等.矿产资源供应基地评价与供应链调查理论技术方法[J].地球学报，2021，42（02）：159-166.

[12] 陈乔，靳诚，邓祖涛.全球稀土贸易网络结构特征及路径演变[J].地理与地理信息科学，2022，38（03）：58-65.

[13] 陈少纯，顾珩，高远，等.稀散金属产业的观察与思考[J].材料研究与应用，2009，3（04）：216-222.

[14] 陈蔚，刘闯."一带一路"沿线国家贸易网络结构演化规律及其影响因素分析[J].杭州师范大学学报（自然科学版），2022，21（06）：599-608.

[15] 陈雨生，王艳梅.中国与RCEP成员国农产品贸易结构、效率及影响因素研究：基于细分产品的实证分析[J].世界农业，2021（12）：72-83，106，128.

[16] 成丽红，许和连，吴钢.全球工程机械类产品贸易网络结构特征识别：基于复杂网络理论[J].经济经纬，2016，33（01）：54-59.

[17] 程少逸，高正波，曹建.我国战略性矿产资源供应安全的挑战与应对[J].矿冶，2022，31（01）：126-130.

[18] 程中海，冯梅.基于动态复杂网络的世界棉花贸易时空分异特征与贸易格局分析[J].国际经贸探索，2017，33（10）：36-50.

[19] 楚建英."一带一路"倡议下中国与西亚贸易潜力研究：基于引力模型的实证分析[J].工业技术经济，2022，41（03）：104-110.

[20] 崔金鑫，邹辉文.中国股市行业间高阶矩风险溢出效应研究[J].系统科学与数学，2020，40（07）：1178-1204.

[21] 崔晓敏，熊婉婷，杨盼盼，等.全球供应链脆弱性测度：基于贸易网络方法的分析[J].统计研究，2022，39（08）：38-52.

[22] 崔岩，刘珊珊.中国与东北亚各国贸易效率研究[J].价格月刊，2021（05）：23-32.

[23] 代晶晶，王登红，王海宇.我国三稀矿产资源遥感调查综述[J].地质学报，2019，93（06）：1270-1278.

[24] 代文杰.我国光伏产业贸易安全评价[D].青岛：中国海洋大学，2015.

[25] 邓楚楚，汤尚颖，袁一仁.我国稀土产业安全状况综合评价研究[J].中国国土资源经济，2016，29（04）：26-32.

[26] 邓富华，冯乾彬，田霖."一带一路"倡议下中国石油进口贸易效率及潜力研究[J].重庆大学学报（社会科学版），2019，25（05）：18-29.

[27] 邓慧.贸易安全对人民币国际化的影响研究[D].天津：天津财经大学，2021.

[28] 邓攀，陈玉明，叶锦华，等.全球铌钽资源分布概况及产业发展形势分析[J].中国矿业，2019，28（04）：63-68.

[29] 丁伟东，刘凯，贺国先.供应链风险研究[J].中国安全科学学报，2003，13（4）：64-66.

[30] 董迪，安海忠，郝晓晴，等.基于复杂网络的国际铜矿石贸易格局[J].经济地理，2016，36（10）：93-101.

[31] 董虹蔚，孔庆峰.不完全信息下稀土出口定价的博弈分析[J].经济与管理评论，2017，33（05）：127-135.

[32] 董晓娟，安海岗，都沁军，等.废铜资源全球贸易网络演化特征与响应策略研究[J].复杂系统与复杂性科学，2022，19（02）：104-110.

[33] 窦金花.中国农产品贸易安全评价研究[D].青岛：中国海洋大学，2014.

[34] 段德忠，谌颖，杜德斌."一带一路"技术贸易格局演化研究[J].地理科学进展，2019，38（07）：998-1008.

[35] 敦妍冉，荆海鹏，洛桑才仁，等.全球镓矿资源分布、供需及消费趋势研究[J]矿产保护与利用，2019，39（05）：9-15，25.

[36] 樊瑛，任素婷.基于复杂网络的世界贸易格局探测[J].北京师范大学学报（自然科学版），2015，51（02）：140-143，221.

[37] 方虹，王红霞.基于全成本视角的中国稀土贸易代价及战略调整研究[J].财贸经济，2014（03）：80-90.

[38] 方意，贾妍妍.新冠肺炎疫情冲击下全球外汇市场风险传染与中国金融风险防控[J].当代经济科学，2021，43（02）：1-15.

[39] 方意，荆中博.外部冲击下系统性金融风险的生成机制[J].管理世界，2022，38（05）：19-35.

[40] 方翀臣，冯原，李慧，等.供应链风险评估的定义分类与控制实践[J].现代企业，2021（10）：58-59.

[41] 符正平，叶泽樱.大国博弈下全球供应链的中断风险与"备胎"管理：基于华为公司的案例[J].江苏社会科学，2021，317（04）：111-119.

[42] 傅磊，祝文琪，韩萌，等.全球乳制品贸易格局及市场结构分析[J].中国乳品工业，2021，49（05）：34-38.

[43] 傅庆玲，石海佳，李杨，等.复杂网络视角的有机化学品国际贸易分析[J].广州化工，2013，41（12）：1-6，40.

[44] 高凤平，张璞，刘大成，等.国际稀土市场新格局与中国稀土产业战略选择[J].国际贸易问题，2019（07）：63-81.

[45] 高丽，王毅，沈镭，等.基于PSR概念模型的稀土资源安全评价[J].武汉理工大学学报（社会科学版），2014，27（06）：990-994.

[46] 高平风，刘大成，徐崧泽，等.美国关键矿产战略对中国稀土产业的影响研究[J].稀土，2020，41（03）：146-158.

[47] 高秋明，胡聪慧，燕翔.中国A股市场动量效应的特征和形成机理研究[J].财经研究，2014，40（02）：97-107.

[48] 高瑶.中国高技术产业贸易安全的测度[J].宜宾学院学报，2017，17（03）：106-112.

[49] 郜庆. 全球价值链视角的供应链中断风险应对机制研究[J]. 甘肃社会科学, 2019（01）: 154-158.

[50] 宫晓莉, 熊熊, 张维. 我国金融机构系统性风险度量与外溢效应研究[J]. 管理世界, 2020, 36（08）: 65-83.

[51] 顾国达, 尹靖华. 非传统安全视角下中国粮食贸易安全水平的测度[J]. 浙江大学学报（人文社会科学版）, 2014, 44（06）: 35-49.

[52] 顾国增, 刘金钠. 锡金属资源产业链全球贸易网络分析[J]. 中国矿业, 2022, 31（01）: 32-40.

[53] 韩港. 中国市场全面开放后的贸易产业安全思考[J]. 经济问题, 2016（09）: 93-96.

[54] 韩景丰, 章建新. 供应链风险的系统性识别与控制研究[J]. 商业研究, 2006（20）: 44-48.

[55] 韩梦玮, 李双琳. "一带一路"海洋能源产品贸易网络结构特征及社团分布研究[J]. 经济地理, 2020, 40（10）: 108-117.

[56] 郝晓晴. 钢铁国际贸易多层网络供给风险传播机制研究[D]. 北京: 中国地质大学, 2019.

[57] 郝晓晴, 安海忠, 陈玉蓉, 等. 基于复杂网络的国际铁矿石贸易演变规律研究[J]. 经济地理, 2013, 33（01）: 92-97.

[58] 郝晓晴, 安海忠, 刘晓佳, 等. 主要矿产品国际贸易分析[J]. 资源与产业, 2013, 15（06）: 35-43.

[59] 何传添. 开放经济下的贸易安全: 内涵、挑战与应对思路[J]. 国际经贸探索, 2009, 25（03）: 18-22.

[60] 何枫, 张维, 熊熊, 张晶, 等. 沪深300股指期货与标的指数联动关系研究[J]. 系统工程学报, 2017, 32（05）: 648-659.

[61] 何欢, 蓝珊珊, 陈国辉. 基于贸易效率视角的中国与东盟贸易潜力研究[J]. 广西大学学报（哲学社会科学版）, 2021, 43（05）: 104-110.

[62] 何欢浪, 冯美珍. 我国稀土产品出口政策效果评估的实证检验[J]. 世界经济研究, 2017（11）: 88-99, 136-137.

[63] 侯雯瑜. 中国与"一带一路"沿线国家贸易格局及影响因素分析[D]. 北京: 中国地质大学, 2018.

[64] 胡伟, 张玉杰. 中国对外贸易内部空间格局的演变: 基于1994—2012年面板数据的实证研究[J]. 国际经贸探索, 2015, 31（03）: 16-30.

[65] 胡霞，崔翔宇，叶雨昕，等.中国与"一带一路"沿线国家医药产品贸易潜力测算[J].统计与决策，2020，36（19）：51-55.

[66] 黄玮强，庄新田，姚爽.基于信息溢出网络的金融机构风险传染研究[J].系统管理学报，2018，27（02）：235-243.

[67] 霍文敏，陈甲斌.全球铟矿资源供需形势分析[J].国土资源情报，2021（10）：34-38.

[68] 计启迪，刘卫东，陈伟，等.基于产业链的全球铜贸易网络结构研究[J].地理科学，2021，41（01）：44-54.

[69] 贾祥英.基于引力模型的中国大宗矿产品进口贸易影响因素分析：以铁铜铝为例[D].北京：中国地质大学，2020.

[70] 贾祥英，闫强，邢万里，等.全球大宗矿产资源贸易格局演变及其影响因素分析[J].中国矿业，2019，28（11）：15-20，34.

[71] 姜汉.基于社会网络的中国粮食国际贸易格局及影响因素研究[D].长春：吉林大学，2021.

[72] 姜文学，王妍."一带一路"电子产品贸易格局演变特征及影响因素研究：基于复杂网络分析方法[J].国际商务研究，2020，41（05）：26-40.

[73] 江炼，辛玉红.复杂供应链系统鲁棒性分析与仿真[J].系统工程，2018，36（05）：85-94.

[74] 江孝感，陈丰琳，王凤.基于供应链网络的风险分析与评估方法[J].东南大学学报（自然科学版），2007（S2）：355-360.

[75] 蒋培祥，董志良，张翠芝，等.常规能源国际贸易网络演化特征研究[J].复杂系统与复杂性科学，2021，18（04）：66-73.

[76] 蒋雪梅，刘轶芳.全球价值链视角下的中、美高新技术产业出口效益及环境效应分析[J].管理评论，2018，30（05）：58-63.

[77] 蒋彧，张玖瑜.中国与世界主要股市间的波动溢出效应研究：基于2002—2017年样本的实证检验[J].中国经济问题，2019（06）：28-43.

[78] 况秋华，刘春学，尹昊.双循环背景下有色金属矿产品国际价格波动影响因素研究：以铜、锡为例[J].价格月刊，2021（09）：1-9.

[79] 李步界，邢万里.基于复杂网络理论的全球精炼铜贸易特征分析[J].中国矿业，2021，30（05）：57-64.

[80] 李芳琴.稀有矿产资源经济重要性评估[J].中国矿业，2018，27（11）：56-60，70.

[81] 李芳琴，李建武.金属矿产资源经济重要性评估研究[J].中国矿业，2018，27

（12）：6-13.

[82] 李恒凯，刘玉婷，李芹，等.基于MCR模型的南方稀土矿区生态安全格局分析[J].地理科学，2020，40（06）：989-998.

[83] 李宏勋，张玉洁，许寒.中国天然气进口安全预测研究[J].价格月刊，2022（05）：60-69.

[84] 李金锴，杨宗辉，韩晨雪，等.我国对"一带一路"国家的农产品出口研究：基于随机前沿贸易引力模型的实证分析[J].中国农业资源与区划，2020，41（08）：135-144.

[85] 李婧，宫庆彬，唐蔷，等.美国关键矿产供应链安全风险防控及启示[J].情报杂志，2022，41（06）：58-65.

[86] 李历铨，宋金媛，李彬，等.绿色发展促进我国铜产业供给侧改革的思考[J].环境保护，2018，46（07）：44-48.

[87] 李萌，刘正阳，王建平.复杂网络背景下国际铁矿石贸易规律研究[J].中国矿业，2018，27（04）：45-52.

[88] 李明，潘子纯，李崇光.虚拟水进口视角下中美农产品贸易效益分析[J].世界农业，2022（05）：48-59.

[89] 李娜，高爱红，王小宁.全球铍资源供需形势及建议[J].中国矿业，2019，28（04）：69-73.

[90] 李鹏飞，杨丹辉，渠慎宁，等.稀有矿产资源的全球供应风险分析：基于战略性新兴产业发展的视角[J].世界经济研究，2015（02）：96-104，129.

[91] 李萍.中国与"一带一路"共建国家贸易潜力和贸易效率及其决定因素：基于随机前沿引力模型的实证研究[J].国际商务研究，2018，39（05）：5-16.

[92] 李期，郑明贵，罗宇文.中国稀土贸易安全研究（1992—2018）：基于复杂网络分析方法[J].稀土，2022，43（01）：147-158.

[93] 李闪.中国各行业股票市场相关性分析[J].经济研究导刊，2020（09）：81-84.

[94] 李爽，王瑞峰.基于DEA模型的中国粮食对外贸易安全度评价[J].农业经济与管理，2016（05）：13-20.

[95] 李爽，闫欢.世界油料贸易网络演化特征及其影响因素[J].热带地理，2022，42（08）：1241-1252.

[96] 李伟平.国际贸易网络的演变及其影响因素研究[D].长沙：湖南大学，2017.

[97] 李文昌，李建威，谢桂青，等.中国关键矿产现状、研究内容与资源战略分析[J].

地学前缘，2022，29（01）：1-13.

[98] 李啸. 全球锡资源生产与消费历史梗概[J]. 矿床地质，2014，33（S1）：933-934.

[99] 李晓峰，朱艺婷，徐净. 关键矿产资源铟研究进展[J]. 科学通报，2021，65（33）：3678-3687.

[100] 李晓依，许英明，肖新艳. 俄乌冲突背景下国际石油贸易格局演变趋势及中国应对[J]. 国际经济合作，2022（03）：10-18.

[101] 李延双，庄新田，王健，等. 极端行情下中国股市社团结构及系统性风险分析[J]. 东北大学学报（自然科学版），2020，41（10）：1500-1508.

[102] 李延双，庄新田，张伟平. 股指极端波动下中国股市复杂网络结构及中心性分析[J]. 运筹与管理，2020，29（07）：131-143.

[103] 李颖，陈其慎，柳群义，等. 中国海外矿产资源供应安全评价与形势分析[J]. 资源科学，2015，37（05）：900-907.

[104] 李优树，冉丹. 石油产业链贸易网络及其影响因素研究：以"一带一路"沿线国家为例[J]. 经济问题，2021，505（09）：111-118.

[105] 李月娥，张吉国. 中国农产品贸易效率及潜力研究[J]. 统计与决策，2021，37（11）：112-116.

[106] 李泽红，李静楠，杨洋，等. 中俄天然气贸易安全格局与态势[J]. 资源科学，2018，40（11）：2143-2152.

[107] 梁飞，赵汀，刘超. 从境外获取角度看中国锡资源供应安全[J]. 中国矿业，2018，27（S1）：49-54，58.

[108] 梁琪，李政，郝项超. 中国股票市场国际化研究：基于信息溢出的视角[J]. 经济研究，2015，50（04）：150-164.

[109] 梁子懿，董志良. 基于复杂网络的锌矿石国际贸易格局演化特征分析[J]. 资源与产业，2021，23（04）：63-69.

[110] 林冰轩，徐明兴，陈志刚，等. 基于复杂网络蜂群无人机网络拓扑结构分析[J]. 火力与指挥控制，2022，47（01）：38-42，49.

[111] 林博磊，尹丽文，崔荣国，等. 全球铍资源分布及供需格局[J]. 国土资源情报，2018（01）：13-17.

[112] 刘超，郝丹辉，唐孝文，等. 基于复杂网络的金融风险跨市场传导机制研究：以金融危机时期（2007—2009年）数据为例[J]. 运筹与管理，2018，27（08）：155-161.

[113] 刘超，徐君慧，周文文.中国金融市场的风险溢出效应研究：基于溢出指数和复杂网络方法[J].系统工程理论与实践，2017，37（04）：831-842.

[114] 刘纯霞，陈友余，马天平.全球供应链外部中断风险缓释机制分析：数字贸易的视角[J].经济纵横，2022（07）：60-68.

[115] 刘红召，王威，曹耀华，等.世界铼资源及市场现状[J].矿产保护与利用，2014（05）：55-58.

[116] 刘建.基于社会网络的国际原油贸易格局演化研究[J].国际贸易问题，2013（12）：48-57.

[117] 刘锴，柴聪.地缘关系视角下的中国粮食进口贸易安全测度[J].资源开发与市场，2022，38（04）：399-406.

[118] 刘晓庆，陈仕鸿.复杂网络理论研究状况综述[J].现代管理科学，2010（09）：99-101.

[119] 刘艳，黄健柏，谌金宇.全球铜矿石资源流动的网络关联及影响因素分析[J].商业研究，2017（07）：146-149.

[120] 龙婷，潘焕学，马平，等.基于复杂网络的国际木质林产品贸易动态分析[J].经济问题探索，2016（04）：170-175，182.

[121] 卢虎生，郑辰煦，王路，等.中国稀土资源安全轨迹模拟与评价[J].稀土，2021，47（06）：144-154.

[122] 罗婷，张永庆，郑明贵.全成本视角下离子型稀土国际贸易合理价格研究[J].稀土，2022，43（03）：145-158.

[123] 罗子健，熊文军.基于网络理论的供应链研究综述[J].南京信息工程大学学报（自然科学版），2020，12（05）：521-529.

[124] 马奎，洛桑才仁，陈超，等.全球锗资源分布、供需及消费趋势研究[J].矿产保护与利用，2019，39（05）：16-25.

[125] 马远，徐俐俐."一带一路"沿线国家天然气贸易网络结构及影响因素[J].世界经济研究，2017，277（03）：109-122，136.

[126] 马远，张瑞.美欧俄石油供应贸易网络对中国石油进口效率的影响研究[J].大连理工大学学报（社会科学版），2022，43（04）：112-116.

[127] 倪娜，杨丽梅.基于社会网络分析的稀土永磁贸易国际格局研究[J].稀土，2019，40（06）：144-154.

[128] 聂常乐，姜海宁，段健.21世纪以来全球粮食贸易网络空间格局演化[J].经济地

理，2021，41（07）：119-127.

[129] 宁继鸣.从交易成本角度看语言国际推广对全球化经济合作的影响[J].山东大学学报（哲学社会科学版），2008（03）：141-148.

[130] 潘长春，王伟强.经济政策不确定性与股票市场波动性之间的跨类及跨国关联：来自中美两国的经验证据[J].世界经济研究，2022（11）：89-105.

[131] 戚兆坤，隋博文.国际比较视域下中国稀土产品出口技术结构演进及其影响因素[J].中国流通经济，2020，34（09）：67-78.

[132] 邱语，刘春学，马建."一带一路"沿线国家铁矿石贸易的空间结构及影响因素研究[J].中国矿业，2019，28（11）：35-40.

[133] 任素婷，崔雪峰，樊瑛.复杂网络视角下中国国际贸易地位的探究[J].北京师范大学学报（自然科学版），2013，49（01）：90-94，115.

[134] 任忠宝，陈甲斌，邢万里.基于复杂网络视角的全球铀矿产品贸易特征分析[J].中国矿业，2020，29（09）：9-15.

[135] 撒兴昌，高天明，张艳.全球碳酸锂贸易格局与供应危机传播研究[J/OL].地球学报：1-10[2023-03-03].http://kns.cnki.net/kcms/detail/11.3474.P.20230321.0959.024.html.

[136] 邵鹏，王雅楠.镍及其制品贸易格局演变及中国贸易网络分析[J].中国矿业，2022，31（03）：1-9.

[137] 沈曦，郭海湘，成金华.突发风险下关键矿产供应链网络节点韧性评估：以镍矿产品为例[J].资源科学，2022，44（01）：85-96.

[138] 史超亚，高湘昀，孙晓奇，等.复杂网络视角下的国际铝土矿贸易演化特征研究[J].中国矿业，2018，27（01）：57-62.

[139] 任忠宝，陈甲斌，邢万里.基于复杂网络视角的全球铀矿产品贸易特征分析[J].中国矿业，2020，29（09）：9-15.

[140] 史超亚，高湘昀，孙晓奇，等.复杂网络视角下的国际铝土矿贸易演化特征研究[J].中国矿业，2018，27（01）：57-62.

[141] 石焱.基于复杂网络背景下国际铁矿石贸易规律分析[J].冶金管理，2021（07）：179，181.

[142] 石泽浩，何喜军，李洪英，等."一带一路"钢铁贸易格局及演变规律研究[J].国际商务（对外经济贸易大学学报），2017（04）：27-37.

[143] 石智超，许争.中国股票市场的大宗商品风险溢价：基于横截面检验的实证分

析[J]. 金融理论与实践，2015（12）：78-84.

[144] 舒彤，蒉佳丽，陈收. 基于支持向量机的供应链风险评估研究[J]. 经济经纬，2014，31（01）：130-135.

[145] 帅竞，郭晴，严良. 基于引力模型的中国精炼铜贸易潜力的实证研究[J]. 宏观经济研究，2015（06）：135-143.

[146] 宋雯彦，韩卫辉，杨青清. "一带一路"背景下中国农产品贸易效率研究[J]. 首都经济贸易大学学报，2021，23（03）：63-74.

[147] 宋益，黄健柏，钟美瑞，等. 外部性成本内部化视角下战略性矿产资源关税替代性政策研究：以稀土矿为例[J]. 资源科学，2018，40（03）：611-622.

[148] 宋周莺，车姝韵，杨宇. "一带一路"贸易网络与全球贸易网络的拓扑关系[J]. 地理科学进展，2017，36（11）：1340-1348.

[149] 苏民. 中国A股行业溢出效应的实证分析：基于小波分解和多元GARCH-VAR模型[J]. 系统工程，2017，35（12）：15-24.

[150] 苏庆义. 全球供应链安全与效率关系分析[J]. 国际政治科学，2021，6（02）：1-32.

[151] 孙宏伟，王杰，任军平，等. 全球锆矿资源现状与利用趋势[J]. 矿产保护与利用，2019，39（05）：98-105.

[152] 孙家臣，王海燕，任瑶，等. 西非铝矾土进口海运供应链风险评估[J]. 上海船舶运输科学研究所学报，2020，43（01）：71-77.

[153] 孙艳，王瑞江，亓锋，等. 世界铷资源现状及我国铷开发利用建议[J]. 中国矿业，2013，22（09）：11-13，57.

[154] 孙玉娟，孙浩然. 粮食安全视阈下中国粮食进口贸易研究[J]. 价格月刊，2020（03）：41-52.

[155] 汤林彬，汪鹏，陈伟强. 中国钨贸易格局演变及启示：基于物质流与价值流分析[J]. 科技导报，2022，40（08）：70-77.

[156] 汤林彬，汪鹏，马梓洁，等. 稀土产业链关键产品贸易网络演变及启示[J]. 科技导报，2022，40（08）：40-49.

[157] 汤雅琼. 全球供应链断裂风险与控制研究[D]. 福建：福州大学，2014.

[158] 陶琛，李江城. 新冠冲击下中国股市行业的频谱动态相关性研究[J]. 冶金经济与管理，2021（04）：44-47.

[159] 陶建格，沈镭. 矿产资源价值与定价调控机制研究[J]. 资源科学，2013，35

（10）：1959-1967.

[160] 田红英. 基于SIR模型的供应链风险传播研究[J]. 成都师范学院学报, 2016, 32
（11）：94-99.

[161] 田郁溟, 琚宜太, 周尚国. 我国战略矿产资源安全保障若干问题的思考[J]. 地质
与勘探, 2022, 58（01）：217-228.

[162] 汪金洲, 陈洪转. 基于复杂网络的复杂产品供应链风险传播模型[J]. 统计与决
策, 2021, 37（04）：176-180.

[163] 王昶, 宋慧玲, 左绿水, 等. 国家金属资源安全研究回顾与展望[J]. 资源科学,
2017, 39（05）：805-817.

[164] 王昶, 阳香莲, 宋慧玲, 等. 基于中西方稀土战略调整演化路径的中国稀土政
策研究[J]. 矿产保护与利用, 2018（01）：1-11.

[165] 王登红, 孙艳, 代鸿章, 等. 我国"三稀矿产"的资源特征及开发利用研究[J].
中国工程科学, 2019, 21（01）：119-127.

[166] 王纲金, 徐梓双, 谢赤. 中国金融机构关联性与系统性风险贡献研究：基于尾
部风险溢出网络视角[J]. 管理科学学报, 2022, 25（05）：109-126.

[167] 王晶, 徐玉冰. 我国对RCEP成员国ICT产品出口的贸易效率及潜力研究[J]. 工
业技术经济, 2022, 41（02）：137-144.

[168] 王平. 供应链风险管理研究综述[J]. 经济研究导刊, 2011（35）：215-216.

[169] 王瑞峰, 李爽, 姜宇博. 中国粮食进口安全综合评价研究：基于超效率DEA模
型[J]. 浙江农业学报, 2018, 30（03）：489-497.

[170] 王伟. 资源型产业链的演进、治理与升级：以铜陵市铜产业链为例[J]. 经济地
理, 2017, 37（03）：113-120.

[171] 王文宇, 贺灿飞, 任卓然. 中国矿产资源贸易网络演化[J]. 自然资源学报, 2021,
36（07）：1893-1908.

[172] 王喜平, 王婉晨. 碳市场与股票市场间的风险溢出效应研究[J]. 技术经济,
2022, 41（06）：131-142.

[173] 王欣, 田文. 中国纺织服装出口贸易潜力研究：基于"一带一路"沿线主要国
家的数据[J]. 商业经济研究, 2021（14）：149-152.

[174] 王星星, 钟维琼, 朱德朋. 全球镍矿贸易网络的供应风险传播研究[J/OL]. 地球
学报：1-8[2023-03-03]. http：//kns.cnki.net/kcms/detail/11.3474.P.20230321.09
42.004.html.

[175] 王秀丽，杨柳，李恒凯.基于PSR-AHP模型的稀土矿区生态安全评价[J].中国稀土学报，2018，36（04）：504-512.

[176] 王学评，柴新夏，崔文娟.全球锂资源开发利用的现状与思考[J].中国矿业，2014，23（06）：10-13.

[177] 王彦芳，陈淑梅，高佳汇."一带一路"贸易网络对中国贸易效率的影响：兼论与TPP、TTIP、RCEP的比较[J].亚太经济，2019（01）：49-55，154.

[178] 王永辉.基于复杂网络的大宗矿产品国际贸易格局及演变规律研究[D].北京：中国地质大学，2014.

[179] 王自立.国家贸易安全提出的三个阶段[J].求索，2008（11），76-77，54.

[180] 温汉捷，朱传威，杜胜江，等.中国镓锗铊镉资源[J].科学通报，2021，65（33）：3688-3699.

[181] 文博杰，陈毓川，王高尚，等.2035年中国能源与矿产资源需求展望[J].中国工程科学，2019，21（01）：68-73.

[182] 闻少博，陈甲斌，郝晓晴.基于复杂网络视角的全球铜资源供应链风险研究[J].矿业研究与开发，2021，41（09）：171-178.

[183] 乌新平，吴冰.我国稀散元素硒的研究进展[J].有色冶金节能，2016，32（05）：8-13.

[184] 邬佩琳.国际稀土贸易格局的社会网络分析[J].价格月刊，2014（05）：49-53.

[185] 吴江，张杨.贸易大国与贸易强国的评判及经验研究[J].财经问题研究，2016（07）：82-90.

[186] 吴巧生，周娜，成金华.战略性关键矿产资源供给安全研究综述与展望[J].资源科学，2020，42（08）：1439-1451.

[187] 吴亚楠.基于复杂网络和向量自回归模型的股票关联性和因果性分析[D].南京：南京师范大学，2021.

[188] 吴一丁，毛克贞.稀土问题及稀土产业的政策取向[J].经济体制改革，2011（05）：170-173.

[189] 吴英娜.国家贸易安全评价体系构建[J].商业时代，2008（07）：29-30.

[190] 夏启繁，杜德斌，段德忠，等.中国稀土对外贸易格局演化及影响因素[J].地理学报，2022，77（04）：976-995.

[191] 夏文豪，张溢卓.RCEP与农产品贸易拓展和效率提升[J].世界农业，2021（10）：70-80，127-128.

[192] 肖建忠，彭莹，王小林.天然气国际贸易网络演化及区域特征研究：基于社会网络分析方法[J].中国石油大学学报（社会科学版），2013，29（03）：1-8.

[193] 肖建忠，赵银玲.中国液化天然气进口流量与贸易潜力：基于贸易引力模型[J].北京理工大学学报（社会科学版），2016，18（05）：16-23.

[194] 肖序，李雨薇，林宏星.中国锡价波动及应对策略研究[J].价格理论与实践，2013（06）：64-65.

[195] 颉茂华，杨彩霞.基于PSR模型的中国稀土安全评价[J].资源与产业，2017，19（01）：55-65.

[196] 谢赤，贺慧敏，王纲金，等.基于复杂网络的泛金融市场极端风险溢出效应及其演变研究[J].系统工程理论与实践，2021，41（08）：1926-1941.

[197] 谢群."十五"有色金属进出口贸易[J].中国有色金属，2006（10）：60-61.

[198] 邢李志.基于复杂网络理论的区域产业结构网络模型研究[J].工业技术经济，2012，31（02）：19-29.

[199] 邢万里，王安建，王高尚，等.中国锡资源安全简析[J].中国矿业，2016，25（07）：11-15.

[200] 徐斌.国际铁矿石贸易格局的社会网络分析[J].经济地理，2015，35（10）：123-129.

[201] 徐德义，王迪，李军辉，等.新发展格局下战略性矿产资源产业链供应链安全内涵及指标体系研究[J].华中师范大学学报（自然科学版），2023，57（01）：1-12.

[202] 徐德义，朱永光.能源转型过程中关键矿产资源安全回顾与展望[J].资源与产业，2020，22（04）：1-11.

[203] 徐斐.基于GARCH模型族和SV模型的我国证券市场行业指数的波动性联动性分析[D].济南：山东大学，2020.

[204] 徐琳，唐金荣.我国铜资源供给风险识别及分析研究[J].北京大学学报（自然科学版），2017，53（03）：555-562.

[205] 徐爽，陈凯，刘春学，等.双循环新发展格局下锡产业演进阶段特征识别[J].工业技术经济，2021，40（09）：135-142.

[206] 徐水太，马彩薇，朱文兴."一带一路"稀土贸易网络结构及演化研究[J].黄金科学技术，2022，30（02）：196-208.

[207] 徐水太，张汗青，徐晨晨，等.基于PSR模型的离子型稀土矿区生态安全评价研究[J].科技管理研究，2018，38（15）：263-267.

[208] 许明，杨丹辉.中国稀有矿产资源产业的国际竞争力分析[J].东南学术，2019（01）：111-122.

[209] 严佳佳，郭丽平，苏毅鸿.我国稀土定价权的动态演变分析[J].福州大学学报（自然科学版），2019，47（05）：592-597.

[210] 严一欣."一带一路"沿线国家贸易的隐含能网络结构及其影响因素研究[D].武汉：中南财经政法大学，2021.

[211] 闫新国.基于相关与因果复杂网络的金融风险传染与冲击响应研究[D].长沙：湖南大学，2017.

[212] 杨丹辉，渠慎宁，李鹏飞.稀有矿产资源开发利用的环境影响分析[J].中国人口·资源与环境，2014，24（S3）：230-234.

[213] 杨康，张仲义.基于复杂网络理论的供应链网络风险传播机理研究[J].系统科学与数学，2013，33（10）：1224-1232.

[214] 杨康，张仲义.基于节点重要性的供应链网络风险跨层次评估研究[J].系统科学与数学，2015，35（01）：110-120.

[215] 杨文龙，杜德斌，马亚华，等."一带一路"沿线国家贸易网络空间结构与邻近性[J].地理研究，2018，37（11）：2218-2235.

[216] 杨扬，林惜斌.我国股市行业指数波动溢出的产业链逻辑：基于小波降噪和BEKK-GARCH模型的实证分析[J].学术研究，2013（11）：84-94.

[217] 杨岳清，王登红，孙艳，等.矿产资源研究所三稀矿产研究与找矿实践70年历程：回顾与启示[J].矿床地质，2021，40（04）：655-692.

[218] 杨子晖，陈里璇，陈雨恬.经济政策不确定性与系统性金融风险的跨市场传染：基于非线性网络关联的研究[J].经济研究，2020，55（01）：65-81.

[219] 杨子晖，陈雨恬，张平淼.重大突发公共事件下的宏观经济冲击、金融风险传导与治理应对[J].管理世界，2020，36（05）：13-35.

[220] 杨子晖，陈雨恬，张平淼.股票与外汇市场尾部风险的跨市场传染研究[J].管理科学学报，2020，23（08）：54-77.

[221] 姚磊.试论服务业全面开放下的贸易安全与监管[J].上海经济研究，2016（01）：44-51.

[222] 叶笛.基于复杂网络视角的供应链网络研究[J].现代管理科学，2011（08）：111-113.

[223] 叶明，张磊.贸易便利化对金砖国家区域经济合作影响分析[J].复旦学报（社会

科学版），2013，55（6）：158-166.

[224] 叶五一，谭轲祺，缪柏其．基于动态因子Copula模型的行业间系统性风险分析 [J].中国管理科学，2018，26（3）：1-12.

[225] 殷伟，张莹，杨一单，等．全球茶叶贸易网络及中国茶叶出口市场格局演变特 征分析[J].地理与地理信息科学，2022，38（02）：63-70.

[226] 于宏源，余博闻．资源自立与全球治理：欧盟矿产资源安全战略评析[J].欧洲研 究，2017，35（02）：85-104，7.

[227] 于谨凯，莫丹丹．我国旅游服务贸易安全评价及预警机制研究[J].中国商贸， 2014（36）：169-174.

[228] 于谨凯，张颖．基于DEA-BCC模型的我国水产品贸易安全评估[J].河北渔业， 2017（02）：52-59.

[229] 袁春晓．中国对"一带一路"沿线国家出口影响因素的实证分析：基于引力模 型的验证[J].湖北社会科学，2020（12）：90-96.

[230] 袁红林，辛娜．中国高端制造业的全球贸易网络格局及其影响因素分析[J].经济 地理，2019，39（06）：108-117.

[231] 袁红林，辛娜．全球生产网络下我国先进制造业集群的国际经验与政策建议[J]. 国际贸易，2019（05）：61-68.

[232] 袁小晶，马哲，王安建，等．中国钴供应链风险与控制力评价[J/OL].地球学报： 1-10[2023-03-07]. http：//kns.cnki.net/kcms/detail/11.3474.P.20230321.1001.026. html.

[233] 余敬，高思宇，张龙．重要矿产资源安全评价的集成算法与实证[J].统计与决策， 2017（06）：59-61.

[234] 余绍泽．中国稀有矿产资源的贸易战略思考[J].有色金属（矿山部分），2009，61 （01）：77-78.

[235] 曾涛，刘冲昊，柳群义．"一带一路"沿线锡资源供需格局分析[J].中国矿业， 2019，28（08）：1-9.

[236] 翟明国，胡波．矿产资源国家安全、国际争夺与国家战略之思考[J].地球科学与 环境学报，2021，43（01）：1-11.

[237] 张晨．基于复杂网络的国际贸易格局演化及影响因素分析[D].北京：北京邮电大 学，2020.

[238] 张大超，汪云甲．矿产资源安全评价指标体系研究[J].地质技术经济管理，2003

（05）：20-24.

[239] 张锋.全球锡资源供需现状研究与思考[J].中国金属通报，2019（04）：20-21，23.

[240] 张会清.中国与"一带一路"沿线地区的贸易潜力研究[J].国际贸易问题，2017（07）：85-95.

[241] 张来军，杨治辉，路飞飞.基于复杂网络理论的股票指标关联性实证分析[J].中国管理科学，2014，22（12）：85-92.

[242] 张丽佳，张丽丽，郝晓晴，等.基于复杂网络的国际铜矿石贸易演变规律研究[J].中国矿业，2015，24（10）：57-62.

[243] 张松林，刘浩瀚，尹虎，等.基于复杂网络的国际石油贸易关系定量研究[J].西南石油大学学报（自然科学版），2020，42（06）：187-196.

[244] 张怡，熊杰，冯春.基于复杂网络的供应链网络鲁棒性分析[J].计算机仿真，2012，29（11）：370-373，415.

[245] 张颖.中国与巴西农产品贸易安全及其驱动力的动态比较分析[J].世界农业，2019（07）：69-75.

[246] 张永礼，朱靖源.中美贸易战下钛供应链全球贸易网络格局动态演变研究[J].中国矿业，2022，31（12）：6-14.

[247] 张孜豪，高越.我国对"一带一路"沿线国家农产品出口的效率及潜力研究：基于随机前沿引力模型的估计[J].价格理论与实践，2020（05）：153-156，176.

[248] 张自力，闫红蕾，张楠.股票网络、系统性风险与股票定价[J].经济学（季刊），2020，19（01）：329-350.

[249] 章欣.供应链风险识别与评估管理研究[J].现代营销（学苑版），2021（05）：166-167.

[250] 赵素彦，董志良，刘森.复杂网络视角下铬铁矿国际贸易时空格局及其演化特征研究[J].中国矿业，2021，30（05）：65-71.

[251] 赵亚博，刘晓凤，葛岳静.中国与中亚地区贸易与商品格局分析[J].经济地理，2020，269（07）：93-103.

[252] 赵玉敏，童莉霞.我国稀缺矿产资源贸易政策的演变与展望[J].宏观经济管理，2016（05）：72-76.

[253] 赵新泉，孟晓华.国际大宗商品与我国股市的极端风险溢出效应研究[J].统计与决策，2018，34（04）：164-167.

[254] 喆儒，王楚盈.中国机电产品出口东盟的贸易潜力研究[J].价格月刊，2020

（09）：36-43.

[255] 郑春芳，张艳秋.中国跨境电商出口影响因素及潜力研究[J].中国社会科学院研究生院学报，2021（04）：63-72.

[256] 郑青霞，尹靖华.我国石油贸易安全的影响因素研究[J].中国石油和化工标准与质量，2019，39（02）：64-67.

[257] 郑挺国，刘堂勇.股市波动溢出效应及其影响因素分析[J].经济学（季刊），2018，17（02）：669-692.

[258] 仲文娜.中国因素对国际铜定价的影响研究：基于变结构Granger模型的实证分析[J].价格理论与实践，2022（01）：102-106.

[259] 种照辉，覃成林."一带一路"贸易网络结构及其影响因素：基于网络分析方法的研究[J].国际经贸探索，2017，33（05）：16-28.

[260] 周怀峰，梁碧波.区域贸易结构与区域贸易安全：基于广东的实证研究[J].改革与战略，2007（10）：64-67.

[261] 周开国，邢子煜，彭诗渊.中国股市行业风险与宏观经济之间的风险传导机制[J].金融研究，2020（12）：151-168.

[262] 周美静，黄健柏，邵留国，等.中国稀土政策演进逻辑与优化调整方向[J].资源科学，2019（07）：63-81.

[263] 周墨竹，王介勇.基于复杂网络的全球稻米贸易格局演化及其启示[J].自然资源学报，2020，35（05）：1055-1067.

[264] 周娜，吴巧生，薛双娇.新时代战略性矿产资源安全评价指标体系构建与实证[J].中国人口·资源与环境，2020，30（12）：55-65.

[265] 周云亨，陈佳巍，叶瑞克，等.国家天然气安全评价指标体系的构建与应用[J].自然资源学报，2020，35（11）：2645-2654.

[266] 周子俊.基于复杂网络理论的全球铝产业链贸易时空格局演变及中国地位研究[D].南昌：江西财经大学，2022.

[267] 朱才斌，段蕴珂.我国铜期货市场国际定价能力研究[J].商业经济研究，2020（04）：166-169.

[268] 朱涵，王欣然，朱建阳.网络"建筑学"[J].物理，2003（06）：364-369.

[269] 朱丽丽.基于复杂网络的锂矿产品国际贸易格局研究[D].北京：中国地质大学，2016.

[270] 朱丽丽，金庆花，杨雪松.基于复杂网络理论的氢氧化锂国际贸易中国地位分析

[J].中国矿业，2016，25（10）：49-52.

[271] 朱丽丽，周平，杨雪松.碳酸锂国际贸易复杂网络建模与分析[J].中国矿业，2016，25（09）：52-56.

[272] 朱文兴，殷莲甜，刘道林，等.全球钨制品贸易格局及中国钨制品贸易结构优化研究[J].当代财经，2022（08）：112-123.

[273] 朱学红，樊玉林，谌金宇.不完全竞争下我国铜进口贸易市场势力测度及影响因素研究[J].商业研究，2017（07）：127-134.

[274] 朱学红，张宏伟，李心媛.中国稀土国际市场势力测度及政策有效性研究[J].国际贸易问题，2018（01）：32-44.

[275] 朱玉荣.我国进口贸易安全现状与进口战略分析[J].宏观经济研究，2013（05）：106-111.

[276] 邹嘉龄，刘卫东.2001—2013年中国与"一带一路"沿线国家贸易网络分析[J].地理科学，2016，36（11）：1629-1636.

[277] 邹时荣.中国市场全面开放后的贸易产业安全思考[J].商品储运与养护，2008（02）：60-63.

[278] ABBATE A, DE BENEDICTIS L, FAGIOLO G. Distance-varying assortativity andclustering of the international trade network[J]. Network Science, 2018, 6(4): 517-544.

[279] ALBERT-LÁSZLÓ BARABÁSI, RÉKA ALBERT. Emergence of scaling in random networks[J]. Science, 1999, 286: 509-512.

[280] ALLEN WILHITE. Bilateral trade and 'small-world' networks [J]. Computational Economics . 2001（1）

[281] ALLEN WILHITE. Features and evolution of international crude oil trade relationships：A trading-based network analysis [J] . Energy . 2014.

[282] AMUND N LØVIK, CHRISTIAN HAGELÜKEN, PATRICK WÄGER. Russian natural gas exports—Will Russian gas price reforms improve the European security of supply?[J]. Sustainable Materials and Technologies, 2018, 15: 9-18.

[283] ANDREW L GULLEY, NEDAL T NASSAR, SEAN XUN. China, the United States, and competition for resources that enable emerging technologies [J] . Proceedings of the National Academy of Sciences, 2018（16）

[284] ANGELA A, LUCA D B, GIORGIO F, et al. Distance-varying assortativity and

clustering of the international trade network[J]. Network Science, 2018, 6（4）: 517-544.

[285] ARTEM GOLEV, MARGARETHA SCOTT, PETER D. ERSKINE, et al. Ali, Rare earths supply chains: current status, constraints and opportunities[J]. Resources Policy, 2014, 41: 52-59.

[286] BABAR P, LOKHANDE A, SHIN HH, et al. Cobalt iron hydroxide as a precious metal-free bifunctional electrocatalyst for efficient overall water splitting[J]. Small, 2018, 14（7）: 1702568.

[287] BARABASI A L, ALBERT R. Emergence of scaling in random networks[J]. Science, 1999, 286: 509-512.

[288] BARNETT, GEORGE A, et al. Encyclopedia of social networks[M]. New York Sage Publications, 2011.

[289] BERGER NIKLAS, SCHULZE-SCHWERING STEFAN, LONG ELISA, et al. Risk management of supply chain disruptions: an epidemic modeling approach[J]. European Journal of Operational Research, 2023, 304（3）.

[290] BROWN M, EGGERT R. Simulating producer responses to selected Chinese rare earth policies[J]. Resources Policy, 2018, 55: 31-48.

[291] CAI X, SHEN X, MA L, et al. Solvothermal synthesis of NiCo-layered double hydroxide nanosheets decorated on RGO sheets for high performance supercapacitor[J]. Chemical Engineering Journal, 2015, 268: 251-259.

[292] CASTOR S B. Rare earth deposits of North America[J]. Resource Geology, 2008, 58（4）: 337-347.

[293] CHANEY T. The network structure of international trade[J]. American Economic Review, 2014, 104（11）: 3600-3634.

[294] CHAOS, SOLITONS, FRACTALS. Expectations and investor fear during the COVID-19 pandemic[J]. 2020, 139: 110084.

[295] CHEN B, LI J S, WU X F. Global energy flows embodied in international trade: a combination of environmentally extended input–output analysis and complex network analysis[J]. Applied energy, 2018, 210: 98-107.

[296] CHEN H, HU L, CHEN M, et al. Nickelâ cobalt layered double hydroxide nanosheets for high-performance supercapacitor electrode materials[J]. Advanced

Functional Materials, 2014, 24 (7): 934-942.

[297] CHEN Z, AN H, AN F, et al. Structural risk evaluation of global gas trade by a network-based dynamics simulation model[J]. Energy, 2018, 159 (9): 457-471.

[298] CUI LIANBIAO, YUE SUYUN, NGHIEM XUAN-HOA, et al. Exploring the risk and economic vulnerability of global energy supply chain interruption in the context of Russo-Ukrainian war[J]. Resources Policy, 2023, 81.

[299] DANIEL J PACKEY, DUDLEY KINGSNORTH. The impact of unregulated ionic clay rare earth mining in China[J]. Resources Policy, 2016, 48: 112-116.

[300] DE SOUSA JOSE, MIRZA DANIEL, VERDIER THIERRY. Terror networks and trade: does the neighbor hurt?[J]. Post-Print, 2018 (107): 27-56.

[301] DENNIS AIGNER, C A KNOX LOVELL, PETER SCHMIDT. Formulation and estimation of stochastic frontier production function models[J]. Journal of Econometrics, 1977, 6 (1): 21-37.

[302] DI DONG, HAIZHONG AN, SHUPEI HUANG. The transfer of embodied carbon in copper international trade: an industry chain perspective [J]. Resources Policy. 2017.

[303] DIEGO GARLASCHELLI, MARIA I LOFFREDO. Structure and evolution of the world trad network[J]. Physica A: Statistical Mechanics and its Applications, 2005, 355 (1): 138-144.

[304] DIRK ROSENAU-TORNOW, PETER BUCHHOLZ, AXEL RIEMANN, et al. Assessing the long-term supply risks for mineral raw materials–a combined evaluation of past and future trends[J]. Resources Policy, 2009, 34 (4).

[305] DU R, WANG Y, DONG G, et al. A complex network perspective on interrelations and evolution features of international oil trade, 2002–2013[J]. Applied Energy, 2017, 196: 142-151.

[306] DUTTA, ANUPAM. Oil price uncertainty and clean energy stock returns: new evidence from crude oil volatility index[J].Journal of Cleaner Production, 2017: 1157-1166

[307] EDMUND PRATER, MARKUS BIEHL, MICHAEL ALAN SMITH. International supply chain agility-tradeoffs between flexibility and uncertainty[J]. International Journal of Operations & Production Management, 2001, 21 (5/6).

[308] EFFREY S HARRISON, ERNEST H HALL, RAJENDRA NARGUNDKAR. Resource allocation as an outcropping of strategic consistency: performance implications[J]. The Academy anagement Journal, 1993, 36(5).

[309] EIRIK LUND SAGEN, MARINA TSYGANKOVA. Russian natural gas exports—will Russian gas price reforms improve the European security of supply?[J]. Energy Policy, 2007, 36(2): 867-880.

[310] FAGIOLO G, REYES J, SCHIAVO S. The evolution of the world trade web: a weighted-network analysis[J]. Journal of Evolutionary Economics, 2010, 20(4): 479-514.

[311] FAN Y, REN S, CAI H, et al. The state's role and position in international trade: a complex network perspective[J]. Economic Modelling, 2014, 39: 71-81.

[312] FENG HONG. Rare earth: production, trade and demand[J]. Journal of Iron and Steel Research, International, 2006, 13: 33-38.

[313] FRANCIS X Diebold, KAMIL YILMAZ. Better to give than to receive: predictive directional measurement of volatility spillovers[J]. International Journal of Forecasting, 2012, 28(1).

[314] FRANK ASCHE, MARC F BELLEMARE, CATHY ROHEIM, et al. Fair enough? food security and the international trade of seafood[J]. World Development, 2015, 67: 151-160.

[315] FRANKEL J A. The effect of monetary policy on real commodity prices[M]. Asset prices and monetary poli-cy. Chicago: University of Chicago Press, 2008: 291-333.

[316] FU, XIU-MEI, HAN-XUE CHEN, ZHEN-KAI XUE. Construction of the belt and road trade cooperation network from the multi-distances perspective[J]. Sustainability, 2018, 10: 1439.

[317] GAO P, LEI Y H. Communication infrastructure and stabilizing food prices: evidence from the telegraph network in China[J]. American Economic Journal: Applied Economics, 2021, 13(3): 65-101.

[318] GARLASCHELLI D, DI MATTEO T, ASTE T. Interplay between topology and dynamics in the world trade web [J]. European Physical Journal B, 2007, 57(2): 159-164.

[319] GARLASCHELLI D, LOFFREDO M I. Structure and evolution of the world trade

network [J]. Physica A: Statistical Mechanics and its Applications, 2005, 355 (1): 138-144.

[320] GE J P, WANG X B, GUAN Q, et al. World rare earths trade network: patterns, relations and role characteristics [J]. Resources Policy, 2016, 50: 119-130.

[321] GHADGE ABHIJEET, ER MERVE, IVANOV DMITRY, et al. Visualisation of ripple effect in supply chains under long-term, simultaneous disruptions: a system dynamics approach[J]. International Journal of Production Research, 2022, 60 (20).

[322] GIORGIO FAGIOLO, JAVIER REYES, STEFANO SCHIAVO. The evolution of the world trade web: a weighted-network analysis[J]. Journal of Evolutionary Economics, 2010, 20 (4): 479-514.

[323] GONG C, TANG P, WANG Y. Measuring the network connectedness of global stock markets[J].Physica A: Statistical Mechanics and its Applications, 2019, 535: 122351.

[324] GORGONI S, AMIGHINI A, SMITH M. Automotive international trade networks: a comparative analysis over the last two decades[J]. Network Science, 2018, 6 (4): 571-606.

[325] GUOXUE WEI, JIKUN HUANG, JUN YANG. The impacts of food safety standards on China's tea exports[J]. China Economic Review, 2012, 23 (2): 253-264.

[326] HAI-YING ZHANG, QIANG JI, YING FAN. An evaluation framework for oil import security based on the supply chain with a case study focused on China[J]. Energy Economics, 2013, 38: 87-95.

[327] HALKOS GEORGE E. Tsilika kyriaki a new vision of classical multi-regional input–output models[J]. D.Computational Economics. 2018 (3).

[328] H E MOGHADAM, T MOHAMMADI, M F KASHANI, et al. Complex networks analysis in Iran stock market: the application of centrality[J]. Physica A: Statistical Mechanics and its Applications, 2019, 531.

[329] HE J, SHANG P. Comparison of transfer entropy methods for financial time series[J]. Physica A: Statistical Mechanics and its Applications, 2017, 482: 772-785.

[330] HEIJUNGS R, VOET E, LIFSET R. Books: practical handbook of material flow analysis[J]. 2006, 10（1-2）: 293-294.

[331] HUA LIU, SHAOBO WEI. Leveraging supply chain disruption orientation for resilience: the roles of supply chain risk management practices and analytics capability[J]. International Journal of Physical Distribution & Logistics Management, 2022, 52（9/10）.

[332] HUANG W Q, WANG D. Systemic importance analysis of chinese financial institutions based on volatility spillover network[J]. Chaos, Solitons & Fractals, 2018, 114: 19-30.

[333] JEFFREY H BERGSTR. The generalized gravity equation, monopolistic competition, and the factor-proportions theory in intemational trade[J]. Review of Economics and Statistics, 1989, 71（1）: 143-153.

[334] JEFFREY D WILSON. Chinese resource security policies and the restructuring of the Asia-Pacific iron ore market [J] . Resources Policy . 2012（3）.

[335] JEONG H, MASON S P, AL BARABÁSI, et al. Lethality and centrality in protein networks[J]. Nature, 2001, 411: 41-42.

[336] JIANG RUI, LIU CHUNXUE, LIU XIAOWEI, et al. Supply chain resilience of mineral resources industry in China[J]. Discrete Dynamics in Nature and Society, 2023, 2023.

[337] JIANPING GE, XIBO WANG, QING GUAN, et al. World rare earths trade network: patterns, relations and role characteristics[J]. Resources Policy, 2016, 50: 119-130.

[338] JOMTHANACHAI SURIYAN, WONG WAI-PENG, SOH KENG-LIN, et al. A global trade supply chain vulnerability in COVID-19 pandemic: an assessment metric of risk and resilience-based efficiency of CoDEA method[J]. Research in Transportation Economics, 2022, 93.

[339] JUNYAN SUN, JIANMING TANG, WEIPING FU, et al. Construction of a multi-echelon supply chain complex network evolution model and robustness analysis of cascading failure[J]. Computers & Industrial Engineering, 2020, 144.

[340] KANDOGAN Y. Topological properties of the international trade network using modified measures[J]. The International Trade Journal, 2018, 32（3）: 268-292.

[341] KAZI ARIF UZ ZAMAN, KALIAPPA KALIRAJAN. Strengthening of energy security & low-carbon growth in Asia: role of regional energy cooperation through trade[J]. Energy Policy, 2019, 133（C）: 110873.

[342] KLEINBERG, M JON. Navigation in a small world[J]. Nature, 2000, 406: 805.

[343] KRAUDE RICHARD, NARAYANAN SRIRAM, TALLURI SRINIVAS. Evaluating the performance of supply chain risk mitigation strategies using network data envelopment analysis[J]. European Journal of Operational Research, 2022, 303（3）.

[344] LAHMIRI S, BEKIROS S. Renyi entropy and mutual information measurement of market.

[345] LEAMER, EE. The commodity composilion of inteinational trade inmanufactures: an empirical analysis[J]. Oxford Economic Papers, 1974, 26（3）: 350-374.

[346] LI JUNHUI, XU DEYI, ZHU YONGGUANG. Global antimony supply risk assessment through the industry chain[J]. Frontiers in Energy Research, 2022.1007265.

[347] LI PENGYUAN, LIU QUNYI, ZHOU PING, et al. Mapping global platinum supply chain and assessing potential supply risks[J]. Frontiers in Energy Research, 2023.1033220.

[348] LI X, GUANRONG C, LI C. Stability and bifurcation of disease spreading in complex networks[J]. International Journal of Systems Science, 2004, 35（9）: 527-536.

[349] LI X, JIN Y Y, CHEN G R. Complexity and synchronization of the world trade web[J]. Physica A, 2003, 328: 287-296.

[350] LI YANHUI, XU LU. Cybersecurity investments in a two-echelon supply chain with third-party risk propagation[J]. International Journal of Production Research, 2021, 59（4）.

[351] LIANG DI, BHAMRA RAN, LIU ZHONGYI, et al. Risk propagation and supply chain health control based on the sir epidemic model[J]. Mathematics, 2022, 10（16）.

[352] LINNEMANN H. An econometric study in international trade flows[J]. Oxford Economic Papers, 1967, 77（306）: 366-368.

[353] LITAO LIU, ZHI CAO, XIAOJIE LIU, et al. Oil security revisited: an assessment based on complex network analysis[J]. Energy, 2020, 194(C): 116793.

[354] LIU XIAOYANG, ZHOU YUANYUAN, GAO SONG. Intellectual structure in supply chain risk management from 2000 to 2022: a review based on text mining approach[J]. Sustainability, 2022, 14(23).

[355] LIU Y, LI H, HUANG S, et al. Environmental and economic-related impact assessment of iron and steel production. a call for shared responsibility in global trade[J]. Journal of Cleaner Production, 2020, 269: 122239.

[356] MANCHERI N A, SPRECHER B, BAILEY G, et al. Effect of Chinese policies on rare earth supply chain resilience[J]. Resources, Conservation and Recycling, 2019, 142: 101-112.

[357] MANSOOR SHEKARIAN, MAHOUR MELLAT PARAST. An Integrative approach to supply chain disruption risk and resilience management: a literature review[J]. International Journal of Logistics Research and Applications, 2020, 24 (5).

[358] MARK GOH, JOSEPH Y S LIM, FANWEN MENG. A stochastic model for risk management in global supply chain networks[J]. European Journal of Operational Research, 2006, 182(1).

[359] MATTEO BARIGOZZI, GIORGIO FAGIOLO, GIUSEPPE MANGIONI. Identifying the community structure of the international-trade multi-network[J]. Physica A: Statistical Mechanics and its Applications, 2011, 390(11).

[360] MEEUSEN W, VAN DEN BROECK J. Technical efficiency and dimension of the firm: some results on the use of frontier production functions[J]. Empirical economics, 1977, 2(2): 109-122.

[361] MOORE C, NEWMAN M E J. Epidemics and percolation in small-world networks[J]. Phys. Rev. E, 2000, 61: 5678-5682.

[362] MYLES D GARVEY, STEVEN CARNOVALE, SENGUN YENIYURT. An analytical framework for supply network risk propagation: a bayesian network approach[J]. European Journal of Operational Research, 2015, 243(2).

[363] NABEEL A MANCHERI. World trade in rare earths, Chinese export restrictions, and implications[J]. Resources Policy, 2015, 46: 262-271.

[364] NABEEL A MANCHERI, BENJAMIN SPRECHER, GWENDOLYN BAILEY, et al. Effect of Chinese policies on rare earth supply chain resilience[J]. Resources, Conservation and Recycling, 2019, 142: 101-112.

[365] NEWMAN M. The structure and function of complex networks[J]. Siam Review, 2003, 45(2): 167-256.

[366] NEWMAN, M E J. Random graph models of social networks[J]. Proc. Natl. Acad. Sci. USA 99, 2002: 2566-2572.

[367] NGUYEN THI TUONG VI, TIANJUN LIU. Improve the competitiveness and value of rice exports of the mekong delta provinces[J]. Agricultural Sciences, 2019, 10: 707-719.

[368] OBER J A. Mineral commodity summaries 2016[R]. US Geological Survey, 2016.

[369] PHILIPP C SAUER, STEFAN SEURING. Extending the reach of multi-tier sustainable supply chain management–Insights from mineral supply chains[J]. International Journal of Production Economics, 2019, 217(C).

[370] PHILIPP C SAUER, STEFAN SEURING. Sustainable supply chain management for minerals[J]. Journal of Cleaner Production, 2017, 151.

[371] PICCARDI CARLO, TAJOLI LUCIA. Existence and significance of communities in the world trade web[J]. Physical review. E, Statistical, nonlinear, and soft matter physics, 2012, 85(6 Pt 2).

[372] PÖYHÖNEN P. A tentative model for the volume of trade between countries[J]. Review of World Economics, 1963, 90(1): 93-100.

[373] PU, HAN, YINZHEN LI, et al. Topology analysis of Lanzhou public transport network based on double-layer complex network theory[J]. Physica A, 2022, 592: 126694.

[374] QIANG JI, HAI-YING ZHANG, DAYONG ZHANG. The impact of OPEC on east asian oil import security: a multidimensional analysis[J]. Energy Policy, 2019, 126: 99-107.

[375] SARTORI M, SCHIAVO S. Connected we stand: a network perspective on trade and global food security[J]. Food Policy, 2015, 57: 114-127.

[376] SENSOY A, SOBACI C, SENSOY S, et al. Effective transfer entropy approach to information flow between exchange rates and stock markets[J]. Chaos, solitons &

fractals，2014，68：180-185.

[377] SEONG-MIN YOON，MD AL MAMUN，GAZI SALAH UDDIN，et al. Network connectedness and net spillover between financial and commodity markets[J]. North American Journal of Economics and Finance，2019，48.

[378] SERRANO M A，BOGUNÁ M. Topology of the world trade web[J]. Physical Review E，2003，68（1）：015101.

[379] SHAO Z G，SANG J P，ZOU X W，et al. Blackmail propagation on small-world networks[J]. Physica A Statistical Mechanics & Its Applications，2005，351（2-4）：662-670.

[380] SHELDON I，MISHRA S K，PICK D，et al. Exchange rate uncertainty and US bilateral fresh fruit and fresh vegetable trade：an application of the gravity model[J]. Applied Economics，2013，45（15）：2067-2082.

[381] SHUAI，CHUANMIN. Sino-US agricultural trade potential：a gravity model approach[J]. Outlook on Agriculture，2010，39（3）：169-176.

[382] SHUTTERS S T，RACHATA M. Agricultural trade networks and pat - terns of economic development[J]. PLos ONE，2012，7（7）：39756-39759.

[383] SMITH D A，WHITE D R. Structure and dynamics of the global economy：network analysis of international trade 1965–1980[J]. Social Forces，1992，70（4）：857-893.

[384] SOULIER M，PFAFF M，GOLDMANN D，et al. The Chinese copper cycle：tracing copper through the economy with dynamic substance flow and input-output analysis[J]. Journal of Cleaner Production，2018，195：435-447.

[385] STEFAN SEURING，SADAAT ALI YAWAR，ANNA LAND，et al. The application of theory in literature reviews–illustrated with examples from supply chain management[J]. International Journal of Operations & Production Management，2021，41（1）.

[386] STEFANIA MASSARI，MARCELLO RUBERTI. Rare earth elements as critical raw materials：focus on international markets and future strategies[J]. Resources Policy，2013，38（1）：36-43.

[387] STEFANO SCHIAVO，JAVIER REYES，GIORGIO FAGIOLO. International trade and financial integration：a weighted network analysis[J]. Quantitative Finance，

2010, 10（4）.

[388] STUBRIN L. Innovation, learning and competence building in the mining industry. the case of knowledge intensive mining suppliers（KIMS）in Chile[J]. Resources Policy, 2017, 54: 167-175.

[389] SUN SHIWEN, WU YAFANG, MA YILIN, et al. Impact of degree heterogeneity on attack vulnerability of interdependent networks[J]. Scientific reports, 2016, 6（2）.

[390] SUN XIAOQI. Supply chain risks of critical metals: sources, propagation, and responses[J]. Frontiers in Energy Research, 2022: 957884.

[391] TAKES FRANK W, KOSTERS WALTER A, WITTE BOYD, et al. Multiplex network motifs as building blocks of corporate networks[J]. Applied network science, 2018（1）.

[392] TETIANA ZUBKO, IRYNA HANECHKO, OKSANA TRUBEI, et al. Determining the impact of digitalization on the economic security of trade[J]. Eastern-European Journal of Enterprise Technologies, 2021, 6（13）: 60-71.

[393] THOMAS Y CHOI, KEVIN DOOLEY. Supply Networks: theories and models[J]. Journal of Supply Chain Management, 2008, 44（1）.

[394] TILAK ABEYSINGHE, KRISTIN FORBES. Trade linkages and output-multiplier effects: a structural VAR approach with a focus on Asia[J]. Review of International Economics, 2005, 13（2）: 356-375.

[395] TINBERGEN J. Shaping the world economy: suggestions for an international economic policy[J]. The Economic Journal, 1966, 76（301）: 92-95.

[396] TORIUMI F, KOMURA K. Investment index construction from information propagation based on transfer entropy[J]. Computational Economics, 2018, 51（1）: 159-172.

[397] TZEKINA I, DANTHI K, ROCKMORE D N. Evolution of community structure in the world trade web[J]. European Physical Journal B, 2008, 63（4）: 541-545.

[398] UDDIN G S, RAHMAN M L, HEDSTRÖM, et al. Cross-quantilogram-based correlation and dependence between renewable energy stock and other asset classes[J]. Energy Economics, 2019, 80: 743-759.

[399] USGS. Mineral commodity summaries 2010[EB/OL].（2010-01-26）[2016-02-16].

http：//minerals. Usgs.Gov /minerals/pubs/mcs/index.html.

[400] VARTHINI RAJAGOPAL, SHANMUGAM PRASANNA VENKATESAN, USHA MOHAN, et al. Analysing the supply chain network reconfiguration under disruption risk environment[J]. International Journal of Industrial and Systems Engineering, 2022, 41（3）.

[401] VIDMER A, ZENG A, MEDO M, et al. Prediction in complex systems：the case of the international trade network[J]. Physica A Statistical Mechanics & Its Applications, 2015, 436：188-199.

[402] WANG HONGCHUN, ZHANG XINYAN. Research on supply chain risk transmission mechanism based on improved sirs model[J]. Mathematical Problems in Engineering, 2022.

[403] WANG X, WEI W, GE J, et al. Embodied rare earths flow between industrial sectors in China：a complex network approach[J]. Resources Conservation & Recycling, 2017, 125：363-374.

[404] WANG X B, GE J P, LI J S, et al. Market impacts of environmental regulations on the production of rare earths：a computable general equilibrium analysis for China[J]. Journal of Cleaner Production, 2017, 154：614-620.

[405] WATTS D J, STROGATZ S H. Collective dynamics of 'small-world' networks[J]. Nature, 1998, 393（6）：440-442.

[406] WAYNE M MORRISON, RACHEL TANG. China's rare earth industry and export regime：economic and trade implications for the United States[J].2012, 28（2）：155-159.

[407] WENHUI CHEN, YALIN LEI, YONG JIANG. Influencing factors analysis of china's iron import Price：based on quantile regression model [J]. Resources Policy, 2016.

[408] WENYU HOU, HUIFANG LIU, HUI WANG, et al. Structure and patterns of the international rare earths trade：a complex network analysis[J]. Resources Policy, 2018, 55：133-142.

[409] WILHITE A. Bilateral trade and "small-world" networks[J]. Computational Economics, 2001, 18：49-64.

[410] WILLIAM S KIRK. China's emergence as the world's leading iron-ore-consuming

country [J] . Minerals & Energy - Raw Materials Report . 2004（2）.

[411] WILLIAM S KIRK. Iron ore commodity specialist iron ore commodity specialist China's emergence as the world's leading iron - ore - consuming country [J] Minerals & Energy - Raw Materials Report，2006.

[412] WU F, ZHANG D, ZHANG Z. Connectedness and risk spillovers in China's stock market：a sectoral analysis[J]. Economic Systems, 2019, 43（3-4）：100718.

[413] XIAN XI, JINSHENG ZHOU, XIANGYUN GAO，et al. Impact of the global mineral trade structure on national economies based on complex network and panel quantile regression analyses[J]. Resources，Conservation and Recycling，2021，154：104637.

[414] XIANG LI, GUANRONG CHEN, CHUNGUANG LI. Stability and bifurcation of disease spreading in complex networks [J] . International Journal of Systems Science，2004（9）.

[415] XIAO-BING ZHANG, XINYE ZHENG, PING QIN, et al. Oil import tariff game for energy security：the case of China and India[J]. Energy Economics，2018，72：255-262.

[416] XIBO W, JIANPING G, WENDONG W，et al. Spatial dynamics of the communities and the role of major countries in the international rare earths trade：a complex network analysis[J]. Plos One，2016，11（5）：e0154575.

[417] Y G ZHU, F YANG, W Y YE. Financial contagion behavior analysis based on complex network approach[J]. Annals of Operations Research，2018，268（1-2）：93-111.

[418] Y J CAO, G Z WANG, Q Y JIANG，et al. A neighbourhood evolving network model [J] .Physics Letters A，2005（6）.

[419] Y J LAI, Y B HU. A study of systemic risk of global stock markets under COVID-19 based on complex financial networks[J]. Physica A：Statistical Mechanics and its Applications, 2021, 566.

[420] YAN JI WANG, XIONG JIU LANG. China's rare earth industry：past，present and future[J]. Materials Science Forum，1999，393：315-317.

[421] Y LI, X F JIANG, Y TIAN，et al. Portfolio optimization based on network topology[J]. Physica A：Statistical Mechanics and its Applications，2019，515：

671-681.

[422] YAO C Z, LI H Y. Effective transfer entropy approach to information flow among epu, investor sentiment and stock market[J]. Frontiers in Physics, 2020, 8: 206.

[423] YING LI, AN JIAN WANG, JIANG WU LI, et al. A brief analysis of global rare earth trade structure[J]. Advanced Materials Research, 2013, 2482: 734-737.

[424] YU GUIHAI, XIONG CHAO, XIAO JIANXIONG, et al. Evolutionary analysis of the global rare earth trade networks[J]. Applied Mathematics and Computation, 2022, 430.

[425] YU Y, JESSIE P H P, YI L, et al. Small and flat worlds: a complex network analysis of international trade in crude oil[J].Energy, 2015, 93: 534-543.

[426] YUYING YANG, JIANPING LI, XIAOLEI SUN, et al. Measuring external oil supply risk: a modified diversification index with country risk and potential oil exports[J]. Energy, 2014, 68: 930-938.

[427] YUE P, FAN Y, BATTEN J A, et al. Information transfer between stock market sectors: a comparison between the USA and China[J]. Entropy, 2020, 22(2): 194.

[428] ZHANG LINGEN, CHEN ZHENYANG, YANG CAOYU, et al. Global supply risk assessment of the metals used in clean energy technologies[J]. Journal of Cleaner Production, 2022, 331.

[429] ZHOU NA, WU QIAOSHENG, HU XIANGPING, et al. Synthesized indicator for evaluating security of strategic minerals in China: a case study of lithium[J]. Resources Policy, 2020, 69: 101915.